亚洲伦理城市主义

——一个激进的后现代视角

[新] 林少伟（William S W Lim） 著
王世福　刘玉亭　译
邓昭华　校

中国建筑工业出版社

著作权合同登记图字：01－2007－4914号

图书在版编目（CIP）数据

亚洲伦理城市主义——一个激进的后现代视角/（新）林少伟著；王世福，刘玉亭译．
北京：中国建筑工业出版社，2012.1
ISBN 978－7－112－13842－5

Ⅰ.①亚… Ⅱ.①林…②王…③刘… Ⅲ.①城市建设－研究－亚洲 Ⅳ.①F299.3

中国版本图书馆CIP数据核字（2011）第253740号

责任编辑：孙　炼　姚丹宁
责任设计：赵明霞
责任校对：陈晶晶　王雪竹

亚洲伦理城市主义
——一个激进的后现代视角
[新] 林少伟（William S W Lim）著
王世福　刘玉亭　译
邓昭华　校
*
中国建筑工业出版社出版、发行（北京西郊百万庄）
各地新华书店、建筑书店经销
北 京 嘉 泰 利 德 公 司 制 版
北京建筑工业印刷厂印刷
*
开本：787×960毫米　1/16　印张：14　字数：236千字
2012年4月第一版　2012年4月第一次印刷
定价：49.00元
ISBN 978－7－112－13842－5
(21607)

谨以此书献给亚洲发展经济体里数百万的城市贫民，他们有权分享发展的成果。

译者序

关键词：

亚洲伦理城市主义、后现代主义、后规划

随着亚洲经济发展和城市化进程的不断加快，亚洲城市发展的议题也日益备受学者关注，该书正是近年来众多出色的著作中的一部。

这是一部反思当代亚洲城市建设的论著。该书以欧美国家现代化进程的趋势为基点，以“后现代主义”为理论基础，提出了亚洲城市的城市化进程、方式和路径不应该生硬照搬西方的“经验”的论点。同时，该书认为，亚洲城市的现代化应该立足于国情、地方特色、地方环境、宗教文化、政治现实等因素，充分尊重社会各个阶层，建立多元化的现代亚洲社会。

对国内同行来说,该书有很强的可看性和启发性。它有三个引人注目的特点。

第一,作者的身份特殊。该书作者是一位新加坡的执业建筑师和城市评论家。由于新加坡与西方接触较为紧密，该书作者得以以全球高度的战略眼光，来审视他长期工作的地区的城市化历程。而该书则是他对亚洲城市长期观察的感悟。

第二，书中论点鲜明、独到，值得国内同行深思。作者在该书要解决的问题是“我们现在该做什么？”作者认为，在资本主义全球化的背景下，对利润的追求的结构是难以动摇的，但建立有地方性的伦理管理是可能的。作者的理想是要建立空间公正和有地方特色的亚洲城市环境。他对自己提出的问题的回答是要建立“亚洲伦理城市主义”，其标准是要建立幸福、可持续、公正、尊重公民权益、平等、可创造财富与保证健康的亚洲社会。

第三，该书的两大理论“亚洲伦理城市主义”和“后规划”都基于“后现代主义”的理论基础，植根于人类解放与公正，提倡多元性和自下而上的规划过程。

传统的规划是自上而下（从理论到实践）的逻辑过程，但现实与理想往往出现很多矛盾。该书作者认为，传统的以欧洲为主导的城市现代化模式，自其出生以来就缺乏从现实得来的基础论据，所以，这种城市化模式在现实中往往难以得到贯彻。基于这种现象，作者认为规划可以是一个自下而上（从实践到理论）的过程，从而衍生出作者所主张的“后规划”思想——一种半无政府、适应性强、无秩序、开明的体系，同时是一个经济和利益推动的体系。根据每个城市不一样的发展历程，这种“后规划”思想可以使亚洲城市充分保护地方文化特色、建设多样性的亚洲社会。

本书分两大部分。第一部分是本书的核心。它首先通过与欧洲现代主义理念的比较，阐明了“亚洲伦理城市主义”的概念。其中，作者特别指出，由于亚洲与欧洲的文化背景不同（主要是亚洲受到佛家、儒家和伊斯兰文化的熏陶），应该拥有与欧洲不同的现代化进程；在城市发展的过程中，不应该单单看重经济发展，而应该注重地方文化的保护与传承、市民的幸福程度（与社会保障和贫富差距相关）等；传统的自上而下的资本主义全球化促使穷国更穷、富国更富，而亚洲后发城市应该立足在地方文化的基础上，进行主动的全球化。

其次，作者阐述了“亚洲伦理城市主义”的一些重要元素。其中，作者认为，官方的城市纪念元素都是“胜利者”的“记忆”，而理想的城市应该有多元化的城市记忆（或者叫民间记忆）。公共性也应该获得适当的保护，其中包括集体的、文化的遗产等，并使得大众能方便从中获得利益。非确定性空间（公共空间，或向公众开放的空间）应该更好地为公众服务，以满足不同市民的文化、娱乐需求。土地政策同时被认为是城市社会和经济发展的重要载体。因此，基于各种伦理价值观判断，土地政策作为强有力的利益分配和重新分配的工具，需要慎重考量。最后，作者提倡空间公正，因为金钱和权力是决定空间秩序的最核心因素，所以规划当中应该尽量为弱势群体提供更多生存空间。

解释完这些核心概念以后，作者进而指出了实现“亚洲伦理城市主义”的途径——“后规划”。虽然这个“后规划”时代依然以经济为主导，但它同时拥有多样性和复杂性。作者认为，基于不同地方的政治、经济、文化和利益集团的多重复杂性，在实际的操作中需要用创造性思维来解决问题，特别是要提倡自下而上的过程，在实际操作当中确定多元价值观的判断与选择（如经济、生态、生活质量、伦理、空间公共性等），进而接受并提倡规划结果的多样化（包括对弱势群体的关怀、减少浪费、保护生态的可持续性等）。

第一部分的两个案例（香港中环和泰国曼谷）旨在为读者对前面的理论论述提供感性的城市认识。第二部分是作者近年来的论文集，充分体现了作者近几年对“亚洲伦理城市主义”这一议题的思考历程。其中包括了对亚洲建筑的评论、对越南河内、中国上海和新加坡的城市现代化历程的评价等。

该书不是教科书，也并非设计手册，而是城市规划、建筑从业人员的“清醒剂”和“新养分”。虽然该书缺乏严谨的社会学研究方法与证据来支撑其论证过程，但它可以帮助我们反思现在的城市发展方向、方式和逻辑。虽然该书没有提出实际的解决问题的方法，但实践者们还是可以在“伦理城市主义”的理论之上，结合当地的文化、经济、政治等条件，进行多元价值观的判断与选择。该书提醒我们，真实的生活世界大于系统，公正大于利益，解放大于控制。译者期望，该书能在读者的心中产生一定的思想碰撞，并能为读者思考城市化进程开辟一条新的路径。

目录

第二篇

评论

李士桥（Li Shiqiao）
新加坡国立大学建筑学系副教授

在人类住区发展史上，从来没有发生过像我们今天这样的城市扩张和聚集，尽管历史上某些城市也有过类似的痕迹，如宋朝的开封，欧洲中世纪文艺复兴时期的城市，19 和 20 世纪工业化时期的城市等。我们的世界正以前所未有的方式在改变。技术进步使“网络社会”成为可能；全球经济体重组成全球控制链，在边缘地区进行生产并在中心地区强化创新；人们的思想不断更新，以适应多元性的新状况。所有这些都是发生在人口急剧增长的亚洲中心区，特别以中国和印度最为显著。

然而，长期以来我们的城市发展太过忠实于机器城市（the city of machine）的理念；在将专家的机器城市的粗糙设想（通常是基于市场模式或对生物体的肤浅理解获得的）转变为现实时，我们已经到达了一个痛苦的节点。在此，多样性和差异性已经被缩减到十分可怜的程度。或许更糟糕的是，当人们试图改善这种令人遗憾的局面时，多样性和差异性已经被管理者们“重新定义”了——仅将多样性视为一个有意义的宣传符号，却掩盖了多样性缺失的真实情况。尽管近年来批判性的理论兴盛而起，许多城市也提出了新的发展设想，但有关城市建设途径的想法还停留在相对粗糙的层面。对于诸如伦敦、纽约、东京这些传统的城市中心，这个问题不大；而对处于急剧增长的亚洲城市中心来说，却因缺乏可靠的行动理论而延续着一个深层的危机，即草率地继续推行源于机器城市理念的城市设计和规划思想，而对诸如增长速度、技术和文化等一系列新条件欠缺充分的考虑。

林少伟的观点成为一个极为勇敢而关键的声音，他呼吁要在亚洲的建筑和城市主义背景下进行思考。他在近来的著作中提出了两个关键的概念，即“伦理城市主义”（ethical urbanism）和“后规划”（post-planning），从而引申出了一套“行动理论”。这两个概念都根源于对人类自由和公平的承诺。特别值得注意的是，与很多亚洲城市评论者不同，他有以下几方面特色。他是一个利害相关者，他在思考自己的家园。他是一个实际行动者，他在思考自己所做的事情。他同时具有独特的知识结构：他的知识和经历是世界性的，但他的研究视角是以亚洲为中心的。处于这样的立场，他能恰当地将事物放在历史和理论背景下加以思考，使亚洲城市主义研究远远超出简单的实证报告和危机管理。通过上海、新加坡、香港、河内和曼谷的案例分析，林提倡“伦理行动”。“后规划”的观点承认规划的实际性，同时也强调“去规划”的重要性。后者是指一个建立在地方信仰、文化和人文精神基础上的复杂的城市发展过程。基于当代众多学者的观点，林认为，公平就同一个基本法律概念一样，它是一种空间实践形式（共同的记忆、共同的空间使用和不确定性空间）。通过这些文章，林把建筑和城市主义的问题放在一个非常基本的层面，即为所有人界定和捍卫一个美好的生活。出于职业道德，他提醒我们要更加忠实于生命世界而非体制，更加强调公平而非利益，更加关注自由而非控制。

约翰 · 菲利普斯 (John Philips)
新加坡国立大学副教授

论及城市伦理，就需要谈到某些极为必要但又受到偶发因素和历史事件干扰的条件。对此，我们还必须考虑到建筑师、规划师、政府和官员的决定和愿望。虽然这些决定和愿望常常是被指定的，但有时也带有主观随意性，而且有时是具有破坏性的。如果要在城市发展中推动某个伦理项目，即使它的相关条件能被建立，但通常也是困难重重。林少伟长期从事的亚洲城市主义的研究，正是为了实现该目标（理想的和现实的）而进行的执着探讨。

面对建构亚洲伦理城市主义的需求和渴望，及其所面临的巨大现实困难，林在本书中提出了两个大胆假设。首先，他认为他所讨论的伦理条件是可以实现的。这是一种理念而不是理想主义。即使现实的状况尚不明显清晰，甚至还处于无休止的争议和讨论之中，但大胆的假设是必要的。在这种意义上说，伦理城市主义的理念有其必然的先进性。立足于众多空间公平和城市发展的观点，林对伦理城市主义进行了富有成效的探讨。尽管他从来没有充分而完整地阐述过这一理念的具体内容，他却实在地指出了行动的方向。第二个假设是，当前那些改变亚洲城市景观（空间、经济和文化等）的历史和体制因素，必定成为未来发展的基础。这些现实条件不会催生任何简单的现实主义，而对于亚洲城市主义的未来，从伦理的角度出发，必须对其可能性进行开放性的探讨。

有关伦理观念的讨论由来已久。林采用了“激进的后现代视角”来推进这一理念。在此，伦理这个老称谓应该被视为某种蕴藏的但有待进一步确定的力量和意义，并对实验性的社会生活文化的杂乱和不尽合理的滋生环境保持开放的态度。林的伦理概念是大家极熟悉的，它包括幸福、可持续性、公平、平等、富足和健康等。在他眼里，这些概念具有新的含义，并在全球化的背景条件下发生演变。而这些背景条件要比林提出的综合伦理概念更加难以预知。

在他对这些条件的分析过程中，同时也确定和重申了某些历史事实。首先，资本主义以全球化的形式（不亚于它的任何其他形式），引起了它所触及的经济体的难以预料的变化。无处不在的贪婪和贫困证明了利益原则是资本主义盛衰的驱动力，而该原则是不会轻易被动摇的。但林坚信，对地方性的资本主义经济活动进行伦理管理应该是可能的。

其次，某些以欧洲为中心的现代性教条即将消亡，尤其在亚洲建筑和城市规划中，新的实践证明欧洲现代化的一些传统理论已经难以适用，如系统论等。林的许多案例，如河内、曼谷、上海、香港、加尔各答（请注意不是新加坡）等，揭示了一种动态的城市主义。这种城市主义并不能被简单的条件或数据所代表，如城市增长、人口数量、经济不公平的状况等。相反，这些案例提供了一个极好的参照物来指导未来的实践，如“后规划”的原则、不确定性空间的优点、公共的有效性等。

鉴于面临的巨大困难，毫无疑问，林的设想是令人钦佩的，因为这些设想不同于自负的乐观主义。在城市规划中推进伦理主义是受到多方支持的，例如对民主的全球倡议以反对不公平和经济剥削等。但这些倡议不可能改变全球化的历史进程。已经造成了巨大的破坏的全球化行为将在可见的未来继续深入。但正如林在书中所说的，当前许多亚洲城市有其特殊的条件，这些条件给它们的市民提供了一个更加平等、更加积极、更加具有创新性的未来的希望。我们希望，那些对自身世界的发展具有一定影响力的人，能够研究林的书，消化或运用他的观点。

沙朗 · 西蒂奎（Sharon Siddique）

Sreekumar, Siddique and Co
亚洲城市实验室奠基人之一（Co—Founder, Asian Urban Lab）

建筑师理解城市空间的视角与社会学家极为不同。二者通常采取平行的视角来看待城市发展。他们之间很少相互讨论，更少会有一个建筑师将自己沉浸在社会科学文献里；更为罕见的是，一个建筑师会采用社会科学理论来强化对建筑设计原则的解释。这本书就是一个很好的例子，它告诉我们，如果这二者能成功地融合，将会产生有趣的形式。

通过采用一种后现代的框架，林少伟建议运用后规划的方法来理解当前亚洲城市的演化过程。而且他更进一步，认为这种后规划进程其实可以帮助建立他所定义的“亚洲伦理城市主义”。这就需要对城市空间进行全面创新性的描述。这当然不是一个轻松的任务。后现代主义要求，这样的理论必须是多层面的、自下而上的，而且是革命性的。正如大卫 · 吉森（David Gissen）指出的：“城市内，空间无处不在，自然、生物和生长无处不在，存在问题和争议的地区无处不在。”[1]

这本书是有关后现代主义的集萃。林少伟用各种各样的概念来阐述他的观点。想要对他本书中的观点给出总体的评价是很困难的。有一个方法可以理解他的观点，就是关注他用于解释观点的有趣的案例研究。我发现新加坡的章节尤其有趣。因为对新加坡的城市状况进行创新性的描述是很有挑战性的，在这里，现代主义思想和现代主义的规划范例表现得几乎无可挑剔。

在新加坡的章节中，林少伟使用的最有趣的后现代概念之一是“白板”（tabula rasa）。关系到其他现代城市的状况，此概念具有现实的及潜在的概括力。白板暗示着，对新加坡的主流认知在某些方面偏离现实，“城市浮夸的形象”的描述只能代表很少的方面。当然，白板仅能停留在概念层面。因为有四百万人生活和工作在新加坡的城市空间里，这个城市当然不是一个真正的白板。但提出这样的假设也是必要的，目的是在概念上取得超越。这就是林少伟在此提出的，一个非传统的、少数的、隐晦的但却同样令人信服的描述。假如现代主义所驱动的城市规划和建筑是我们对城市的主流认知，那么什么是少数的、非传统的认知？如何对其进行清楚的阐述？林的答案就是亚洲伦理城市主义。

针对我们熟悉的新加坡这一具体案例，追溯其发展轨迹是十分有用的。林少伟从时间维度进行阐述。起始点是殖民时期和它的建筑。殖民时期的建筑遗产具有相互对立的身份，尤其是在独立初期。考虑到后殖民时期初（1959 ~ 1975）新生“民族建筑”的形成，年轻的新加坡建筑师们受命设计颇为单纯的新加坡建筑。预期是使新加坡建筑逐步发展，建筑师们与政治家、官员和客户进行创造性的对话，以产生一个后殖民时期的新加坡城市景观。但正如林少伟明确指出的，这并没有发生。为什么？

1975 年，越南战争的结束标志着社会主义和东南亚资本主义的（暂时）分裂。而新加坡明显地将其未来指向以美国为导向的资本主义发展道路。这意味着其将越来越依赖于吸引跨国公司，并将其经济融入全球市场。新加坡成为一个全球（资本主义）城市。它渴望成为一个国际化现代大都市。但新加坡当局突然发现，已经没有空间来满足其有机发展，也对新加坡本土建筑的逐步演进失去信心。国际建筑师随即被招来创造新加坡政客们渴望且可即刻而生的现代典型的全球化城市。

1975 ~ 1995 年是新加坡城市天际线向现代化转型的时期。但这种转型不是有机的。很少有新加坡建筑师能参与进来，他们只能在主流的现代主义建筑市场(如居住、零售还有公共建筑)的狭缝间生存。当地的建筑师(和艺术家)被边缘化，基本上没有任何话语权。因此，这段时期表现出一种平行轨迹的状态——后现代主义与现代主义的平行。

林少伟指出，这些少数派（当地建筑师）的声音可以在三个领域听到：“保护和适应性的再利用”、“区域主义和热带地域性”，以及“向外拓展”。这是与新加坡之外的行动保持联系的。虽然在新加坡，他们的海外同行比他们更受认同。但他们当中有些人承担着新加坡以外的设计任务。在艺术界和建筑界存在一个共生的关系。在面对一个坚挺的主流视角时，他们已经发展成为一个强大的备受认同的少数派。

1995 年标志着美国衰退期的开始，这最终导致了 1997/1998 年的亚洲经济衰退。这是林少伟所划分的最后一个时期，即从 1995 年至今。这段时间里，新加坡遭受了沉重打击。同时还有一个新的因素值得考虑，那就是正在崛起的中国已经加入到发展的行列中来。至此，那些具有主流认知的人们开始发起“重新评价”（remarking）行动，但至今仍没有一个强有力的模式来替代20年来以资本出口导向、跨国公司主导为核心的模式。但不可否认，这种模式是新加坡繁荣时期经济呈两位数增长的基础。

矛盾的是，增长引擎的减速却带来了艺术界的强大，尤其在电影院和剧院的设计和建造方面。展现少数派认知的非传统性范例已经成为年轻艺术家们的主要论题。相似地，在建筑界也爆发了大规模的创新。这到底发生在哪里？在此，林少伟借用“非确定性空间”的概念来解释城市的某些地区。这些地区既不是相对而言未被白板运动所触及的芽笼（Geylang，新加坡的红灯区），也不是自发形成的荷兰村（Holland Village，新加坡的“波希米亚飞地”）。它是通过此类空间的有机增长，有能力再造的一个创新性的、有机的、可使新加坡建筑复苏的空间。大约30年后，年轻一代的建筑师开始再次质疑所谓的主流认知。但不同于鼎盛时期（heyday），主流意识形态处于守势。一个令人信服的新的现代主义范例可能向他们偏爱的尺度倾斜，但我们还没有看到它的出现。另一方面，创新的、后现代的认知正在缓慢获得动力，它的轮廓逐渐变得清晰。最后关于亚洲伦理城市主义的论述部分，在某种程度上有助于它的建构。

注释

1 David Gissen,“Park/ No Park” in Cabinet Magazine（2002）.

前言

几十年来，对亚洲城市主义及其自身条件快速变化的关注，使我逐渐意识到亚洲城市强大的地方特性和混乱不合理的空间表现，以及现代主义规划理论与实践的冲突。过去几年，我在大量的文献和报告中批判性地分析和讨论了这些问题。自 1990 年代早期以来，我清楚地意识到一件事情的重要性和必要性，就是传播我的理论知识，以及理解当代多个学科所讨论的逐渐增加的复杂性。目的是积极参与当前对亚洲城市主义的论述，并作出有效的贡献。

理论家们大量的文化研究著述强化了我的看法，即对亚洲（后）现代性和城市主义的动力机制的分析，必须在联结多种原则的某种框架下进行，也必须牢牢立足于地方的结构背景和后现代多元的当代特性。在此过程中，我确定了三个相互关联的关键问题。首先，随着现代主义规划的即将终结，失败的现代主义景观的印迹和残骸如垃圾般随处可见。其次，亚洲繁荣经济中上百万的城市穷人，受苦于城市特性丧失和再发展的冲击，有权获得平等分享发展成果的权利。再次，当前可操作的激进的城市理论留于空白，而同时处于经济快速发展中的城市正在发生着史无前例的扩张和重构。

正是在这种极富挑战的背景下，我试图提出亚洲伦理城市主义（Asian ethical urbanism）这一激进理论的概念框架，它超越和摈弃了现代主义规划的种种限制和刚性，在当前亚洲城市史无前例的爆炸性增长状况下确定它的主要内容。尤其关注的是当前亚洲城市和建筑状况的特性和动力本质，目的是质疑和减轻当前新自由全球资本主义产生的社会生态形式和政治影响。与许多非建筑师的主要城市理论家不同，我在概念上的起始点不可避免地是空间的、三维的和城市导向的。不可能有其他选择。

本书的第一大部分包括三个方面的主要内容。首先，“目标”（orientation）部分通过阐明那些先前无疑受到西方价值观和言论约束的观点，确定了三个命题——多元现代性、伦理和幸福及激进的全球本土性——作为亚洲伦理城市主义有效的结构基准。其次是“亚洲伦理城市主义”部分。该部分确认、分析和界定各种伦理要素的本质，并讨论其与快速扩张的亚洲城市的整合。按照这种探究性的综合路径，我确定了五个主题：保护和记忆、保护公共性、非确定性空间、土地以及空间公平。许多其他论点，如基本权利、生态可持续性、住房与临时住处、交通与流动性，以及那些仅仅关系到具体地方性的问题，还有待进一步分析。最后一部分，检查后规划的后现代现象，一个准无政府主义的、灵活的、无序的、开明的系统，能够成为实现亚洲伦理城市主义的有效手段。

本书的第二大部分包括对河内、上海和新加坡三个案例城市的研究。这是在过去两年内完成的，试图将我的理论框架同亚洲城市的现实状况相匹配。河内的案例研究是紧急呼吁对老城区的环境和社会文化完整性的保护。对上海的初步观察，是试图探讨近年来城市急剧变化过程中的痛苦和激动的经历。新的城市文化和生活方式，尽管毫无保留地与全球接轨，却深深地渗透出独特的中国特性。雷恩·梵·斯凯克教授指出，新加坡的案例研究“逐渐舍弃这些作者的东方主义而非其观察过程，他们主要受到西方影响，痴迷于亚洲城市的舶来品，并将其像动物园参观式地展示给他们的同胞。”这一部分还包括“新千年的亚洲建筑”，是以一个后现代的视角对西方主导的当代建筑理论与研究进行激进的审查，并尝试以它们自己的语言来评论当代亚洲建筑。

致谢

我的主要论题，“亚洲伦理城市主义”，在其内容和结构安排方面需要一个包容且创新的方法。我要特别感谢沙朗·西蒂奎和许婉婧对这一挑战性任务作出的极其珍贵的评论和贡献。

我必须向雷恩·梵·斯凯克表示深深的谢意，他给出了启发性的、有见地的引言。尽管十分繁忙，李士桥、约翰·菲利普斯和沙朗·西蒂奎仍然煞费苦心地给出了极富洞察力的书面评论，给读者提供了对本书的较为深入的理解和解释。此外，林瑞光负责本书的设计和排版，我也必须向他表达我的谢意。感谢许多建筑师同意将他们的作品作为本书的案例。同样需要感谢我的秘书 Patricia Lee，承担许多有关本书出版的事务。特别感谢林瑞光和许婉婧，他们分别对曼谷和香港的案例提出了有趣的见解。十分感谢亚洲城市实验室，允许在本书中再版《建筑艺术特性：新加坡白板之后还有生活吗？》和《你被上海化了吗？全球本土化的上海文化和特性》。

最后，我要对邵氏基金会的邵维铭（Shaw Vee-Meng）表达最深切的谢意，是他对这一主要论题——亚洲伦理城市主义的研究提供慷慨的资助。还要感谢世界科学出版公司的潘国驹 (K K Phua) 教授、K K Phua 夫人和 Cheong Chean Chian，他们为本书的出版投入相当大的精力。

引言

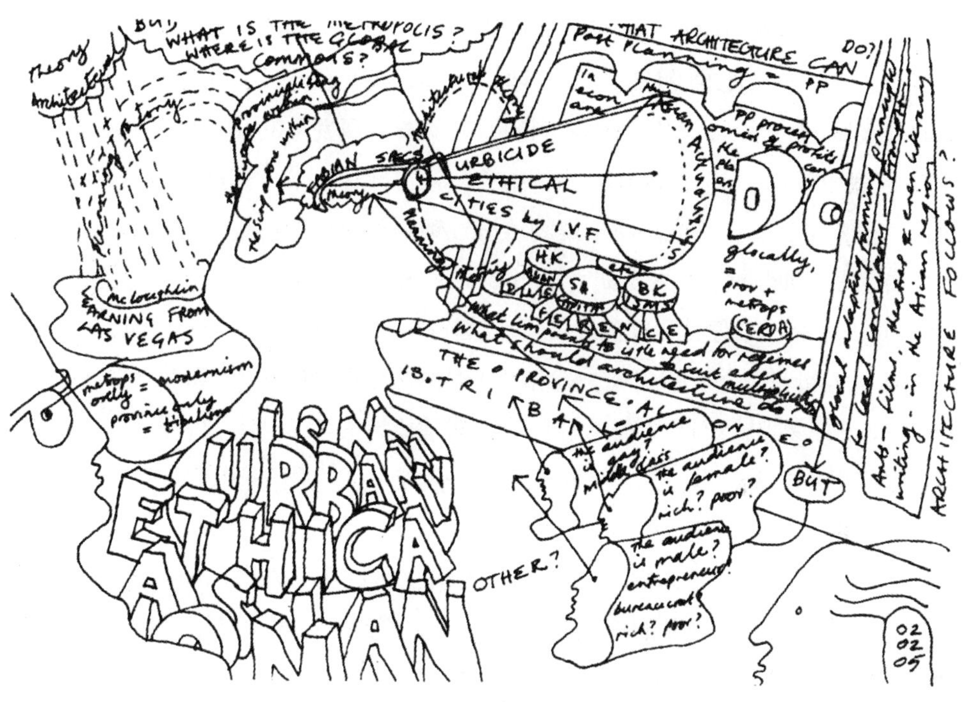

雷恩 · 梵 · 斯凯克（Leon van Schaik）
皇家墨尔本理工学院建筑学创新教授（Innovation Professor of Architecture）

林少伟是“一个实践型建筑师和一个激进的城市主义者”。如此陈述其职业身份是与本书的第一大部分关于“空间公平”的主题紧密相关的（27 页）。我注意到这一显著论点提出的：“关键的问题是现在应该做什么”（31 页）。林的观点属于后现代规划和经济学范畴。他重视引用卡斯泰尔（Castells）、哈维

(Harvey)、索雅（Soja)、萨德尔考克（Sandercock）等人的研究例证。这里基本上没有建筑学的背景。透过一个略加变动、更加建筑学质询的镜头，我想问的是，林的观点对于建筑师能做什么或者应该做什么将意味着什么。我来大胆地分析一下。作为一种实践的城市规划,它是一门学科吗？同林少伟的质疑一样，建筑师的出身让我对此表示怀疑。正如林指出的,它已经不是建筑学的论述范畴，这仅仅是林抛在他的同事面前的一个挑战。但它确实是一门学科。在此，假定我不需要追溯相对短暂的历史，但我将回头描述一些学院派的思想，它们已经被建筑师在进行城市尺度的设计时付诸实践。另外，我想在此反映的是，从一个建筑师的心底发出的呼喊，如林所注意到的，在城市内所发生的并不是规划师或设计师想要发生的。这与他们的理论并不相符，但在某种意义上却是好的。可以肯定地说，在一定意义上，这比城市规划和设计项目所渴望的愿景更好。当然，在此我要参考丹尼斯·斯科特·布朗（Denise Scott Brown）的倡议行动《向拉斯韦加斯学习》。[1]她是一个像林一样的建筑师,在建筑行业中研究规划。当其移居美国时，面对着现实和理论之间的分歧。她和罗伯特·文丘里（Robert Venturi）共同提出这样的问题：如果我们的工作是从现状引向理论，而不是其他的方式，对于建筑师而言究竟意味着什么？他们的建筑实践一直是一种协同一致的探索性实验。林也是如此。后面将谈到的更多内容也是如此。

有些事件迫使我们对此重新审视。我们观察世界的方式已经发生了巨大的变化，也就是在现代主义的理性和视角外添加了另外一层观察。[2]我们这些建筑师在慢慢发现必须面对现实的意味。激起林对亚洲新兴多元性的兴趣的，是那种挑战以规划理论为依托的现代主义必然性的方式。在现代主义盛行的社会，斯科特·布朗用强大的现代主义方法来研究拉斯韦加斯：在逻辑上是有条理的、解析的和线性的，而在其意图和结果上却是有影射性的。根据这一分析结论，城市被迫从有机增长的模式转变为现代的造城运动。而这种有机增长正遵从了林的后规划特征："在后规划过程中，经济和利益是中心角色"（28 页)。正如我们将要看到的，其结果是自相矛盾的。[3]在对自己进行观察的观察者们的这种新的、更具反射性的框架下，发生了什么事情呢？近来，Ignasi de Sola Morales[4]确认了一种现象，是它使得建筑师从观察中推导实践变得如此困难。他（还有 Andrea Kahn[5]和 Nikos Papastergiadis[6]，都是独立工作的）发现，那些脱离有意识设计的空间的居民，广泛接纳并影响着城市内那些被遗弃的、未经设计的空间。他想知道，当常规的设计行为（在任何被设计师用于其设计任务的范例内）产生了疏远的空间，以及一些空间因老化或战争以及相应的管理者的渎职和遗弃而衰败的时候，人们是否还能对城市进行设计？

当前，所有这些都发生在“西方世界”。所以，如果西方人已经在面对这个问题，而林仅批判那些只“看到”亚洲城市功能障碍的人，是不是有点迟了？不，根本不迟。首先，这种批判并不是指向那些已经因上述理论家们的提醒而努力解决这些问题的西方人。这种批判是指向那些所谓的现代主义的追随者的，包括每一个掌权的官员，每一个抱有城市碎片美化的企业家，每一个从事扩张型的试管婴儿式的城市设计工程师（这种行为在过去的十年内已经把“七千万的中国农民”驱逐出他们自己的土地）。这种批判也指向每一位采取各种形式致力于他们的城市建设的迷恋现代主义的建筑师。这可能是另外一种现代主义改革，在此，这种批判本质上表现为：“你们的方法是错误的，因为你们的观察并不充分”。更严谨的观察将向你展示城市的多元性，以及某些最应受到鼓励和传播的方法，它自己走向幸福的路径，它的（隐藏的）公共性，和它的（隐藏的）空间不公平性。这些高度的认知将使你产生某种更加“全球本土化”（glocal）的响应。这样的结论，尽管可能是一件好事，但却不能充分体现林的观点。林所主张的方法同时指向两个方向。它强调应关注城市增长现实之外的事实，同时它也直接指向观察者自身内在的现代主义。正如 Dipesh Chakrabati[7] 在他的著作《地方化的欧洲》(provincialising Europe）中所指出的，以前的殖民化需要在其内部对欧洲进行定位和地方化的理解。对于林来说，问题并不是要改变“西方”，而是在我们内部去面对“西方”。

通过简要回顾林的建筑实践生涯，或许能够很好地阐述我的想法。[8] 林的职业生涯分为两个不同的阶段。第一，在新加坡后殖民时期的初期，林是许多被“给予”——或者“获得”机会按照他们的设想来建设未来城市的人们之一。这促生了巨型结构的金色一英里（Golden Mile），一种非凡的现代化空间功能叠合体。它是一系列此类城市空间中最具魅力的部分，在巨大的尺度上实现服务、交通和居住的整合，这是城市现代化景象的基调。城市建设从这些非凡的结构体中学到了什么？今天，林认为，这些方法的成功教给城市政府所有错误的教训。具体地说，整合需要一个被控制的环境。这使得城市政府在意识上形成一种深刻的指令性的现代化，立足于线性逻辑和指令性的结构。新加坡已经实现内在的“现代化”。与此同时，在其他地方，如泰国从来没有被殖民，中国也仅仅是在外围受到殖民的挑战，这些地区出现了另外一种令现代化观察者们惊愕的发展形式，它们来自西方，或者自我西方化。在林的职业生涯的第二个阶段，他拒绝参与这种指令性的经济行为，而选择主要在自由市场的外围活动。作为一名建筑师，他采取一种个性认知的、后现代特性的做法，向城市政府所采用的方法的合理性发起挑战。这使他受到批判，作为一名建筑师，他已经处于城市发展过程中的边缘角色。如果你看到新加坡大量已有的建设，上面的话绝对是事实。正如我所看到的，林现在正努力去做的，是描述他所信赖的建筑师个人创造力是如何与新的亚洲城市的基本发展过程相配合的，这些过程同时向控制和暗箱行为发起挑战。这些过程要求观察者们审视他们自己的观察行为，并据此寻求获得外界协助的机会。[9]

我将回过头来谈谈这一立场的可能效应。首先，我想对林的观点作出回应，看起来很明显：为什么不干脆进行更好的观察，并更好地回应？早先，我提到规划的历史。在我们城市建设的 7000 年历史中，几乎每种情况都被预料到了。在所有的用于城市扩张的现代主义规划中，或许最有造诣的是塞尔达对巴塞罗那的规划。[10] 从何谈起呢？可以从对当前城市的状况进行非常准确的观察来谈起。因为，这种观察会驱动社会公平、保护特色、保护公共性，甚至是一种有意识的非确定性战略。在此规划中，他们通过统计死亡率发现，那些居住在建筑物较高层、接近太阳和微风、进而远离街道上露天下水道的人们的寿命较长。此外，塞尔达和他的调查员们发现，一个健康城市应具有学前班、袖珍公园、邻里市场等完备的设施，以使所有人具有同等获得服务和环境产品的机会。基于他的观察，塞尔达甚至预测，所有事情都是一样的，每个人都想拥有他们自己的“老爷车”(horse-less carriage)。所有这些都是通过逻辑、线性方法的观察取得的。但这正是林的观点的关键所在，这种设计几十年都没有被实施，因为这种优雅的设计缺乏一种政治考虑。议会在早期对这一规划进行辩论，并予通过。但一个接着一个的小组委员会将规划的实施拖延了近两代人的时间(以公民的平均寿命计)。最后，塞尔达设计了一种分配发展权的方法来解决实施的问题，即按照漂亮的、去角的网格对原来的农用地进行新的划分。

如果后规划是实现空间公平的一种途径，那么在林看来，是“以经济和利益为中心角色”的方法让其无法实现。林的直觉是，建筑师的行动应该取决于能够对那只“看不见的手”产生影响的东西，但目前这种影响还未发生。在此，像塞尔达一样，我们进入了一个辩论的时期，而且如英国建筑联盟建筑学院（简称AA）的金斯伯格（Ginsberg）指出的[11]，它一直没有间断。有没有一种可以操作的税收制度，好比碳排放权交易制度，作为一种良性的市场力量，以致力于多样性、空间公平、共性需求？这可以使我们所有人都感到更加幸福，因为即使我们是有点贪婪，我们还是能从这种巨大的好处中受益。这就是我们建筑师应该坚持的观点，在建筑服务的供给和需求上对多样性进行贡献。没有这样的制度，一些流行的实践如“艺术——电影、剧院，甚至是文献写作”能否得到改善？如果具有这种制度，它将如何有助于多样性，而不是为全球性的统一规范化的实践推波助澜？

在此，我将对林所界定的可能的制度作出些许推断，并表明它们能如何支持创新性的地方社区，这些社区既不仅仅是现代化的和都市区的，也不仅仅是种族的或区域的。回到斯科特·布朗和文丘里的范例，让我们看看从他们的实验中学到什么。公平地说，如林职业早期的情况一样，其他人学到的教训都是错误的。这绝不是抨击斯科特·布朗和文丘里在建筑上的成就；我可以，并将对那些重要且有趣的作品进行评判。在致力于将拉斯韦加斯视为一种可能的普遍状况时，《向拉斯韦加斯学习》的主张播下了我们不该如此学习的种子。拉斯韦加斯随后所显示的状况表明，应该有更多的东西值得借鉴，而不仅仅是当时书中所记录的那种开创性的研究。错误出在哪里？如果从林的观点进行推断，在研究者的意识里存在一种现代主义，这导致他们假定，他们所观察的在某些方面是放之四海而皆准的。文丘里做了一个报告，关于存在于所谓差的“鸭子”（一个鸭子形状的棚子，整体建筑作为一种标志）和所谓好的装饰棚（一个棚子，以一个带有标志的假的立面做装饰）之间的十分明显的现代二元对立面。[12] 正如林对曼谷、香港和上海调查后所主张的，每个城市——事实上是这些城市的每个部分，已经形成了自身的发展过程。他的总体结论是，城市的每个部分可能都有它们自身对其公共性、保护模式、某些出乎意料的创造空间公平的方式等的定义。其背后的驱动因素可能是指令性经济的对立面。同时，林对“亚洲资本主义们”（注意是“们”）概念的认同是他的设想的关键，即建筑师们（注意是“们”）可能在这些城市中如何起到积极的作用，避免“对原始的、过时的、唯美主义的重复，以及虚假的地方主义和毫无意义的表面措施"（33页），这些被他视为（当今）城市高层建筑的特征。

回到林对这些城市艺术活力的观察，让我感到震惊的是存在于地方力量与我所观察到最好的全球化特征的渴望之间的紧张和平衡状态的重要性。新加坡剧院[13]在充分运用世界剧院知识的同时，使用了新加坡的语汇，因而吸引了世界的关注。通过这种方式，它能通过解除控制而使新加坡所固有的生活元素得以表现出来。没有超越世界的充分认识，这可能成为一面地方性的镜子，表现为自我迷恋且消极无益。没有来自对导演和表演者们内在的现代主义的生动调查的反思，这也仅仅可能成为一种对新的、古怪的种族特性的世界音乐的展示。编剧必须处理好他们的地方现实性，尽管总是要不断地寻求全球共性的东西以测试那种现实性，以确保它不会变成某种形式的特殊辩护，以及以差异为理由而为不良做法做辩解。

建筑是否存在平行发展的状况？在某种观察层面，"后规划"是一种普遍的状况。在如此多的地方，我们努力纠正已经形成的事实，经常是为了做到最好。多元性需要强大的地方建筑文化，这些则依赖于实践过程的多样性。在巴塞罗那，塞尔达的规划曾经被实施，是将它的发展权固定在具体的空间网格上，而不是依赖原来的田地制度所划定的界线，在某个网格内没有一个街区归某个人单独所有。基于广泛多样的规模尺度，这种发展过程确保为资本积累提供广泛的渠道。建筑文化繁荣是因为在所有者之间存在强大的竞争，依次排列的街区根据不同建筑师的设计而建设。在这种多种机会存在的有利情况下，大量的实验得以尝试，不同的地方装饰艺术也参与进来。这好比一种贝壳，在其内部，著名的天才和宗教狂热分子高迪[14]则是其中的砂砾，他创造了一种创新性的建筑，更有特色和气质。

这些是企业化操作的微观条件，需要在每种多样性情况、每个都市区和城市的每个部分予以适当利用。台北[桑德·荷叟（Sand Helsel）在《台北行动》[15]中做了很好的记述]存在类似的差异性的城市结构并不意外，它的家族企业主导型经济已经产生了一个类似的竞争性环境。但在巴塞罗那和台北两个城市，建筑文化并没有得到持续创新。那些委任性的建筑工作已经陷入从现有的国际品牌进行选择的坏习惯，而不是支持更加地方化的创新。我的观点很明确，政府和政府机构应该发挥作用以确保建筑创新的可持续性。这方面最显著的例子是日本的熊本县。[16]县政府采用了一种创新性的"后规划"形式——针灸法。所有试图通过现代主义的系统方法来寻求改善的一刀切式的虚伪做法被放弃，而侧重实施一些小的项目，使得全县（有 300 万人口，其中 100 万集中在中心城市）各地区的经济和社会福利存在差别。早期的工作是巩固历史遗存的公共桥梁和高架道路系统。随后的项目包括旅游地公交站点的公厕、景点的观测站、消防局、向游客常年展示地方传统的博物馆，以及木偶剧院和学校，通过将每年一次的木偶秀转变成面向居民的常年活动以保护边远村庄的经济。设计还包括引导运用大尺度抗震建筑建设时采用木材的新方法，从而促进了地方木材工业发展。由于首任特派员矶崎新（Isozaki）的开明领导，这些小型项目被委派给那些处于职业早期阶段的年轻建筑师。现在这一代国际知名的日本建筑师中，一些最为突出的就是在 Artpolis 开始其早期的职业工作；伊东丰雄（Toyo Ito），矶崎新以及妹岛和世（Kazuo Sejima）就是其中几员。

对我来说，这看起来满足了林在其论述中提出的所有需求：这是一个在西方没有先例的地方化的创造过程，看起来对现代主义规划寻求普遍化的目标发起了公然挑战，在一定程度上也满足了空间公平的需要，支持和维护了公共性，有助于特定地区和国家创新性建筑文化的发展。建筑本身仅仅是在某些时候才有价值，即当它得到一定的地方参与，并且是在支持多样化实践的激烈竞争局面下完成的，用这样一种方式他们能够在志同道合者和值得尊敬的对手内建立一项研究，并且将之付诸实践。全球化使得建筑师以及规划师和发展商们（我也包括在内），在思想上重视模仿我们这些专业人士在思想上构建的具有普遍特征的大都市内发生的东西，这令人感到沮丧。林是对的，他坚持认为，建筑师对规划进行评述，其目的是探讨一些好的问题，即建筑师在争取和影响委派任务时应该如何作为，以使得每一种多样性能够与它们自己的建筑文化相互交织。但 Artpolis 的实验仅仅是一棵风中的稻草。如我早先指出的，它只是在一个区域内进行，这里并没有面临林所提到的爆发性的增长。在爆发性增长时代，对参与城市生活改善的所有人而言，《亚洲伦理城市主义》提出了一个挑战。而且，正如林所提出的，这需要我们所有人的创新，包括政策制定者、发展商和设计师。“亚洲伦理城市主义”集中了所有的原则，即这样的创新需要关注我们在这些城市里是否感到幸福，考虑到林的观点，康德（Kant）设定了这些原则中的首要原则，即一个人可能不会要求某些你可能对别人表示否定的东西。

注释

1 Denise Scott Brown, Steven Izenour and Robert Venturi, *Learning From Las Vegas* (Cambridge: MIT Press, 1977).

2 Anthony Giddings has termed this new consciousness "second order modernity". Anthony Giddings, *The Consequences of Modernity* (Cambridge: Polity Press, 1990).

3 Scott Brown discusses this in her subsequent book: Denise Scott Brown, "Urban Concepts" in *Rise and Fall of Community Architecture*, ed., Andreas Papadakis (London: Architectural Design, 1990).

4 Ignasi de Sola Morales, "Terrain Vague" in *Anyplace*, ed., Cynthia C Davidson (Cambridge: The MIT Press 1995), 118–123.

5 Andrea Kahn, *Mobile Ground. Transition* (Melbourne: RMIT, 1992), map insert.

6 Nikos Papastergiadis and Heather Rogers, "Parafunctional Spaces" in *AD: Art and Design— Art and the City: A Dream of Urbanity*, Profile, 50 (1996): 76–88.

7 Dipesh Chakrabati, *Provincialising Europe: Postcolonial Thought and Historical Difference* (Princeton: Princeton University Press, 2000). See also Amit Chaudhuri, "In the Waiting Room of History" in *LRB* 24 (June 2004): 3–8: "...if Europe is the universal paradigm for modernity we are all, European and non-European, to a degree inescapably Eurocentric ... Europe is at once a means of intellectual dominance, an obfuscatory trope and a constituent of self-knowledge, in different ways and for different peoples and histories. ... for almost two hundred years there has been a self consciousness (and it still exists today) which asks to be judged and understood by 'universal' standards."

8 His own account of this situation is recorded in William S W Lim, *Architecture, Art, Identity in Singapore: Is there Life after Tabula Rasa?* (Singapore: Asian Urban Lab, 2004).

9 This is the science of cybernetics, to which Ranulph Glanville has always been my portal. His PhD, Ranulph Glanville, "The Object of Objects—or, Something about Things", Brunel University, 1987, led to study of Heinz von Foerster, *Observing Systems, Intersystems*, (California: University of California Press, 1981), and more recently, and more accessibly: Heinz von Foerster and Bernhard Poerksen *Understanding Systems: Conversations on Epistemology and Ethics* (New York: Kluwer Academic/ Plenum Publishers, 2003)

10 Arturo Soria y Puig (ed.), Cerdá: The Five Bases of the General Theory of Urbanisation (Madrid: Electa, 1999).

11 Leslie Ginsberg argued in lectures at the AA that I attended in 1970 that no planning idea was ever implemented less than 30 years after it was properly articulated, when he said, it was no longer of any use. He probably taught both Lim and Scott Brown.

12 Also in a lecture at the AA in 1970.

13 Kwok Kian-Woon, "The Bonsai and the Rainforest: Reflections on Culture" in *Ask Not: The Necessary Stage in Singapore Theatre*, eds., Tan Chong Kee and Tisa Ng (Singapore: Times Editions, 2004), 1–25.

14 Gijs van Hensberg, *Gaudi* (St Ives: Harper Collins, 2001).

15 Sand Helsel, *Taipei Operations* (Taipei: Ti Nan Chi Human Environment Group, 2004).

16 These observations stem from my study tour to the Artpolis in 1996. The Artpolis has a website: http://www.artpolis.net/english/english02.html#4. There are also period publications like: *Kumamoto Artpolis (KAP)* (1996), *Soft Urbanism: 15 Projects* and *Kumamoto Art Polis Exec C'tee.*

第一篇

第一章　亚洲伦理城市主义：一个激进的后现代视角

第一章　亚洲伦理城市主义：一个激进的后现代视角

目标

在过去的几十年，全球化现象表现出快速性和高强度性，并导致文化、价值观以及生活方式在全球范围和尺度上发生了巨变。全球资本主义，在无法满足的贪婪和冷酷无情的剥削的怂恿下，毋庸置疑地加剧了马歇尔·伯曼（Marshall Berman）所指的城市——尤其是中心城区——的毁灭或谋杀的步伐和规模。近年来，许多西方城市的地方社区、少数族裔和非特权群体在他们的权利诉求方面逐渐变得更加有效，同时与富人和掌权者之间的抗争变得更加强烈。城市的大规模重构以及新的城市空间意象的运用似乎不可避免。然而，这种斗争是困难的，尤其是在缺乏政治支持的时候。

与此同时，现代主义规划的那种高度控制的、自上而下的、乌托邦式的空间化理论与实践之间变得越来越无关联，它（理论）的消亡显然是不可避免的。引用里昂尼·萨德尔考克（Leonie Sandercock）的话，“尽管现代主义规划的支柱会在至少三十年内逐渐瓦解，然而（我们）对将会取代这个宏伟社会工程[1]的事物仍然没有达成共识”在快速经济发展的条件下，产生了史无前例的城市膨胀与结构重组之际，可实施的城市理论出现了真空。超越现代主义的范例，并没有清晰的指示引领我们。

资本主义有创造力的、具探索性的自由市场体系已经证明了其产生财富与促进经济增长的能力，尤其是在经济发展的初级阶段。许多东亚国家已经经历了长期持续的快速增长，并伴随着剧烈的社会转型。然而，在接受资本主义全球化的同时，这些国家对于它们的经济保持了总体的策略性控制。而且，亚洲的资本主义很大程度上受到它自身的特色、局限性和（发展）优先权的影响。这些国家对

1990年代中期东亚金融危机的各种反应与其取得引人注目的复苏是一个好例子。

许多亚洲国家现在不再接受偶像化的西方现代化，并且一些国家已经开始推行基于后社会主义的乌托邦式的发展模式，并在可能的情况下避免革命性的社会主义变革。引用弗瑞德·韩礼德（Fred Halliday）的话，“关于革命【现在】是不可避免的假设，正如革命是可取的假设一样，是值得怀疑的”[2]，以及“现代革命的历史不仅是抗争、英雄主义和理想主义，而且是可怕的苦难和人类的灾难，并且是在革命性的转变这个幌子下的混乱和无能为力。”[3]

因此，可以想象亚洲地区的国家将会迅速建立起反映他们自身烙印的全球资本主义的发展策略，其中根除贫穷并且为所有人提供基本需求必定成为贯穿全部发展过程的必然要素。尽管西方国家通过对广大的殖民地和新大陆的剥削，以及向其他国家强制施加不公平的贸易和投资权利来解决这些问题，但对于现在的亚洲国家而言，并不具有这样的可能性。

考虑到西方现代主义规划不可避免的终结和已证明的失败，我们需要一些针对亚洲近来爆炸性城市化的创新性解决方法。在一个经济逐渐优先于其他事情的时代，城市的转型和扩张更经常是对功能需求、全球化和利益最大化的迫切需求产生迅速的反应。在此过程中，整个社会，尤其是低收入的人群，其城市生活的质量已经受到严重的负面影响。

在傲慢的、自以为是的现代主义逻辑的武装下，在以贪婪和利润最大化为目标的情况下，当今社会和城市结构中有价值的和值得纪念的元素遭到了抛弃和破坏。剧烈的城市变化先于并免于遭受常规规划的控制。这种形式的城市发展过程不可避免地出现了，并且在过去的二三十年里已经不知不觉地在东亚地区的多数国家中得以实现。新加坡是一个例外，在此，现代主义模式仍在实行。[4] 由于对中国城市的现状感到悲哀，侯翰如（Hou Hanru）最近创造了“后规划”这个术语来描述一种在很大程度上缺乏社会道德规范和空间公正的城市化所带来的毁灭性影响。[5] 带着相当的紧迫性，我调查和分析了一些基本的城市伦理要素。它们可以有效地引入和灌输到后规划的实践中去。

在写这篇短文时，我发现了许多学者的论著具有非凡的价值。特别要提的是，我必须参考曼纽尔·卡斯泰尔（Manuel Castells）和他关于全球城市网络的深远的分析，大卫·哈维（David Harvey）和他关于社会和环境公正的论点，里昂尼·萨德尔考克和她的国际都市多元文化的愿景，萨斯基娅·萨森（Saskia Sassen）正在进行的全球化城市的著述，爱德华·索雅 (Edward Soja) 及他的有关空间公正的立场，以及雷恩·梵·斯凯克在解析建筑与城市主义的理论和实践之间相互关系方面的贡献。不计其数的来自其他相关学科和专业的作者，使我有可能涉足各种各样的著述，和其中具有挑战性和我尚未涉足的领域。这篇短文也同样尝试与无数相关的学者商榷，其中一个是大卫·哈维：

> 如果说当前关于向后代传承一个体面的生活环境的浮华言辞具有一点意义的话，我们将其归功于接下来的几代人。他们将致力于用一种共同的和非常公开的方式，去寻找某些方法，以了解在当代条件下实现公正和有生态意识的城市化的可能性。这种讨论不能依赖于过去已毁灭的梦想的复活。它必须建立自己的语汇——它自己的诗篇——来讨论快速城市化的不均衡发展地区未来发展的可能性。[6]

亚洲城市扩张是前所未有和不可预测的。在它的物质表象上，现有的现代主义规划理论和实践的痕迹几乎很难发现。随着数字和网络技术的发展，城市实体一下子浓缩成一种令人费解的和不成比例的具有前现代、现代和后现代特性的混合体。考虑到以欧洲为中心的现代性、企业资本主义的道德中立和势不可挡的美国式全球化的影响，尝试建立亚洲伦理城市主义的研究和理论基础遇到了令人烦恼的含糊境地。这些复杂性将在以下三个部分进行解释。首先，“目标”部分呈现三个主题，即多元现代性，伦理和幸福，以及激进的全球化。以此为基础，我将在“亚洲伦理城市主义”部分讨论一些基本的城市伦理元素。第三部分是有关“后规划”现象的研究，在我看来，这可能成为实现亚洲伦理城市主义的有效手段。

多元现代性

现代性被西方认为是一个产生在欧洲继而发生在美国的历史性转变过程。这种新文化围绕自由、人权和个性等概念及法律规范而演进。机会主义以及对西方现代性的信任激起了一种信念，即所有文化都应该按西方的形象来创造。这种自信心的膨胀随着良好的技术和经济发展的出现而显现。以欧洲为中心的现代性是对以下行为的辩护，即其他非西方国家的文明化，以及具侵略性的殖民主义的征服和无数帝国主义的行径。今天，它常常被下意识地反映在主流的文化著述和发展政策中，包括那些被国际金融机构和援助机构运用的政策中。

这种以欧洲为中心的现代主义的叙述并非没有受到挑战。爱德华·赛义德（Edward Said）的东方主义和他随后的著作揭露了帝国殖民主义行径的破坏性影响和其固有的偏见。南美的学者严厉地抨击了这种自我宣称的以欧洲为中心的现代性背后的伪善[7]，尤其是关于对土著人口犯下的种族灭绝式的不可饶恕的行径。美国黑人不断地控诉奴隶制度难以忍受的痛苦和不公，这已明显超出了每个人所能想象到的正义和人类尊严的限度。许多后殖民主义的研究表明，欧洲国家特别是在 19 世纪期间施加的规则在道义上是不负责任的、种族主义的和帝国主义的。最近一项有关美利坚帝国的研究《帝国的内部结构与“美亚”的帝国地理学》，就揭露了美帝国主义该种欲盖弥彰的政策。[8]

因此，记录如下结论非常重要，即西方现代主义民主的应用，仅仅在西方国家的内部奏效，而不能以任何有效的方式应用在非西方地区。当一个人完全地沉浸在自身的文化和信仰中，其他文化不可避免地会显得怪异和充其量是奇异的。因此，西方世界的欧洲帝国主义和美国的种族关系在暴力和歧视的方向上汇合了。

日本作为例外已经完成了自身的转变，而其他非西方国家必须与现代主义经历一场持久的、按部就班的战斗。这是一个痛苦且具破坏性的经历。考虑到它们文化本质的多样性和不同的经济发展阶段，理想的解决方式并不可能存在。西方人权和民主的概念在缺乏仔细分析和重要改良的情况下，不可能被有效地应用，也不应该被强加实施。每个社会的现代性必须在自身的文化环境中演进。以这种方式，可供选择的现代性将会出现，每个都会深刻地有别于其他。引用查尔斯·泰勒（Charles Taylor）的话：“我们未来的世界将是这样的：所有的社会从机制到表象都历经变化。这些变化的一部分可能会类似，但不会趋同，因为新的差别会从旧的当中出现。”[9]

这一章节中，我将着重定义和分析中国儒家传统的本质及其与现代主义的角力，目的是突出其与西方传统和西方现代性的差异和相似之处。我将特别参考西蒙·利斯 (Simon Leys)[10] 近来对《论语》的翻译和重新诠释，以及郝大维（David

L Hall）和安乐哲（Roger T Ames）及其他研究中国文化的学者的大量著作。郝大维和安乐哲[11]分析和定义了中国传统核心价值的主要特征，例如区别于西方概念的特权、权利、家庭和友谊、自我和个性。经过几个世纪的形式主义和精英主义的官方崇拜之后，儒家思想的人文纬度被利斯重新突出，特别是对人文道德的肯定和社会公义的承诺："一个缺乏人道主义的人难以长期地忍受逆境，难以感受长久的幸福。善良的人在于他具有人道，聪明的人得益于他的人道[12]……没有正义的财富和荣誉于我若浮云。"[13]

审视儒家思想礼教的中心地位时，会发现中国社会和政治思想准则的发展与西方思想形成鲜明对比："君子通过文献扩大见识，通过礼仪约束自己；因此他不可能犯错[14]……驯服自我和回归礼教仅需一天，而整个世界则会团结一致来支持你的人道。"[15]许多学者认为现在对于"礼教"一词的理解已经过时了，因为它仅仅是语义学的，而我们需要其更广泛的重新诠释。根据郝大维和安乐哲的观点："在能够产生影响的相互关系的质量是可衡量的情况下，礼仪和习惯（礼）在儒家思想的中心地位是十分明确的。这是礼教主义，以它最广义的意义，设定了个人与他人之间适当的角色关系。"[16]礼教因此确立了一个自我规范的道德准绳，以提供一个超越法律约束所能获得的社会凝聚力的真正基础。在我而言，这实际上是当代后现代主义精神的极佳反映。

1990年代初开始，中国已经明确决定以其强大的文化传统为基础，实现自身现代性的方法。在过去的20年间，主要沿海中心城市的巨大发展剧烈地压缩了时间的跨度，中国可以重新定义它的现代性和城市化。并且，在本土经济、历史和政治条件的背景和约束下，中国迟来的对自身现代性的探索必须同时应对全球化和复杂的、不确定的及不断变化的后现代文化因素等的影响。

传统社会的核心价值是其现代性的必要基石。我们必须承认不同文明之间的巨大差异，每种文明都具有自身的文化和传统。每个伟大的文化都由多样性的传统和民俗范畴组成。几个世纪以来，不同的文化不断地彼此影响，有时以一种非常剧烈的方式进行。在逐渐接受一些普遍的权利和价值观——如反奴隶制和妇女接受教育等——的背景下，各国现在已经意识到在发展它们自身现代化的时候，自觉地融入它们自身特色的必要性。

特别要提的是，非西方的知识分子对逐渐迫切地广泛接受以西方为基础的现代性观念以对他们自身现代性的历史遗存进行修正的需要产生质疑。[17] 例如，自土耳其帝国在被第一次世界大战瓦解后，中东的伊斯兰社会对强迫施加的经济剥削和政治操纵的回应，及其与以色列展开的不平等的争夺和具破坏性的对抗已经变得紧张、具有破坏性和充满暴力。[18] 让我引用 Shamsul A B 的话，他有大量的演说和著作是关于东南亚伊斯兰的政治问题的："如果一个人想开始了解穆斯林社会复杂而又多样的本质以及他们同样复杂的对于大量发生在地方的全球问题的反应，对一个特定的穆斯林社会的结构性－历史性的审视是极其重要的。"[19] 穆斯林社会的大量学者关于以伊斯兰教义为基础的现代性的发展和著述变得越来越充满活力和表现强烈。前任马来西亚副首相安华·依布拉欣（Anwar Ibrahim）近来获得赞誉，称其"没有放弃对伊斯兰的自尊而寻求现代性之路。"[20] 与此相似，当代相关的以非暴力、宽恕和快乐为特征的佛教哲学和实践现在正被热烈讨论和重新定义。素拉·司瓦拉差 (Sulak Sivaraksa)，一个卓越的泰国知识分子，认为佛教可以作为一个实现和平且可持续的社会变迁的个人和政治资源。"为了真正实施非暴力，我们必须除去贪婪、愤怒和无知这三种毒物，并培养转变这三种毒物的品质，即慷慨、怜悯和智慧。"[21]

现在，许多学者赞同"向现代性转型的不同起点有可能导致不同的结果，因此现代社会的新动力有可能呈现出新形式的差异"的观点。[22] 而且许多非西方国家，例如马来西亚和新加坡，拥有复杂的跨文化人口，且具有种族、宗教、语言和文化方面的多样性。他们混合的现代性因经济发展和现代化程度的不同而变得更加复杂。最近几十年，世界性的和多元文化的西方同样遇到来自移民和少数族裔对混合文化环境的强烈需求，他们愿意忠于国家和主流社会，但拒绝文化的同化和普遍化。[23]

伦理与幸福

任何文明的哲学家和学者都在不断努力寻求真正的幸福。由物质的满足、金钱的优越和愉快的活动产生的幸福是短暂的，甚至是虚假的。一个人追求个人的幸福并不值得称赞，道德上的赞颂和尊重必定是给予那些为他人带来幸福的人。不丹采用国民幸福指数（GNH）来作为除国民生产总值之外的其中一个国家目标，这是一个具启发性的概念，并在近年来引起了相当的国际关注。[24] 然而，对于最大的幸福，没有简单的计算公式，因为幸福的关键要素因人而异。

自 18 世纪启蒙运动以来，西方的智慧话语中关于伦理的中心原则体现为："最多数人的最大幸福"。托马斯·杰斐逊（Thomas Jefferson）于 1776 年撰写的美国《独立宣言》中写道，"所有人生来平等"，具有"生命、自由和追求幸福"的同等的"不可剥夺的权利"。这份宣言中的高尚精神为现代性贡献了许多自由的概念。然而，它却被黑人奴隶制度严重地玷污了，而且因种族和文化诱发的收入悬殊和机会不均等等问题至今仍受到非议。在最终分析中，社会不公明显是对应得幸福的否定。

另一个例子是新加坡。国歌《前进吧，新加坡》（Majulah Singapura）创作于 1956 ~ 1957 年间，刚好在新加坡从英国获得自治之前。前两句写道："来吧，新加坡的伙伴们，让我们向着幸福共同前进（Mari kita Singapura,sama-sama menuju bahagia）。" 自 1965 年独立之后，新加坡实现了几乎不中断的快速经济增长。现在它是一个富有的国家，2002 年人均国民生产总值的收入处于购买力等同于 24040 美元的水平。[25] 尽管执行和贯彻了许多富有公平和关怀的政策，心理学家和社会学家的研究表明，虽然新加坡的人均收入和同等购买力明显地高于印度的水平，两个国家的幸福指数却刚好相等。[26] 只有通过努力寻求更高质量的生活和更深层次的幸福感，公平意识和伦理准则才能最终对所有人实现。

毫无疑问，达到一定的经济水平是幸福的必要条件。经济学家黄有光（Ng Yew Kwang）有说服力地指出，"福利经济不完善的主要原因是它止于个人偏好的阶段，而不去继续分析个人福利或幸福。" [27] 近来关于幸福的研究已经明确指出，一旦收入增加超过某个水平，更高的收入似乎不会使个人明显地感到更幸福。世界价值调查（the World Value Survey，1990 ~ 2000 年间在超过 65 个国家进行的关于生活满意度的系列调查）的结果表明，幸福和收入之间在统计学上存在的显著相互关系，但这种关系随着人均年收入（与 1995 年同等的购买力）增加至 13000 美元而消失。[28] 因此，证据表明，"越多物质倾向，越少幸福。那些有着内在目标（以自我认同、归属感和社区感为目标）的人们会更幸福。" [29]

根据国际劳工组织（ILO）的一个近期报告："幸福最主要的决定因素不是收入水平……最重要的因素是以收入保护来衡量的收入保障以及低程度的收入不平等。" [30] 因此，虽然自由市场机制是促进经济增长最有效的方法，但它的价值必须同时以它的作用来评价，否则实际上它并不能有效减少绝对贫困和相对贫困的人群。他们是很少得到这种机制的善待的。[31] 全球化和美国式资本主义的强力推行，伴随着全球化的并购，减缩规模和业务外包，已经在各地造成了就业和收入不安全感的增加，有时候这种增加是剧烈的。学者和国际社会迟迟才认识到一面是一味的全球经济增长，另一面是道德和社会公义之间的反向关系。帕思卡尔·拉米（Pascal Lamy），欧盟贸易委员会的首脑，警告说“全球化和市场体制的扩张已经形成了一个艰难的抉择过程，强者的回报多于弱者。如果你不通过确保包容性来对弱者作出补偿，这个制度在某个阶段将会瓦解。”[32]

实际上，每个国家都可以果断地决定和控制他们国民的就业和收入保障水平。国际劳工组织的报告指出，“经济不稳定的全球分布和收入的全球分配并不一致。一些收入较低的国家，包括许多南亚和东南亚国家，实现了更高的保障水平——而因此比一些相似收入水平的国家更加幸福。”[33] 积极的例子包括越南和斯里兰卡，他们采取了相对精心设计的公共政策并且向全社会提供服务。相反，美国的幸福指数近年来下降了，即使收入水平是上升的。[34] 考虑到现在的情况，根据黄的观点，“经济增长能否增加幸福感，和什么类型的公共政策能增加幸福感是经济学家【和政策制定者】应设法回答的最重要的问题。”[35]

国际舞台上关于伦理的论述最常以西方中心的联合国《世界人权宣言》为基础。它的局限性是显而易见的，从自决权没有在 1948 年的文件中提及的事实就可以看出。[36] 相似地，仅仅在最近几十年中，人权的概念已经扩展到致力于一个有关基本需求的更具包容性的议程。从食物、住所、教育和健康到失业和贫穷的减少——这些经常是贫穷国家遭受痛苦的主要根源。《人类发展报告》由联合国发展计划署（UNDP）每年出版，发表有关人类发展指数（HDI）的研究结论——该指数是一个衡量不同的国家在一些关键问题上的进步和相对表现的创新性尝试，如有关性别方面的发展和人类贫穷等问题。这个报告一直强烈指出，人类的发展比经济情况更是一个政治问题，因为正是政治决定着穷人和边缘群体是否能得到公平的机会。

在这新的千禧年，规划一个包容多种种族、宗教、语言和价值观的新的全球性伦理议程是十分必要的。在新的文化和政治背景下，2004 年联合国发展计划署的报告以“当今世界多样化的文化自由”为标题，强烈地批判了许多长久以来被实施的行径，特别是那些直接针对原住民、少数族裔和移民的行为。[37] 它的核心观点是：主张所有公民都有选择自己多重身份的自由，并且在追寻他们最有价值的生活的过程中不处于明显的弱势地位。因此，人权与伦理的讨论，已经扩展至社会权利和政策的考量，现在又增加了一个纬度，即文化权利和文化公平。

这个报告有说服力地批判和揭露了四个重要的信条和误区。第一，文化决定论，马克斯·韦伯（Max Weber）1930 年的论点——关于资本主义工业经济成功发展中的新教价值观的重要性，近来已经受到西欧非新教国家的经济成功的挑战。[38] 类似的教训可以从东亚的经济奇迹被归功于儒家思想伦理的误区中得到。第二，文化传统论，指某些传统行为和价值观被刻板地保留，这经常会成为限制其他文化发展和压制“次等”文化的有效工具。所有文化必须持续变化，并且适应由快速经济增长及 IT 和全球化的外部性引起的严重破坏。第三，文化均质论，指一个强国的常规形象应以一个强大的、单一的特性为特征，即由一种语言和一种文化所组成，这种论点现在已经受到质疑。近年来，由于许多国家正面临着对使用他们之前不可想象的解决方法的越来越强烈的需求，多样性已经成为必需品。以加拿大为例，它已经认识到英语社区和法语社区之间的平等地位。第四，单一特性论，在此，特性的概念被理解为不变的和稳定的，而当多重特性的理论获得支配地位时，这种观念正逐渐受到挑战。一个人可以同时拥有许多不同的特性，必要时，由个人决定各种属性的优先排序。

在我看来，人类发展指数的报告应该尊重国家的文化权利，而不论他们的政治和经济意识形态。文化可以被看成是国家和社会的固有的权利。[39] 胡锦涛总书记近来的评论指出，“西方模式的民主对中国来说是死胡同。”[40] 这表明，该报告对个人自由和民主制度的西方标准的反复强调将不会被普遍认可。这个报告的目标是令人钦佩的，并且是以对文化权和文化公平更具包容性为基础的。因此，需要一个对政治现实保持更加敏感的和较少干预的方法，来确保这个目标的有效执行。

定义和衡量幸福绝非易事。人类发展指数是衡量发展目的和目标的一个创新性的方法。然而，一个更全面地反映人类幸福的方法——将幸福的价值置于首位，现在已被普遍认可。并且，当代的后现代文化已经发生了强烈的变化，并产生了一些新的价值观，如对于差异性、多元性和叛逆性的包容。这些新的挑战需要对所有国家的传统主流伦理标准和本质特性进行痛苦的调整。对文化权利的更深入的理解和尊重将有助于一个以幸福、社会公正、平等和激进的多元主义为基础的新的伦理讨论。

激进的全球本土性

在20世纪的最后20年，美国领导的经济全球化迅速占领支配地位是一个历史性的异常行为。这种企业全球资本主义的发展模式打破了企业贸易和金融投资的壁垒，并将世界经济引入一个全球性的自由市场。它受到具影响力的美国主导的国际金融机构如世界银行、世界货币基金会（IMF）和世界贸易组织（WTO）的全力支持。然而，这些机构还不得不实现他们既定的主要目标，即增加发展中国家的经济增长率，以及帮助世界上的贫困人口摆脱穷困处境。

尽管许多发展中国家取得了引人注目的全球化增长和经济业绩，然而这些国家中的不平等现象仍在持续扩大，并引发了明显令人不安的后果。这在撒哈拉沙漠以南的非洲国家显得尤其严重。1997年开始的东亚金融危机主要是由无限制的投机型资本流动造成的。泰国、韩国和印度尼西亚的经济被压垮。马来西亚通过落实严格的货币控制而避免了危机。新加坡、中国香港和中国台湾通过他们强势的政府和大量的货币储备，有能力去阻止货币投机者并避免了严重的不利后果。东亚地区的国家，除了中国，都由于旅游行业的崩溃和悲观的投资环境而感到全面的沮丧。让我引用约瑟夫·斯蒂格利茨（Joseph Stiglitz）的话："世界货币基金会所做的一切只是让东亚的经济衰退更深入、更长久和更困难。"[41] 在经过痛苦的几年之后，由于许多国家在管理本国经济的关键部门的效率和水准方面已经大大地改进，大多数国家已经基本复苏。我同意约翰·格雷 (John Gray) 的观点："亚洲的资本主义会从现在的危机中意外地出现，并改变而不是改造任何西方的模式。"[42] 例如，对美国的企业全球化和自由市场的普遍性的断言现在可以被挑战，因为正是亚洲本身的文化、价值观和商业惯例的集体力量促使了经济强有力的复苏。

自1990年代以来，许多学者发表了令人信服的关于美国模式的自上而下的全球化的负面影响的研究，然而他们的努力在很大的程度上仍然显得非常孤立。在1999年西雅图世界贸易组织的会议上，成千上万的来自大量非政府组织（NGOs）的抗议者，与发展中国家的代表们一起，抗议不平等的贸易规则，并且要求重新考虑他们的基本需求。组织者们对于西雅图对话的被破坏感到非常震惊。非政府组织虽然没有统一集中的组织、领导或主导思想，但他们变得越来越有效。大量的示威在许多随后的会议中持续，包括 2000 年在华盛顿抗议世界银行和世界货币基金会的活动。然而，这些抗议仍然没能阻止全球资本主义在各地持续的、侵略性的推行。在 2001 年卡塔尔的世界贸易组织多哈会议上，马丁·科尔（Martin Khor）悲哀地说到，发展中国家的不满通常会被忽视，“相反，最大的发达国家却强烈要求世界贸易组织扩展它的协议和规则制定权，包括进入新的领域，例如投资、竞争政策、政府采购以及贸易和环境等议题。”[43]

2002 年，以“经济全球化的替代品”为题的全球化国际论坛（IFG）的报告出版，里面汇聚了许多学者和行动家从 1999 ~ 2002 年超过三年的共同努力成果。[44] 这本鼓舞人心的书提供了一项有效的工具，来告知公众并且挑战和改良企业全球化的机制，实现以人为本的本土化和生态可持续的有意义的整合。

让许多人感到惊讶的是，一个发展中国家的联合组织——G22，是一个贫穷人口众多的国家的联盟，包括中国、印度、巴西和南非，在 2003 年世界贸易组织的会议上联合起来谴责美国和欧盟大量的农业补贴。他们的行动完全地扰乱了坎昆会议的预期结果。[45] 由于 G22 是一个稳定的、具有良好组织的政治力量，所以它是必须被尊重的。G22 完全意识到授权的截止日期是在 2005 年 1 月 1 日，及持续与世界贸易组织以一种建设性的态度协商的必要性，然而来自代表财富和权势的一方已提出更多的要求。我们期待这个事件可以开启一个充满希望的新纪元，并产生剧烈的变化，向更公正和更平等的未来迈进。否则，这将仅仅是另一个权宜之计的无效练习。

除了在国际竞技场上的谈判，单个国家也可能以他们自己的方式实施激进的全球本土性。技术进步的加速和信息技术（IT）的运用已经成为发展中国家快速经济增长的有效手段。一个突出的例子是中国邻近农村地区的快速城市化和工业扩张。首个主要案例是珠江流域的发展。香港的企业家们率先在这里建立了一个巨大的低成本的生产基地，主要生产玩具和纺织品。在东亚地区，数以百万计的本地小企业一直为已经走向全球化的公司提供关键的支持和辅助性的服务。因此，全球化的要素，包括跨国公司，被安置在各国界定的范围内。这种发展模式确保了在此发展过程中由本地实施持续控制的首要地位，从而使本地特色得以保留。同时，它认识到市场在促进全球性竞争和生产的灵活性方面的基础作用。术语全球本土化作为全球化和本土化的混合，可被用以解释这种现象。这个词汇在1991年被收入牛津字典，但却是在日本被首次使用，并且以日本单词dochakuka（意思是适应本地条件的农业技术）为蓝本。[46]

东亚国家已经明显地证明，国家调控是经济快速发展的重要因素，也是实现那些诸如由联合国发展计划署的人类发展指数所衡量的社会广泛进步的重要因素。随着越来越多的经济资源可被利用，许多发展中国家迫切地需要全面的社会政策，为所有的公民提供如食物、教育、健康、住房、水和卫生设备等基本必需品，同时实现生态的可持续。

政府的直接干预经常是有效的和必要的。在20年来令人窒息的快速经济增长、城市化及文化、价值观和生活方式的转变后，中国近来拓宽和修订了她的整体发展战略，以认真解决大量的社会公平和环境问题，例如逐渐扩大的收入差距、区域发展差距、城乡二元化、污染和生态的可持续等。自2000年以来，粮食生产量逐年下降。但在整体发展战略的背景下[47]，中国政府已经采取行动，例如为农民批出直接的补贴和税收减免，和改变耕地的不加控制的分区开发的状态，以提高粮食的产量和增加农村的收入。[48]印度的新首相在向国民的演讲中，将他首要的国家优先事项确定为如下方面：改善印度广大农村人口的收入和福利，促进农业发展，在注重平等和社会公平的同时刺激经济发展。[49]

在由于信息技术和媒体的普及而引起时间压缩的时代，文化权利的问题已经变得与基本权利和社会公平的提供同样重要。自1960年代后期以来，非政府组织的行动者和支持者，与来自相关学者的大量著作和研究的强大支持一起，持续扩大他们有关文化权利的议程，包括如性别平等、性解放、同性恋权利、亚属性、原住民和少数族裔的权利等主要论题。文化权利提供了新的挑战和机遇，因为他们具有深刻的政治意义，且可以提供一种可选择的和经常运用的根据，以维护和扩大群体的权利，同时能解决少数族裔和原住民之间的冲突。[50]

建立一个本土文化议程需要一种新的思想倾向，其包含本土特色和激进的后现代性（被年轻一代的当代精神和不断演进的知识分子和艺术群体的价值观所影响）。每个国家的这种特殊的全球本土化特征可以有效地包容和调节全球化和国际资本主义的影响。

亚洲伦理城市主义

伦理学是关于道德的学科。它的目标是要实现个体和社会整体的幸福水平的最大化。今天最重要的挑战之一，是确定城市主要的再发展和扩张能否提升市民的幸福感。必须抵制这种信念——即西方确定的有关城市化进程的知识可以被有效地运用于亚洲的城市。经济快速发展的亚洲主要城市经历的爆炸性的城市化，已经导致国家和私人部门大量的独特城市行为。这些干预通常是不协调的，且由此引起的显著影响对于许多主流观察者而言经常是混乱的、意想不到的和令人震惊的。评论家们和现代主义者们可能将这些现象简单归结为"规划失效"的事件。然而，十年前，曼谷的交通几乎处于停滞状态。由于1990年代后期经济危机后的萧条岁月，政府在未采取拆除高速公路的情况下，引进了几种替代性的交通方式。这个城市的活力因此不受影响。曼谷的做法从根本上区别于罗伯特·摩斯（Robert Moses）的高速公路建设方式，后者导致了20世纪五六十年代纽约城市特征的丧失。上海和中国的其他城市尽管仍在实施大量以大幅增加通常能使机动车受益的交通设施，但也已经意识到保持甚至是提升他们城市活力的重要性。香港的中心区保留了其历史特征和环境氛围，同时也一直体现着高效的金融性和全球化的功能。[51] 曼谷、香港和上海可以被认为是亚洲现今最具活力和最令人激动的城市。他们多样的、可支付的、非传统的和创新的方式需要具创造性的、突破传统的、不受现代主义惯例约束的心态。他们的操作超越了程式化的现代主义的方法，这有别于新加坡最近的乌节路（Orchard Road）改善方案。[52]

亚洲城市爆炸性的城市化，虽然令人激动，且充满无数的机会，但当缺乏控制的市场和物业炒卖、收入悬殊、环境恶化和空间不公正等情况持续地未受遏制的时候，也可能造成灾难性的后果，尤其是对工人和穷人。在许多亚洲城市，城市的基础设施如排水、给水、电力工程和垃圾收集等并不向穷人提供，特别是那些居住在贫民窟和非法居住区的人们。过度的空气和水污染问题亟需得到关注。在这早期的工业化扩张时期，亚洲不能重复西方漠视穷人和下层民众的经历。

资本主义作为一种社会制度的不可思议的力量，在于它在产生财富和快速的经济增长时能调动多种想象力的能力。资本主义制度是非常有韧性的。它的底线是利益的最大化，它可以在处于不同的意识形态下和不同发展阶段中的国家运作。资本主义可以在有综合福利制度的国家，或者在有强大工会的或根本没有工会的国家，或者在有自由媒体或被控制的媒体的国家等地方运作。资本主义制度尽所有的可能性，通过行使坚强的意志，其灵活性和活力可以运用于消除各地的贫穷和扭转日益增加的世界城市人口的贫富差距，特别是在发展中国家和地区。

随着非西方地区成功地挑战了以欧洲为中心的现代性主导地位，并采取了他们自己的现代性道路，亚洲经济体已经开始逐渐寻求一种独特的全球本土性，并有别于现在西方全球资本主义推行的剥削模式。亚洲社会当前的挑战是在城市的管治和政策中追求伦理和幸福，以超越和重新定义物质主义和商品化的主导逻辑。只有采取这种方式，多数人的生活质量才会被满足。在最后一部分，我将讨论后规划的后现代方法，它的半无政府主义的、弹性的、无序的和开放式的系统，可以为城市创新创造令人意想不到的机会，并且可以成为实现亚洲伦理城市主义的有效手段。出于这一背景，我希望识别、分析和界定多种伦理要素的本质，并将其有效地融入快速扩张的亚洲城市中去。在这探索性的分析中，我将详细阐述五个问题：保护和记忆、保护公共性、非确定性空间、土地和空间公平。许多其他问题如基本权利、生态的可持续性、住房和住所、交通和流动性，以及那些仅仅与具体的地方性相关的问题尚待进一步的探索。

保护和记忆

城市拥有非常复杂的历史和回忆。它们是由各种社会、政治和经济领域构成的场所，多种因素如金钱和权力以及种族和性别问题在此碰撞和互动。这些分歧表现为一系列的力量斗争，最终决定哪些历史、记忆和遗存会被保护。官方的历史倾向于只反映权贵们选择纪念的部分。然而，平民和边缘群体的记忆必须给予应有的认识。

在决定改善台北的历史地区后，政府规划师遇到了台北新公园的升级改造问题。历史上，它是许多重要的政治和宗教事件举行的场所。然而，它也是一个当地同性恋团体频繁聚会的场所。正如一个城市规划师所提到的：“在台北的历史地区复兴中，是否应该将新公园对于同性恋者的重要性一同考虑，并且因此将此作为台北集体记忆的一部分？”[53]这个问题明显是来自那些现在被官方的历史观点所边缘化的认识的抗争。

传统市中心地区的可见的记忆经常呈现出混乱的历史分层。引用伊安·钱伯斯（Iain Chambers）的话："记忆……从来不仅是一个纯粹的连续体以提供过去与现在之间瞬时的时间旅行……有时候，遗忘与回忆同样重要。"[54]具有个体或集体的历史性和记忆的建筑应该被保护，而各种较小的但同样重要的场所，例如具有不同建筑特征的神社、仓库和剧院，也可以放手让它们自然演进。每个城市都是独特的，且可以唤起它的市民和游客的不同感受。记忆本质上是抽象的、不真实的，正像生命，充满荒谬、紧张和矛盾。在保护历史建筑方面，人们必须认识到，记忆不能被量化，并不能被指定一个交换价值。

所有人都渴望有一定程度的安全感，或对他们周围的环境有认知和归属感。个体以不同的方式被吸引到城市中，这取决于他们的情绪，特别是他们生活所处的阶段。城市生活质量实际上是一种基于一成不变的惯例和愉悦的无拘无束的状态之间的恒久斗争。历史、记忆和地方特性的丰富性经常是一个城市环境被人们喜爱的一个程度指数。我们存在的一个本质条件，是我们以一种热情的个人态度，去努力寻找方法来实现与物质环境之间有意义的联系。我们必须超越商品化的标准，自觉地提升我们城市环境中可见的记忆的价值。

保护公共性

公共性被理解为生活的某些方面："自古以来被认为是集体财产，或所有民众和社会的公共遗产，它们具有上千年的历史，为所有人所共享。"[55]在过去的二十年，全球化资本主义侵略性地在各方面扩张自己的权力，从水资源供应到知识产权再到基因专利。在全球化的高度，我与无数的学者和活动家们一同，对在各地极为突出且尚待解决的因全球社团主义对公共利益的侵犯而引发的问题进行抗争，这包括了从全球变暖到生态的可持续性等问题。另外，范达娜·席瓦（Vandana Shiva）批判伦理歪曲的美国，它将它的专利制度通过WTO强加于全世界。与贸易相关的知识产权协议（TRIPs）不仅"使美国模式的知识产权法（IPR laws）全球化，并且通过把基因生命形式和生物多样性囊括到专利权的主题中，从而跨越了伦理和道德的界限。"[56]

国家必须成为整个社会公共权利和服务的负责任的受托者。当水和公有土地被私有化，以及教育、健康和社会保障仅仅依照利益最大化的概念操作时，这是一个危险的起步。在城市背景下，公共性包括广泛的、不同用途的场所，从公园、花园、操场、公共广场、公共墓地、公共集会场所、自然保护区、水域如海滩和运河，到全民的、宗教的和古迹的地区。在第二次世界大战后的早期，填平曼谷无数的运河是一个环境灾难，导致曾经令人陶醉的“东方威尼斯”的消失。新加坡最近对一个主要的公共墓地的拆毁，以用作住宅和私有部门开发使用，是一个不可思议的盲目行为。因为公共墓地是公共场所在物质层面提供回忆的地方。在这里，对逝者的纪念已融入并作为生活经历的一部分。及时的议会决定保护了河内的主要考古发现，停止并最终迁移了国会建筑的建设，这是值得钦佩的。[57]城市当权者的神圣职责是，尽可能地，特别是在拒绝以盈利为目的情况下，维护公共性，并且在适当的地点增加新的场所，以确保全体市民的可达性。

非确定性空间

当房产在经济上不再被视为可靠，或它们变得衰败时，不可避免地会被拆除和重建。然而，这些空间却经常是独特的和混杂的。它们坚固的特性可以经得起突然的用途改变、片段式的设计表达和毫不妥协的不合理的空间布局。这种随机的、冲动的、自我调节的环境以一种最令人兴奋和惊讶的方式不停地添加混杂性。它们提供了可供选择的生活方式以及对理性整合的全球化因素的自发对抗。

非确定性空间与后现代主义紧密联系。它们是多元的，并且显示出对于差异性和复杂性的包容。它们可能是大范围的地区，例如台北的西部地区和新加坡的芽笼（Geylang）地区，或者是一些夹缝空间——由新的城市项目和主要的基础设施建设所产生的间隙地区，例如高架桥下废弃的空间。这些生活场所提供潜在的环境，从而促进当代和前沿的知识、艺术、文化和社会知识的表达。

这些空间的构成经常充满了诱人的公开展示，且经常成为先锋派和艺术群体最喜爱的地方。强烈的渴望是灵感和故事的助推器。艺术和渴望的辩证关系是清晰的、不合常理的和神秘的。同时，它们打破了预期的常态的模式，强化了城市内部的渴望，并为日常生活带来更多的质感。

这样的空间是以人为本且没有界限的。没有阶级、种族、性别或职业的差异，使用者可以认同，甚至是在心理上拥有这些空间而不需要合法的占有。这些空间也许存在普通的特性，但它们同时也非常独特，并能反映本土的文化和特征。然而，如果非确定性空间的重要性没有被有效证明或不被城市当权者所欣赏，我们就失去对抗有破坏性的现代主义城市干预的机会。

毫无疑问，某些程度的破坏是可以避免的，在中心区位的老城区例如巴黎的蒙马特和纽约的时代广场也可以被升级和绅士化。然而，非确定性空间是可以被延展的，这包括老建筑和过时的住宅区。当这些老城区免于拆毁，并且从现在的管理和控制中解放出来，它们就有潜力成为非确定性空间。它们可以变成有争议的空间，在此形成充满活力的草根社区以及不断变化的、具创造性的和不可估量的艺术社区，从而增强城市地区创造性的活力。这种空间满足了特别是来自年轻一代的对不同特性的需求。

土地

土地是城市中最有价值的财产。土地政策是实现广泛的政治、经济和社会目标的有力工具。因此它们应该与伦理的概念紧密结合，并使全社会受益。但在亚洲城市中，却是权贵们从空间的重新配置中受益。他们从土地增值中聚拢财富，增加开发强度实质上表现为地块容积率和密度的增加以及农村土地的转换，特别是快速经济增长和城市人口膨胀时期的农业用地转换为城市用途。对许多房地产开发商而言，土地价值的上升是获得利润的最重要的因素。为了实施有效的城市管治，在这里指出这一点很重要，即新加坡和香港政府几十年来从城市用地的规律性的竞投中得到大量的收入。而且，新加坡采用一种增值税，称为发展收费，以确保当局可以分享因为土地功能置换和城市土地开发强度的增加而获得的经济利益。[58]

当土地售卖被官方许可，并由权贵们操作而作为一种私人财富积累的有效手段时，腐败变得不可避免。根据一个最近公布的报告[59]，中国7000万的农民在过去的十年失去的土地变成了城市用途。由于必要的法律规定，土地的获得需要有象征性赔偿，从而导致了不可想象的痛苦和灾难性的后果。城市地区以消耗不可再生的肥沃的农业用地为代价而大规模扩张已成为一个严重的问题。由于这已经严重影响了全国范围的粮食生产，当局近来已经进行干预。在中国，城市居民也受到土地征用的影响。数以百万计的居民持续不断地被强制地从上海、北京和其他城市的老城区中迁出，而经常只获得最低限度的补偿。

然而，并非只有中国处于这样的困境。根据 Amita Baviskar 所说的，几年前，德里的中产阶级的环境保护分子和消费者权利组织发起了一场运动，导致“城市中所有不符合排污标准的工业厂房的关闭，使大约两百万人失去工作”[60]，同时为了搬迁和重新安置在公共土地上非法定居的人，拆除了“超过三百万人的房屋”。难以置信的是，这样一个城市毁灭性的行动会在印度这样一个民主社会发生。尽管他们有着历史悠久的强大工会，但还是需要提出这样的疑问：为什么德里的穷人不能表达他们对城市的看法，而同时孟买和加尔各答的穷人们却有能力保护他们的工作和住所。

土地的问题必须超越法律地位和所有权的框架来进行清晰的分析。只有政府和穷人集体共同负起道德责任，才能保证平等和公平的解决方法。学者和相关的活动家们迫切需要进行更深入的研究，探讨在没有合法拥有权的情况下，公共群体使用和占有土地的权利，以及对抗在没有获得公平和充分补偿的情况下的驱逐。

空间公平性

我是一个职业建筑师和一个批判性的城市规划师。几十年来，我对亚洲建筑和城市主义以及许多关于平等和城市贫困的问题进行了持续的演讲和著述。从 1990 年代早期开始，我逐渐地意识到我的局限性以及拓宽我对越来越复杂的多学科话语的理论知识和理解的必要性，目的是为今天的亚洲城市主义作出有效的贡献。不同于许多主导的城市理论者们，他们不是建筑师，我的概念性的起点毫无疑问是空间的、三维的和城市导向的，而不是其他。我因此全心全意地支持和同意爱德华·索雅的宣言，即作为“一个自认的空间主义者，一个对空间或地理的想象力的决定性力量的坚定拥护者……通过城市，理解全球化和其他当代世界的复杂性。”[61]

历史上，权贵们经常为他们自己创造最喜爱的空间布局，认识到这一点是十分重要的。在多数亚洲城市，越是富裕的阶层越能被提供如高端购物中心等服务设施，而他们也以较高的消费水平作为回报，同时他们却将自己与日益衰败的社会和物质空间相隔离。另一方面，穷人们陷入拥挤的环境退化的地区，那些地方缺乏基本的基础设施和服务供应。有效地贯彻城市的空间公平明显是一个困难的任务，因为这必然需要重新探讨和挑战现在建立已久的规划理论和实践。在我看来，我们应该适当地开始评价一些具有普遍相关性的有着明显的地方特性的例子，特别是关于支付能力、可达性和适宜性等方面。

上下班的通勤时间应该是多长而不至于对生活的质量产生不利影响，如占据了休闲、思考以及与朋友和家人相处的时间？为什么在土地紧缺的新加坡和一些中国城市会有那么多的高尔夫球场，而将更多的土地划拨为公园和活动场所难道不是一个更有吸引力的选择？有着来自不同收入阶层、种族和宗教背景的居民混合使用的居住区，是否比单一用途的城市住区更可取和更令人兴奋？博物馆、剧院和艺术表演是否总是仅仅面向有支付能力的精英们，还是可以提供更多的场地和设施给每个人都能支付得起的大众化的地方表演和节事活动？关于这些问题的提出已经非常多见，但很少被听取，特别是在快速发展的亚洲城市。本地市民共同的和专注的职责是明确需要改善在每个特定地区的空间公平的质量。

尽管处于不同的经济发展阶段，具有不同的地方文化传统，主要的亚洲城市都有多种的密集发展的多中心节点。在距离主街不远的地方，耸立着有现代主义符号的和西方式的高收入房地产项目，这里复杂的聚集的城市生活相互碰撞，产生难以置信的能量。有趣的是，这种流动的、弹性的和与地方特性紧密相连的城市主义，可以对全球化的新要求以及对受新的互联网科技影响的空间性的新诠释，作出非常有效的反应。

当保护地区、公共性和非确定性空间被更广泛地接受，特别是当贫民窟和非法聚居区被给予应有的认识时，城市景观将呈现非常不同的空间特征。城市特征的丧失可能得到大幅度的缩减，大规模的白板化可能很快成为另一个被丢弃的规划手段。形成一个考虑为所有人实现空间公平的令人兴奋的城市主义仍然存在希望。

后规划——实现亚洲伦理城市主义的可靠手段

近年来，全球人口增长率已经大幅下降。根据联合国人口署进行的全球人口评估和预测，全球人口在 2000 ～ 2005 年之间以每年 7600 万的速度增长，比 1990 年代中期的每年 8200 万有所下降。[62]全球人口预计到 2050 年可稳定在 89 亿，

(出生率降至更替水平或更低。)[63] 这个现象值得庆贺，因为它意味着全球生态的可持续比以往任何时候都可能成为一个可实现的目标。随着科学和技术的持续和快速进步，贫困可以被消灭，基本的需求可以被满足，且生活的质量可以被改善。然而，我们必须具有共同的意愿来使这些愿景以尽可能少的代价来快速实现。为此，发展中国家需要一个持续的快速经济增长时期。许多东亚国家的发展证明这是可以实现的。然而，发展的优先权也必须仔细调控，对穷人和弱势群体的需要给予更多的关心和考量，以及使资源的浪费最小化，并且维护一个生态可持续性的环境。

同时，城市化率已经逐步上升，特别是在人口稠密的发展中的经济区。我们正快速步入这样一个时代——全球人口的绝大多数将会生活在诸多超过一百万居民的城市地区。在全球化的范围内探索城市生活的特性和本质，“已经变得不仅是一个专门的学术兴趣，而且是作为了解当代世界各地人类状况的各个方面的一扇解释性的窗口。”[64] 人类社会的历史、政治和知识的发展不仅发生在城市里，也以各种重要的方式因城市而产生。[65] 尤其在亚洲，这是真实存在的，在此，快速的、不可预测的和前所未有的变化已经发生，不仅是在物质景观方面，同样也表现在生活和迁入城市地区的人们的社会和文化方面。

西欧的城市人口大致稳定，在通过叛逆性的规划实现自下而上、以人为本的干预行为[66] 方面逐渐取得成功。而且，在过去几十年内发生的剧烈的社会和价值的转变，极大地鼓励了大众文化和艺术的产生，成为特定地方的城市整体的组成部分。[67] 对于年轻一代来说，城市生活是逐渐地建立在“行动性的、与地貌相关的、地方的和增量的【经验】的基础上，而不是基于类型学的、单一的或者想象的。”[68] 西欧当下的一个主要挑战，是面临在多元主义和包容差异性的后现代精神下多元文化主义的快速演进的趋势，以及多元文化主义需要接受移民和少数族裔的逐渐复杂的文化权利。

然而，亚洲的情况在根本上是不同的。研究亚洲的城市化是研究其差异性和多元性。除开一些例外，亚洲的城市一直在拒绝战后西方现代主义的规划模式。因为其建设和破坏的速度是难以置信的。或许，由于其复杂的多元主义的丰富性和无意识的复杂性，主要的亚洲城市依然可以实现并保持它们的吸引力和活力。[69] 伴随着不同的历史和文化传统，不可避免地，亚洲向现代主义的转变和对现代主义的认识应该具有独特的亚洲特征。[70]然而，许多有抱负的全球化城市仍在密集的市中心地区不断地建造无数的摩天大厦以创造华尔街式的意象。

雷姆·库哈斯应该被认为是一个亚洲建筑和城市论述的主要贡献者。在“通用城市”中，他断定，随着近几十年来全球化的影响，建筑和城市化的相似性比差异性变得更加明显。“所有的通用城市由于白板而产生；就算什么都没有，现在它们已经产生了；即使有些什么，它们已经把它取代了。”[71]他也悲叹，“有些大洲，像亚洲，渴望成为通用城市，而其他洲却以成为通用城市为耻。”[72]在后续的一篇以“垃圾空间”[73]为题的文章中，库哈斯令人信服地指出，由于空调作为建筑中很重要的一部分而存在，因此气候环境被完全地破坏掉了，尤其是在摩天大厦之中；由于有了自动扶梯，水平尺度变得不重要了，因为它模糊了限定和过渡的概念。这种在建筑中形成的库哈斯称之为“垃圾空间”的空间已经进一步强化了千篇一律和通用城市主义的意向。

在过去的20年，中国经历了快速的经济增长和剧烈的变化，特别是在东部沿海地区，有超过1.3亿的乡城移民。[74]至2020年估计将会有约3亿人口被城市化。[75]印度和印度尼西亚不久也将会经历相似规模的、无法控制的城市扩张。很明显，对于亚洲城市扩张这一前所未有的挑战还没有明确的答案。现在关键的问题是应该做什么。亚洲城市的动态变化迫切需要智力的和伦理的目标，尤其是具体针对亚洲城市的思想和理论框架。

中国壮观的城市扩张和现代化已经以前所未有的速度发生了。在一个经济逐渐优先于其他任何事情的时代，主要沿海城市的城市转型和扩张，相比其作为传统规划过程中的一部分，更经常地表现为对全球化和经济发展的迫切需要而作出的及时反应。换句话说，剧烈的城市变化发生在任何规划过程之前，且不服从于任何的规划过程，这促使艺术评论家侯翰如创造出后规划这一术语，指“我们正踏入一个时代，任何规划都系统化地成为一种‘滞后的’恢复性建设和一种固化的行为。”[76]在这个后规划过程中，经济和利益是中心角色。他们作为城市的创造和扩张背后的推动力量，取代了传统意识形态的、社会的、环境的、历史的和审美的元素。处于这种状况中的每个人都不得不面对不稳定、可变性和生存等紧迫的问题，尽管已确定的社会和城市结构一直在被解构和重组。在这个过程中，主要的城市干预经常会引起剧烈的、复杂的和意想不到的可见布局，同时也添加了能创造具有挑战性的创新机会的无意识的间隙空间。

亚洲城市的中心集聚是对过去殖民时代的继承，以及随后对西方现代性的模仿。(跟随 15 世纪早期北京发展的例子，东亚城市建立起一个有着变化的复杂性的平面秩序和分散格局)。传统的亚洲城市并没有一个中心，而是由一系列的焦点事件组成。让我引用朱剑飞 (Zhu Jianfei) 的关于中国空间策略的优秀著作："西方的做法是假定一个中心的主题，凝视一个遥远的且暴露在普遍空间中的中心目标；而中国的做法却是设计一个淹没并游移在景观中的主题。"[77] 并且甚至连主要的中心也是"一虚一实"[78]，然而它从来不是一个可见的如庆典般的物质层面上的陈述。因此我的意见是，亚洲可能更能接受后规划的概念—— 一个包容多元、复合和混合中心的系统，将会在战略上趋向一致。

中国主要的沿海城市例如上海、香港，还有泰国的曼谷都表明了后规划的变化中有时自相矛盾的方面。几十年来，泰国已经检验了许多规划的可能性，而对于曼谷这样一个有着超过 1000 万人口的城市来说，后规划是唯一切实可行的和可实施的城市模式。[79] 许多泰国的特性，例如它碎化的政治结构，一个强有力的地方商界，高度多样性的土地所有权和君主制度（拥有大量的土地和财产的所有权）的有力影响，都包含在后规划的现象之中。另一方面，中国却做出一个有意识的政治选择，放弃规划权并接受一种准无政府主义的方法和白板式的策略。在他的观察中，侯翰如悲叹，这种现象"是深刻的关于社会主义和美国模式的资本主义乌托邦式的现代主义的两种意识形态"，且进一步地被"消费主义的意识形态和政治文化的一致化"所腐化。[80]

亚洲城市现有关键的城市街道通常是得到保护和提升的。然而，只有通过具创造性的、新颖的解决方式，并丢弃现有的被证明了的规则，丢弃现代主义规划的僵化性和过时的城市审美意向，它们的活力才能得到完全的认识。后规划方法提供的灵活性和开放性，使香港的中心区保持了其主要街道的尺度、过去的集市和电车轨道。在包含工作和生活场所的融合的、多层次的城市社会，更有可能诱发地区的潜力，并因此不断地引入复合的、互动的全球本土化的创新，而不是以自上而下的规划方式打下印记。另一个令人兴奋的转变是上海的外滩。[81] 另一方面，乌节路及新加坡的主要商业街道的全部潜力，仍然有待被认识。[82]

在所有的这些城市中，后规划的结果在每个城市可能会大有不同，并在很大

Hong Kong

Bangkok

Shanghai

程度上决定于关键变量和要素的选择，例如生态的可持续性、生活的质量、伦理和空间公平。每个城市可以吸收它自身的特征来形成一个独特性的整体。对曼谷和上海的粗略观察应该使任何人相信，后规划有可能防止库哈斯所提出的通用城市的千篇一律和枯燥无味的意象。

除开一些例外，在亚洲发展中经济体的城市里，无数摩天大厦的建设，仅仅是制造了原有的过时的审美主义、假冒的地方主义和愚蠢的外观处理的复制品。本土创新活力的重要性，及其与固有的建筑理论和实践的互动作用，仍然没有被充分理解和展现。建筑形式的缺乏和通用的现象因此是不可避免和令人遗憾的。幸运地，从亚洲地区的艺术（电影、戏剧，甚至文学创作）渐增的活力来判断，不需要很长时间，建筑的质量会得到充分的改善。

在后规划中，在各处耸立的摩天大厦依赖土地的可用性、可达性和收益。尽管它们容易扰乱现存的环境，但可以留心思量以确保它们不会引起不必要的破坏。引入不同规模和用途的建筑经常可以与现存环境以意想不到和令人兴奋的方式进行积极互动。这种方法的旧区更新可以以可支付成本的方式被有效地运用，同时避免对穷人和小型地方商业的完全清除和置换。[83] 这已经在许多亚洲城市中发生，特别是那些对当地居民和弱势群体进行较好组织的城市。然而，有些城市仍然依据过时的现代主义规划理论继续着白板式的再发展。在中国，失地农民和城市贫困人口的呼声变得越来越大，越来越频繁。[84]

当主要道路、高架的高速公路、单轨铁路、人行横道和地铁相互冲突时，一片混乱的景象就会发生。尽管对于当前的物质环境有剧烈的改变和破坏，有活力的城市活动仍然持续不减。噪声与数不尽的令人惊奇的视觉上的冲击结合在一起，提供了难以置信的感官刺激和兴奋，尤其是在间隙空间中的具创造性的活动发生时。然而，在现代主义规划的语境中，这种愿景是一个完全令人失望的黑洞。有关的例子包括曼谷的暹罗广场地区和上海的延安路平面交叉口。[85] 这些在西方眼中令人震惊的发展，对于本地市民来说，却象征着一种至少到目前为止潜藏着机遇和充沛能量的新的理想城市主义。

令人鼓舞的是，许多亚洲城市现在已经接受或者认识到保护历史纪念物和传统地区以及公园和自然景点的必要性。也逐渐意识到保护“公共性”例如社区聚会场所和旧墓地等的必要性，并避免将它们转变为其他用途。这些地方在物质特征方面与其他地方有着很大不同。它们规模各异且分布不均。在当前亚洲后规划的思潮下，人们必须认识到它们对于较大的城市社会所具有的集体社会和心理上的意义。它们与非确定性空间和不计其数的间隙空间一起，为地方性和独特物质特性的演化提供了关键的主体。保护地区和非确定性空间的水平分布将会在城市景观中提供一个复杂的网络，并将会吸引、缓和和融合通用的竖向干扰。尽管发生大规模的物质扩张和人口膨胀，每个后规划的亚洲城市将仍然能够形成它们自己的特定特征和独特性。

在后规划的背景下，引入基于空间的、环境的和社会的公平的伦理实践以控制贪婪和剥削，是一个艰难的任务。这还几乎不足以向往梦想和启发愿景。伦理城市主义的实现需要做出一个深思熟虑的政治选择，而这个选择要求巨大的努力、决心和有广泛基础的社会支持。

结论

以美国为首的新自由主义的全球资本主义和普遍存在的亲激进的伊斯兰原教旨主义之间的全球两极分化，在后“9·11”时期变得越来越明显。城市游击战的恐怖主义和国家反恐主义之间的暴行的自我持续循环在持续升级。这种不对称的力量斗争在缺乏双方心态的剧烈转变和对存在已久的偏见重新认识的情况下，将不会容易地解决。与以往的冲突不同，这种斗争以意识形态、价值观和文化主体为主要内容。尽管近几十年来全球财富大规模扩张，贫困却在许多国家持续存在，且现在成为动乱和不稳定的最大的潜在根源。结束贫困符合所有国家的自身利益，且现在必须成为一个最首要的任务。[86]在“9·11”之后，很明显，暴力不再能被有效地控制在国界之内。城市逐渐成为目标并被不断破坏，不仅仅是指谋杀城市、白板式的发展和资本主的义空间重组。在战争中，把城市作为目标[87]有一个长期的历史先例——尤其具有毁灭性的是第二次世界大战时期的空战。冲突各方逐渐地把城市作为目标。我们观察到，一方面，伊拉克城区和巴勒斯坦定居点的基础设施被彻底破坏；另一方面，在主要的城市中心区出现越来越频繁的恐怖主义。许多无辜的市民被杀害，仅仅是因为他们刚好在路上。

在纷争的恐怖主义力量和压倒性全球资本主义的侵略性统治影响下的当前

动荡的情况下，史蒂文·格雷厄姆（Steven Graham）在他近来的文章《死后的城市》中果断地得出结论，“城市必须被看作关键的地区，可能是特别关键的地区，为培育包容性、流散的混合的多元文化空间，并且需要将原教旨主义的种种幻想推向他们属于的疯狂的边缘。”[88] 这个令人敬佩的议程将会促成一个长期的、痛苦的斗争；而贫困必须首先被消除，且穆斯林必须被给予他们应得的尊重。

同时，随着现代主义规划的即将终结，现在却严重缺乏切实可行的城市理论。失败的现代主义景象的痕迹和残骸到处散布。现代主义的规划方法在东亚被采纳，但它的内在的伦理和社会职责维度常常被置于一旁。而且，亚洲城市的前所未有的扩张步伐和规模需要引起即时的、迫切的关注。正是在这种具有挑战性的背景下，我试图构建亚洲伦理城市主义这样一个新理论，它超越和抛弃现代主义规划的约束和僵化，使它的关键主旨置于当下亚洲城市的“后规划”状况中。

注释

1 Leonie Sandercock, *Cosmopolis II: Mongrel Cities in the 21st Century* (London and New York: Continuum, 2003), 2.

2 Fred Halliday, "Utopian Realism: The Challenge for 'Revolution' in Our Times" in *The Future of Revolutions: Rethinking Radical Change in the Age of Globalisation*, ed., John Foran (London and New York: Sed Books, 2003), 309.

3 Ibid., 306.

4 See William S W Lim, *Architecture, Art, Identity in Singapore: Is there Life after Tabula Rasa?* (Singapore: Asian Urban Lab, 2004).

5 Hou Hanru, "Post-Planning" in *32 New York/Beijing* 2 (2003): 15.

6 David Harvey, *Justice, Nature and the Geography of Difference* (Malden and Oxford: Blackwell Publishers, 1996), 438.

7 See Edward Said, *Orientalism* (New York: Pantheon Books, 1978). See also Bryan Turner, "Edward W Said: Overcoming Orientalism" in *Theory, Culture and Society* 21.1 (February 2004): 173–177.

8 David Haekwon Kim, "Empire's Entrails and the Imperial Geography of 'Amerasia'" in *City* 8.1 (April 2004): 58–85.

9 Charles Taylor, "Two Theories of Modernity" in *Alternative Modernities*, ed., Dilip Parameshwar Gaonkar (Durham: Duke University Press, 2001), 182.

10 Simon Leys, trans., *The Analects of Confucius* (New York: W W Norton & Company, Inc., 1997).

11 See David L Hall and Roger T Ames, *Thinking Through Confucius* (New York: State University of New York Press, 1987), and, David L Hall and Roger T Ames, *Anticipating China: Thinking Through the Narratives of Chinese and Western Culture* (New York: State University of New York Press, 1995), and, David L Hall and Roger T Ames, *Thinking from the Han: Self, Truth, and Transcendence in Chinese and Western Culture* (Albany: State University of New York Press, 1995).

12 Leys, trans., *The Analects of Confucius*, 15.

13 Ibid., 31.

14 Ibid., 27.

15 Ibid., 55.

16 David L Hall and Roger T Ames, "The Focus-Field Self in Classical Confucianism" in *Thinking from the Han*, 32.

17 See William S W Lim, "Modernity of the Other" in *Alternatives in Transition: The Postmodern, Glocality and Social Justice* (Singapore: Select Publishing Pte Ltd, 2001), 34–48.

18 See Derek Gregory, *The Colonial Present: Afghanistan Palestine Iraq* (Malden and Oxford: Blackwell Publishing, 2004), 76–143.

19 Azmi Aziz and Shamsul A B, "The Religious, the Plural, the Secular and the Modern" in *Inter-Asia Cultural Studies* 4.3 (December 2004): 348.

20 M J Akbar, editor of the New Delhi *Asian Age* was quoted in Michael Vatikiotis, "Voice of Reason" in *Far Eastern Economic Review* (23 September 2004): 14–15. See also, S Jayasankaran, "The Anwar Interview: In His Own Words" in *The Business Times* (22–23 January 2005): 3.

21 Sulak Sivaraksa, "Inner Peace for Social Action" in *Seeds of Peace* 20.3: 31–35.

22 Thomas McCarthy, "On Reconciling Cosmopolitan Unity and National Diversity" in *Alternative Modernities*, ed., Dilip Parameshwar Gaonkar (Durham: Duke University Press, 2001), 197–235.

23 See Sandercock, *Cosmopolis II*, 85–153.

24 Dasho Bap Kesang, "Gross National Happiness," presentation at the Institute of Policy Studies, Singapore, 7 September 2004.

25 Figures from: United Nations Development Program, "Human Development Index" in *Human Development Report 2004: Cultural Liberty in Today's Diverse World* (New York: United Nations Development Program, 2004), 139.

26 Ng Yew-Kwang, "From Preference to Happiness" in *Welfare Economics: Towards a More Complete Analysis* (New York: Palgrave Macmillan, 2004), 262.

27 Ibid., 257.

28 See Ronald Inglehart and Hans-Dieter Klingemannh, "Genes, Culture, Democracy, and Happiness" in *Culture and Subjective Well-Being*, eds., E Diener and E Suh (Cambridge, MA: The MIT Press, 2000), 171.

29 Ng, "From Preference to Happiness", 269.

30 Sanjay Suri, "What Makes a Worker Happy…" Commentary in *Today* (8 September 2004): 22.

31 See Sir Anthony Kenny, "Beyond a Warm Feeling" in *The Discovery of Happiness*, ed., Stuart Mccready (London: MQ Publications Limited, 2001), 223–237.

32 Pascal Lamy, quoted in Vikram Khanna, "The Trade Warrior" in *The Business Times* (11–12 September 2004): 3.

33 Sanjay Suri, "What Makes a Worker Happy…", 22.

34 Ibid., 7.

35 Ng, "From Preference to Happiness", 277.

36 Bruce Robbins and Elsa Stamatopulou, "Reflections on Culture and Cultural Rights" in *And Justice for All? The Claims of Human Rights South Altalantic Quarterly* 103.2/3 (Spring/ Summer 2004): 423.

37 United Nations Development Programme, *Human Development Report 2004: Cultural Liberty in Today's Diverse World* (New York: United Nations Development Program, 2004).

38 Ibid., 10.

39 Robbins and Stamatopulou, "Reflections on Culture and Cultural Rights", 427.

40 Joseph Kahn, "Democracy 'Blind Alley' for China, Leader Says" in *International Herald Tribune,* Singapore (16 September 2004): 1, 3.

41 Joseph Stiglitz, "What I Learned at the World Economic Crisis" in *The New Republic* (17 April 2000).

42 John Gray, "Postscript" in *False Dawn: The Delusions of Global Capitalism* (London: Granta Books, 1998), 221.

43 Martin Khor, "Box F: The Hypocrisy of the North in the WTO" in *Alternatives to Economics Globalisation— A Better World is Possible*, Alternative Task Force of the International Forum on Globalisation, drafting committee, John Cavenagh *et al.* (San Franciso: Berrett-Koehler Publishers Inc, 2002), 51.

44See *Alternatives to Economics Globalisation— A Better World is Possible.*

45 Gustavo Capdevila, "G2 Warms Up for Post-Cancun WTO Talks"in *Inter Press Service News Agency* (2003), <http://www.ipsnews.net/print.asp?idnews=20441>.

46 Elizabeth Knowles and Julia Elliot, eds., *The Oxford Dictionary of New Words* (Oxford: Oxford University Press, 1997), 134.

47 See "Hu's Speech on Development Strategies Issued" in *People's Daily Online* (April 2004), <http:/ /english.peopledaily.com.cn/200404/05/print20040405_139432.html>.

48 See "China Saves Farms from Brink of Collapse" in *The Straits Times* (Saturday, 2 October 2004): 13.

49 See "Text of Manmohan Singh's Address to the Nation" in *The Hindustan Times* (25 June 2004), <http://www.ibef.org/artdisplay.aspx?cat_id=100&art_id=2646>.

50 Robbins and Stamatopulou, "Reflections on Culture and Cultural Rights", 426.

51 See Koh Wan Ching, "Post-planning in Central, Hong Kong" in this volume, 51.

52 See "Government Unveils Plans to Spice Up Orchard Road" in *The Business Times* (8 December 2004): 1.

53 Hsieh Pei-chuan, "The Spatial Performance of Sexualities", presented at the Mapping the Desire Conference, Department of Foreign Languages and Literatures, National Taiwan University (20 April 1996). See also Chang Hsiao-Hung. "Taiwan Queer Valentines" in *Trajectories: Inter-Asia Cultural Studies*, eds., Chen Kuan-Hsing et al. (London: Routledge, 1998), 283–298.

54 Iain Chambers, "Architecture, Amnesia and the Emergent Archaic" in *Culture after Humanism: History, Culture, Subjectivity* (London: Routledge, 2001), 139–142.

55 See "The Commons: What Should be Off-Limits to Globalisation?" in Alternative Task Force of the International Forum on Globalisation, *Alternatives to Economics Globalisation*, 79–104.

56 Vandana Shiva, "Box K: From Commons to Corporate Patents on Life" in Alternative Task Force of the International Forum on Globalisation, *Alternatives to Economics Globalisation*, 87.

57 See "Antiquity Treasure Trove Unearthed" in *Reuters* (Tuesday, 11 November 2003), <http://www.cnn.com/2003/WORLD/asiapcf/southeast/11/11/vietnam.archaeology.reut/>.

58 A tax known as a development charge in respect of every development of land authorised by any planning or conservation permission, except where the planning permission or conservation permission is granted for a specified period of ten years or less is to be paid to a competent authority. See *Planning Act*, Singapore, Section 35, 1 April 1998, <http://statutes. agc.gov.sg >.

59 Jim Yardley, "New Class Struggle over Land in China" in *International Herald Tribune* (9 December 2004): 1–2.

60 Amita Baviskar, "The Politics of the City" in *Shades of Green: A Symposium on the Changing Contours of Indian Environmentalism* 512 (August 2002), <http://www.indiaseminar.com/2002/516/516%20amita%20baviskar.htm>.

61 Edward W Soja, "Writing the City Spatially" in *City* 7.3 (November 2003): 269–280.

62 Population Division of the Economic and Social Affairs of the United Nations Secretariat, *World Population Prospects, 2002 Revision*, 2003, <http://esa.un.org/unpp>.

63 Box 2 in "Long Way to Go" in United Nations Population Fund, *State of World Population 2004—The Cairo Consensus at Ten: Population, Reproductive Health and The Global Effort to End Poverty*, 2004, <http://www.unfpa.org/swp/swpmain.htm>.

64 Soja, "Writing the City Spatially", 270.

65 Ibid., 275.

66 See *Plurimondi: An International Forum for Research and Debate on Human Settlements 2*, Insurgent Planning Practices (July-December 1999).

67 Guy Baeten, "Inner-city Misery Real and Imagined" in *City* 8.2 (July 2004): 235.

68 Lucy Bullivant, "No more Tabula Rasa: Progressive Architectural Practice in England" in *Harvard Design Magazine* 21 (Fall/Winter 2004): 37.

69 See William S W Lim, *Asian New Urbanism* (Singapore: Select Books Pte Ltd, 1998). See also William S W Lim, "Modernity of the Other" in *Alternatives in Transition: The Postmodern, Glocality and Social.*

Justice (Singapore: Select Publishing Pte Ltd, 2001) 34–48.

70 See William S W Lim, "Multiple Modernities," published in this volume, 6.

71 Rem Koolhaas, Bruce Mau and Office for Metropolitan Architecture, "Generic City" in *S, M, L, XL* (Rotterdam: 010 Publishers, 1995), 1253.

72 Ibid., 1250.

73 Rem Koolhaas, "Junkspace" in *Bridge the Gap?* (Kitakyushu: Center for Contemporary Art and Köln: Verlag de Buchhandlung Walter Konig, 2002), 71.

74 See "Migrant Workers Need Fair Treatment" in *People's Daily Online* (April 2003), <http://english.peopledaily.com.cn/200304/30/eng20030430_116074.shtml>.

75 United Nations Department of Economic and Social Affairs/ Population Division, *World Urbanisation Prospects: The 2003 Revision* (New York: United Nations, 2004), 42, <http://www.un.org/esa/population/publications/wup2003/2003WUPHighlights.pdf>.

76 Hou, "Post-Planning", 15.

77 Zhu Jianfei, *Chinese Spatial Strategies: Imperial Beijing 1420–1911* (London and New York: RouteledgeCurzon, 2004), 245.

78 Ibid., 244.

79 See Kevin S K Lim, "Learning from Bangkok: A Slice of the Post-planning Phenomena—from Siam Square to Phloen Chit," published in this volume, 52.

80 Ibid.

81 See William S W Lim, *Have you been Shanghaied? Culture and Urbanism in Glocalised Shanghai* (Singapore: Asian Urban Lab, 2004).

82 See William S W Lim, "Vision of a Great Street: Orchard Road, Singapore" in *Alternatives in Transition: The Postmodern, Glocality and Social Justice* (Singapore: Select Publishing Pte Ltd, 2001), 97–103.

83 See Baeten, "Inner-city Misery Real and Imagined", 235.

84 See Jim Yardley, "New Class Struggle over Land in China" in *International Herald Tribune* (9 December 2004): 1–2.

85 See Lim, *Have you been Shanghaied?*, 2–3.

86 See James D Wolfensohn, "Ending Poverty is the Key to Stability" in *International Herald Tribune* (Thursday, 30 September 2004): 8.

87 The "City as Target International Workshop", organised by the National University of Singapore, was held from 20 to 21 August 2004. A publication consisting of the workshop papers is forthcoming.

88 Stephen Graham, "Postmortem City: Towards an Urban Geopolitics" in *City: Analysis of Urban Trends, Culture, Theory, Policy, Action* 8.2 (July 2004): 192.

案例研究

香港中环的“后规划”

文字／照片　许婉婧（Koh Wan Ching）

港岛中环是早先在英国统治时期最早发展起来的地区之一，最初被定位为香港的战略、军事及政治中心。1841 ～ 1843 年间，岛上最早的两条主要道路——皇后大道和荷李活道建成。同期，英国政府命名中环及周边地区为“维多利亚城”，并将皇后大道作为其建设的重点，以推进中环的商业发展。1851 年填海辟地工程开始，渣打路、干诺道和德辅道于 1904 年相继完工。

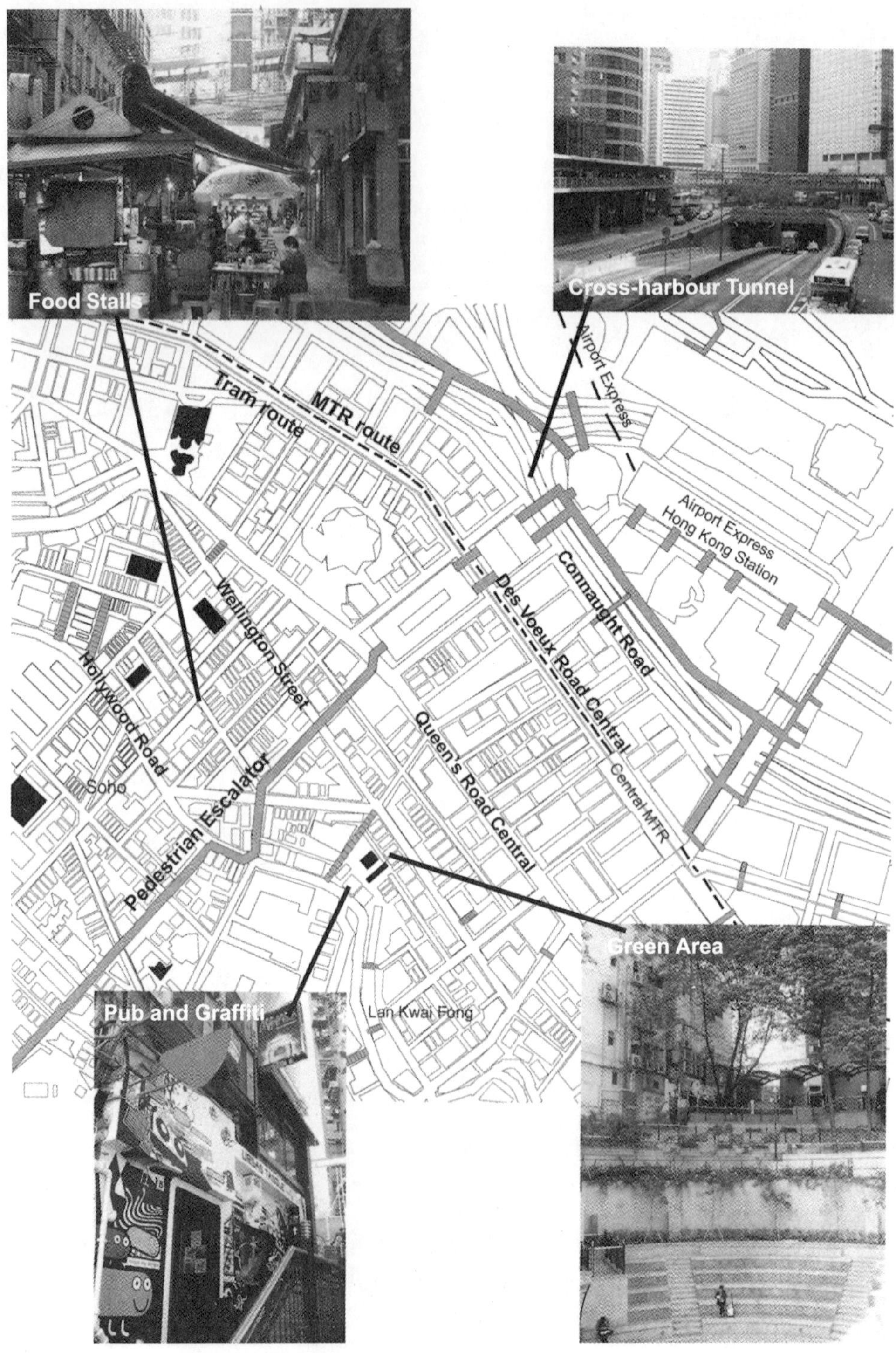
Food Stalls
Cross-harbour Tunnel
Airport Express
Tram route
MTR route
Airport Express
Hong Kong Station
Connaught Road
Des Voeux Road Central
Wellington Street
Hollywood Road
Queen's Road Central
Central MTR
Soho
Pedestrian Escalator
Green Area
Pub and Graffiti
Lan Kwai Fong

本研究关注以复杂而模糊的层化为特征的德辅路中与皇后大道中的周边区域。香港作为全球化城市，留给世人最重要的城市意象是它的摩天大楼、高速公路及繁忙交通的港口景象。壮丽的海岸线保护着它身后的城市，在我看来，这同样是中环持续成为香港的政治、金融和商业中心并跻身成为亚洲最具特色与活力的地区之一的重要原因。

在研究区域内，传统的规划观念是不适用的。商业化和发展主义的经济对该区域所造成的消极影响清晰可见。受到抑制的混合使用的商住楼远离了主要干道，出现在与之垂直的街道中，而糟糕的交通、严重的污染及乏味的现代主义风格的摩天大楼却构成了城市的前景。中环作为一个“后规划”的典型，是在于它的偶然的主要是垂直方向的发展。它是一个为了应对快速城市化、人口爆炸、高密度等种种压力下产生的迫切需求而建设起来的区域，在这里，很明显经济和商业是其发展的重要条件和动力，而其他因素并不重要。

因此，政府、公众和非政府组织必须在诸如环境恶化及城市建设严重衰败、城市贫困及城市生存条件等迫在眉睫的问题的解决上即刻开展合作，因为这些常常会引发情况紧迫的全国性的健康和社会问题。城市在协调所有这些压力时，将所有的冲突令人震惊地体现在空间配置上。

宽松和弹性的规划

情况的紧迫，意味着城市转型会发生在概念性的规划理论之前，规划权威们对规划和分区调控上的刚性控制已经稍有放弃。难以想象会存在这样一种规划理论，能对这个人口密度接近 1.6 万人 / 平方英里，同时拥有 120 万个工作岗位的世界上最拥挤的地区之一是完全有效的。

在一排排商业摩天大楼的背后，有着各种外形、层高和规模的混合使用居住街区，它们以不可思议的距离紧挨着建设。一些有规律的小规模商业——从食品小贩到幼儿看护中心，总是占据着这些建筑的较低楼层。可以认为，城市居民已经很好地适应了这种“紧凑”形态的城市生活，大多数人认为它是便捷的且非常适合他们的生活方式的。于是，这种多重而集约的土地利用下建成的建筑群存在于香港的各个区域，并已成为香港生活最突出的特征。

邻近性、层高、偶发性等因素共同诱生城市景观中的偶然性事件

城市居民不断经历着分享、借用和侵占的动态过程。行人自动扶梯邻近现有的建筑建设，促进了私人空间与公共空间的融合。

住宅二楼的窗户朝向华里安休憩场地，这是中环为数不多的几个小型公园之一，它们为拥挤的环境提供了一些缓解性的绿色空间。

这栋建筑里的各种商店中摆放着大量不同形式的标志争相吸引注意力。建筑语言、使用者和过客的互动在城市景观中不断迸发。

装饰
广告横幅
玻璃橱窗展示
招牌
顶棚上的招牌
顶棚

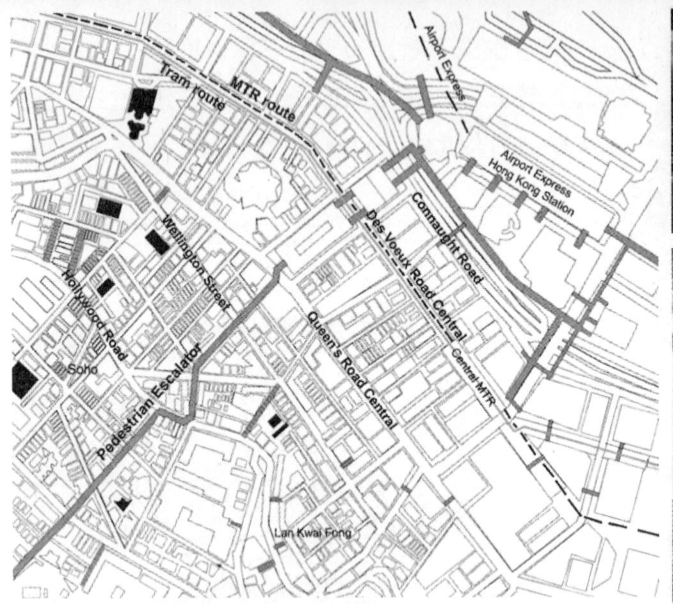

这个完整的区域呈现出相当明显的网络化特征，且不论是在区域内还是与香港别的区域之间都保持连通。巨型的公车立交隐藏在人行道下，换乘广场迎送着每天往返九龙和新界的人们。机场快速轨道交通站场正好紧挨着公车立交，而那里恰好也是渡口总站，为前往九龙及其他岛屿的人们提供既便宜又快捷的通行服务。一个往返于内部街道的小型公车网络为地铁、有轨电车和公车提供人流置换。

最近，在中环的人行系统工程中，有关部门建造了一个令人吃惊的由步行立交、自动扶梯和建筑连廊组成的系统，为游客以及通勤者提供了无限的便利。这不仅是一个细心精致的城市规划的结果，也体现了解决城市问题时从实际出发的灵活态度。建造一个长达 800 米的人行自动扶梯是一个极具创新性的城市建设举措，它为大约 21 万人提供了一个往返中环和半山区的自由通道。

中环同样经历过 1950 年代～ 1990 年代间的城市更新与住房建设计划时期因贫民窟清洗和大规模拆除而造成的困难局面。虽然遭受香港异常强大的商业垄断机制的不断挑战，中环依然努力保留着其深厚的历史感。

本质上，作为一个殖民城市，中环的建筑遗产展现了殖民性质制度的或是其他宗教性质的纪念物和建筑的特色。位于人行扶梯附近并靠近上环的片区——历史上是唐人街的一部分 —— 因一些小型而古老的商业机构的存在而富有特色。这些商屋从当年的大规模拆毁中幸存下来，成为画廊、艺术工作室等小型商业最钟情的物业。D 艺术画廊的业主（见图片），估计这里的一些建筑至少有 80 年历史，但她和其他业主一样仅仅对旧建筑实施了最低程度的油漆和加固工作。当然，除了这些建筑，还有其他一些城市结构的线索也表现出中环是如何保持它脆弱的亲切感的。

街道，特别是一些小巷，不仅保留着它们的老名称，还有它们的尺度和风貌。例如，一些古老的鹅卵石铺装的人行小径 —— 它们彰显了香港独特的山地地形 —— 即使在较新的人行扶梯的建设中也被完整地保留下来。

对有轨电车周到的保护不仅确保其不会退化成华而不实的旅游景点，也能继续为当地居民提供一种廉价可行的交通方式。而且，电车站点基本上保留在街道中原来的位置。有轨电车现在成为城市生活中一道美丽的、兼具怀旧情结而又不可缺少的特色风景。

被大量市场和集市充斥的小巷和街道，也从城市清理和功能置换中保留下来，使其能够为居住在皇后大道中和荷李活大道之间的居住街区中的家庭提供服务。另外，为城市工人们提供服务的咖啡厅、俱乐部、酒吧和餐馆，融洽地开设在兰桂坊和苏豪斜坡巷道周围的街角和夹缝里的那些讨人喜欢而又古色古香的住所中。中环从来也永远不会仅仅成为严格意义上的商业地区。本质上，它是一个“生活于其中”的地方，满载着其居民的记忆、奋斗和渴望。

现有的建筑甚至是街道，不断被临时的、特设的结构重新塑造。商店的标志、遮篷和帆布成为建筑的延伸物，其中的一些簇生在一起，成为巷道别具风格的另一种屋顶。

作者毕业于新加坡国立大学。她现在是一名剧院自由职业者（freelance theatre practitioner）、作家和翻译。

曼谷经验
一些后规划现象——从暹罗广场至奔集车站

文字／图片 林瑞光（Kevin S K Lim）

引言

随着曼谷即将进入巨型城市的行列，它通过建设新交通网络重塑了城市形象，同时也尽力维持着它的传统、文化和自发性。以较新的空中列车系统（在 1999 年投入使用以减轻交通压力）为主要形式的交通基础设施已经促生了一系列地方化的微型系统，这些系统以较小的规模和较适宜的密度弥补了中间的缺口。只有在这样的情况下，曼谷依靠战略同化、适应性的自发性以及文化和物质上的包容性的协同努力，才可能实现微观和宏观城市主义之间的一种共生的融合。关于这种现象的一个非典型案例，是苏昆维空中列车线从暹罗立交至奔集车站的一段。这一段据说是曼谷最新潮的购物街之一，有着对曼谷引领潮流的中心——暹罗广场和当地最有名的宗教圣地之一——四面佛庙的综合体验。此次研究将关注像空中列车系统或是城市快线这样的巨型结构是如何适应微观结构并创造微观环境以协调高密度和复杂的城市环境的。

历史和文化根基

曼谷是一个相对年轻的城市，由泰国国王拉玛一世建市至今只有约 200 多年历史。商业活动原本主要集中在湄南河与阿空（运河）的滨水区域，后来由于道路建设的需要使得大量运河被覆盖和改变。私有土地是很难获得的，因为很多家族在他们的继承期实施一套土地细分的体制，这导致了城市用地地块的减小和土地所有者的增多。私有土地所有者经常修建一些小路以实现其土地与主要道路的通达性，但与邻近的地块很少有横向联系。这经常导致主要道路拥堵，因为车辆通常只能通过主要道路才能到达那些邻近的地块。所有这些历史的和文化的因素也在一定程度上造就了今天曼谷无数城市意象体验中的一些片断：像暹罗中心这样的塔楼紧挨着 38 年历史的低密度的暹罗广场的时尚中心，狭窄小巷、城市小生境毗邻规模巨大的城市商业发展区和交通基础设施。这些极具反差的场景，只有在城市规划绝对控制的让步以及商业发展和传统继承的自发性的协作努力下，才有可能存在。

暹罗空中列车车站和苏昆维线与是隆线的交汇点（白线）。土地划分极其零碎，高强度与低强度开发并行。各类的城市肌理创造了许多自发的适应性强的小城市空间。

战略同化和适应性的自发性

高架空中列车系统已经导致了一系列后规划现象，这些现象以它们新的结构嵌入这个城市。其中一个案例是人行天桥的建设，它与新的空中列车系统的结构相互交织悬挂。这种现象在暹罗广场的购物区以及拉玛一世路与帕亚泰路的十字交叉口处显得尤为明显（图 a）。这种形式在私人与公共投资的协助下，像树木根系一样不断沿着席隆线伸展。沿线地区的购物中心已慢慢开始开辟二层的入口与连廊通向步行天桥，以缓解通勤压力（图 b、图 c、图 d、图 e、图 f）和吸引购物者。

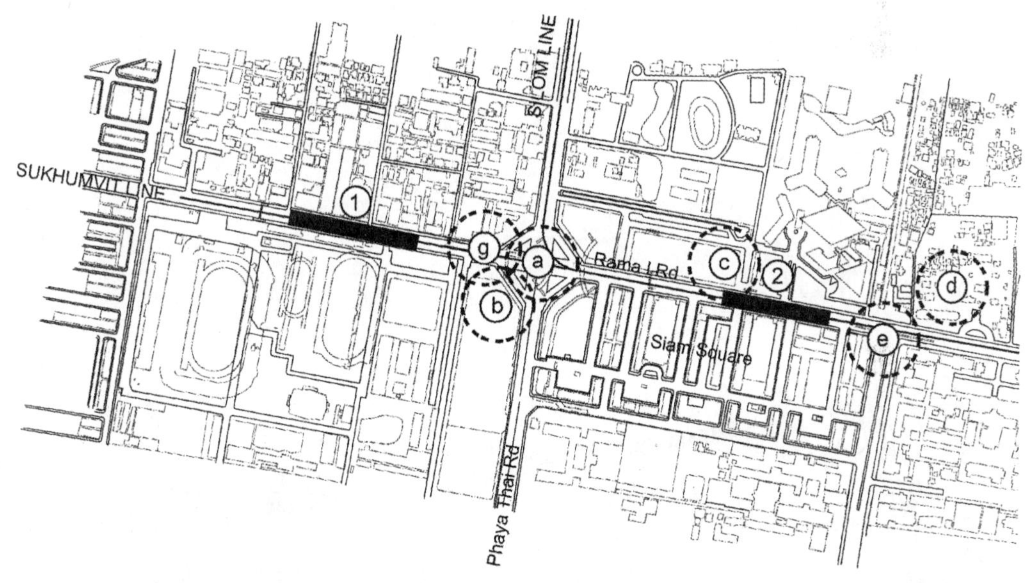

人行步道在拉玛一世路与帕亚泰路的交叉口处交织。轻型结构利用现有的空中列车的支架来引导乘客跨越繁忙的道路交叉口。小商贩经常在这些人行道上兜售他们的商品。

b
MBK
CENTER

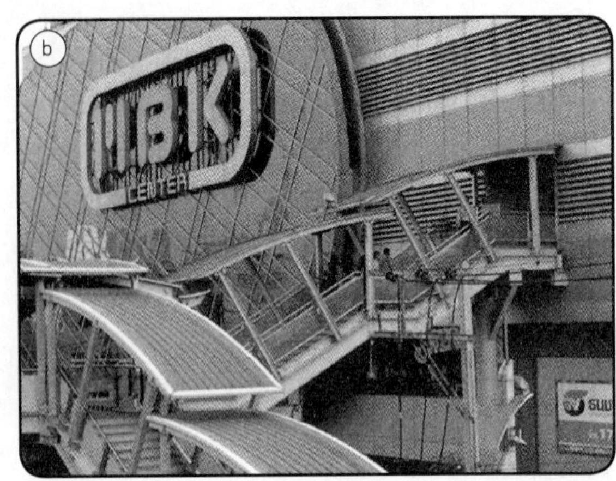

MBK 中心的二层连廊，开辟在正面以吸引空中列车的通勤者。

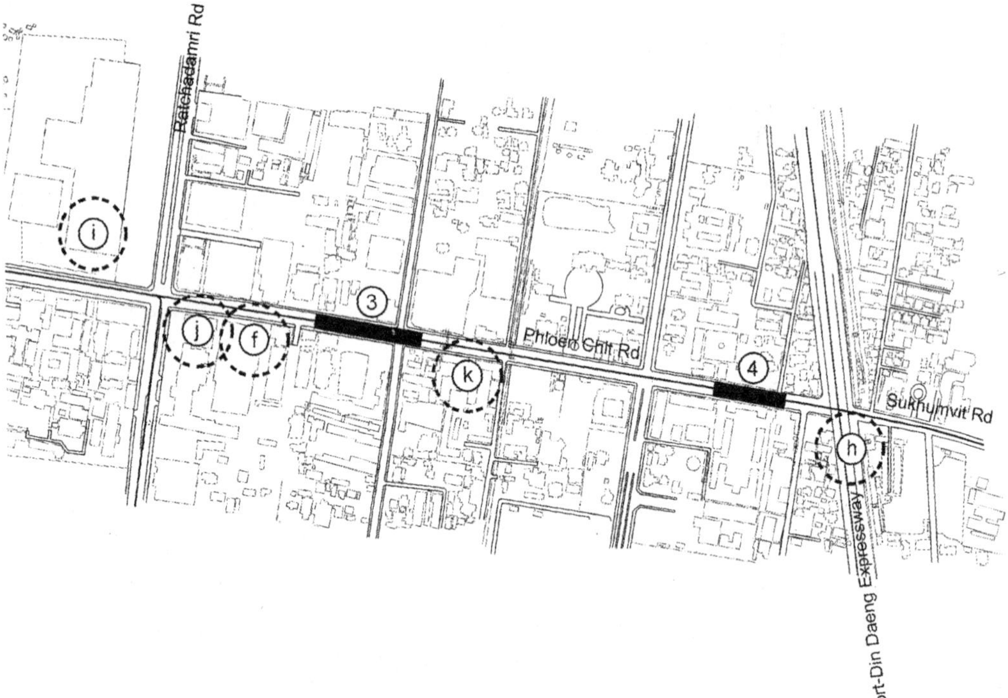
Ratchadamri Rd
i
j
f
3
k
Phloen Chit Rd
4
h
Sukhumvit Rd
Port-Din Daeng Expressway

图 例

1—国家体育馆站

2—换乘站

3—Chit Lom 站

4—Phloen Chit 站

暹罗中心直接与暹罗空中列车换乘站连接。

新建的世界中心广场同时建有二层步行连廊与新建筑连接。

现有的人行天桥与新的人行步道合为一体，而不是被拆毁，新的建设保持了美学上的一致性。

通往亚曼利广场的有顶棚的人行天桥，区别于其他部分的美学感受。

战略同化的非正式形式已经零星地沿着空中列车这一巨型结构而出现。非正式的联合运输交换站经常在空中列车站点旁出现。摩的和载客三轮经常聚集在站点周围等待乘客，从事往返于小巷的运输（图 g）。这些非正式的运输网络利用现有的停车场或人行道以方便地到达他们的目的地，而这经常与正常的道路行驶方向相冲突。

非正式的联合运输交换站点利用人行构筑获取阴凉遮阳的空间，同时这些构筑物也成为乘客心中站点的标志。这种现象只有在市政部门放松绝对控制的情况下才得以出现。

这些巨大的构筑物除了运送乘客前往市中心，也扮演着另一种角色，即应对天气状况的临时掩体和作为鞋匠和小贩们的工作空间。这些巨大的构筑可以及时缓解炎热，也为市井商店的货品提供一个临时的展示空间。这种混合空间的一个较大型的案例，是在 Phloenchit 路和苏昆维路的交叉口（那也是 Soi Zero 的所在地）的港口——丁登快线下。这里是餐馆和酒店的集中地，在快线下方延续好几百米（图 h），诠释着自身微观的城市主义，为周边道路提供城市服务。小型交通如摩的和载客三轮疾驶进入 Soi Zero，可以在到达目的地之前方便快捷地补充食物和饮品。

Soi Zero 以延伸的餐饮和酒吧街出名，位于港口——丁登快线下方。它也为司机和摩的主在高峰期交通拥堵的时候提供了驾车驶入快速就餐的服务。到了晚上，霓虹标牌吸引那些夜游者来喝一杯或在一些女性伴侣陪同下娱乐。

文化和物质上的包容性

曼谷周边最令人惊异的城市现象之一，是它能够将传统氛围和地方特色融入其大城市的都市丛林中。那些高档精品店像 Gaysorn 区的 LV 店周边，经常能看到路旁的叫卖者兜售他们的货物，而传统宗教圣地占据了大型商业中心最重要的零售临街面。像这样的例子包括 Grand Hyatt Erawan 外的 Erawan 圣地和世界贸易中心外的圣地（图 i 和 j）。

Shrine outside World Trade Centre

Erawan Shrine outside Grand Hyatt Erawan

曼谷新运输系统的引入，几乎没有导致令人惊讶的如城市组织被毁坏的白板 (tabula rasa) 现象。现在的建筑正面，特别是暹罗广场旁边可以看到其与车站非常接近。（图 k）私密性问题或被包容或被布告栏和广告牌所遮挡。对城市惯性的尊重和相互包容对维护现在街道引以为傲的特征是必要的。

与现有建筑紧邻的空中列车站的普遍画面。私密性问题屈服于功能。这种情景增加了曼谷城市生活的活力，而不是建立了一种"门禁式的可见的社区" (gated visual community)。在这里，公共和私人领域相互融合并彼此相邻。

在亚洲城市的经济“第五虎”的竞争中，许多发展中国家不得不在经济增长和自身特性之间取得平衡。曼谷就是这样一种后规划的例子，在这里，自然因素以及政府和私人干预之间的相互作用已产生了一种混合的本土特质，这是曼谷特有的特征，不同于其他的通用城市。

曼谷典型的街头场景：小摊贩和沿街叫卖者侵占人行道，顾客把交通工具停靠在路边。保护这种城市现象不被清除是非常重要的，因为它们是曼谷街道生活的核心。

林瑞光在 2003 年毕业于英国建筑联盟建筑学院（AA），他曾参与了伦敦数个公司的一些国际建筑竞赛项目，现在在新加坡参与来自政府和私人的实践项目。他当前的兴趣是跟随物质传承和结构倾向等流派。他是 TRI–AD 的合伙人，这是一个立足于新加坡和伦敦的多学科的设计团队。

第二篇

第二章　新千年的亚洲建筑：一个后现代意象

第二章　新千年的亚洲建筑：一个后现代意象

引言

几十年来我一直密切关注着亚洲的建筑和城市化以及它们快速变化的状况，这使得我近年来强烈地意识到，需要就后现代性、全球本土性和社会公平[1]等更大的问题，特别是它们在亚洲国家的应用，积极地参与当代文化的讨论。通过有意识的努力，包括广泛地阅读和频繁地交流，特别是与建筑和城市专业领域之外的学者交流，我已不断地拓宽自己的理论知识面，目的是持续发展、重新表述和强化我的观点。

尽管有些学科如地理学和其他社会科学的学者提出了让人印象深刻的主张，但直到近来，有关建筑与城市的论述，还是一直完全受到西方现代主义的框架所主导和操作。这就是我对于三个动态相关的问题——以欧洲为中心的现代性、詹克斯（Jencks）的后现代主义以及后现代性的空间——它们的影响，以及它们对亚洲建筑和城市化的影响所做出的批判性的观察报告的背景。这个分析就是在以萨斯基娅·萨森的名言“转型的时代，就像我们现在所生活的年代，需要在理论上的冒险”[2]所体现的精神的鼓励下进行的。

以欧洲为中心的现代性

在西方，现代性被理解为发生在欧洲随后在美国的历史性转变的过程。它包括自由、人权和个性等概念，以及民主和法治等。西方在实现其现代主义的民主体制的过程中经历了许多的冲突和痛苦。但是，西方现代主义遭遇到了信奉不同宗教和价值体系的文明的冲击，经常导致灾难性和悲剧性的后果。[3]因此，记住以下一点很重要，即西方的现代性的民主实践只适用于自身国家之内，而不能以任何有效的形式运用于其他的非西方国家。

到 19 世纪的最后 25 年，整个南亚和东亚除了日本和泰国外，都沦为殖民地或半殖民地国家（像在中国和其他的摄政政体的国家）。就像 Brenda Yeoh 所说的，殖民地化不仅仅包括物质空间的征服和“政治和经济上的胁迫，也包括意识形态上和文化上的强加”[4]，认识到这一点是非常重要的。在殖民地区，重要的建筑传统被贬低，并以象征殖民权力的形象重新诠释。Gulsum Nalbantoglu 这样简洁地概括，“在这场殖民国家和殖民地之间不平等的建筑上的冲击碰撞中，西方建筑理论传统统治和限制着所有可能的建筑形式”[5]。在市政项目、城市规划和公共空间等领域里，殖民美学的支配地位极大地扭曲了亚洲城市环境的视觉形象以及对它的过去的正面评价，并且这种状况还在继续，即使是在殖民统治结束之后。

在建筑上早期的现代主义运动的主要特性和渴望，明显地是由一段充满活力的艺术创造时期发展而来，而这种艺术创造是坚定地以欧洲人的创造性、风格上和美学上的传统为导向。第二次世界大战前，现代主义仅仅是西方建筑师特别是青年一代建筑师在殖民地展开的一连串的试验罢了。经过几十年的去殖民化，以欧洲为中心的现代性的支配地位和排他性一直没有衰退。除了日本外，非西方的建筑在全球的讨论中仍被认为是另类，尽管它在国际上正在日益被察觉。如果没有阿加汗(Aga Khan)基金会建筑项目的积极和成功的干预,哈桑 · 法赛（Hassan Fathy、杰弗里 · 巴瓦（Geoffrey Bawa)、查尔斯 · 柯里亚（Charles Correa）和许多其他的人也许现在就不会在国际上被认可。[6]然而，许多问题，如中心和边缘之间不平等的关系[7]、另类的现代性[8]以及权利和公正的概念等仍然保持着争议性。

从 1960 年代早期开始，许多批评家已经对不人道的和刻板的现代主义规划所带来的不良影响痛惜不已，正是这些规划导致城市里单调、乏味和呆板的环境。在接下来的几十年里，由美国主导的资本主义和全球化开发和挟持着以摩天大厦、巨型建筑和高速公路干道等组成的现代主义景象，而且将它们强加于快速增长经济体的城市。失败的现代主义景象的痕迹和遗弃品则散落在各地。当现代主义的规划方法在东亚被采用时，道德和社会责任等维度常常被丢到一边，而利益和贪婪取代了它们的位置。现代主义的运用带来了具有严格的分区制和用途控制的总体规划，这经常演变成商业和政治密友们捞取巨额财富的有效工具。

亚洲的知识分子，特别是那些在西方接受过教育的，经常不能使他们自己脱

Hassan Fathy（Egypt）-Al Razek Villa (1941)

Hassan Fathy（Egypt）-Casaroni House（1980）

Charles Correa（India）
-Ghandhi Smarak Sangrahalaya（1963）

Charles Correa（India）-Vidhan Bhavan（1996）

Geoffrey Bawa（Sri Lanka）-Ena de Silva House（1960）

Geoffrey Bawa（Sri Lanka）-Kandalama Hotel（1992）

离西方思想、理论和生活方式的影响。要想解释非西方式的现实世界，对于亚洲知识分子来说，如果不是挑战这些理论本身的话，下意识地挑战这些理论背后的声音十分重要。彻底地和不断地重新阅读文献资料也非常重要，因为它们的表述、意义和关联性等都经常被不同历史时期占主导地位的文化或强势阶层所预先决定了。里昂尼·萨德尔考克敏锐地指出，各种各样的规划历史和文献，例如彼得·霍尔（Peter Hall）的《明天的城市》，缺乏多样性、批判性和理论性。[9] 约翰·克莱默（John Clammer）正确地指出，我们需要“不仅学习文献，而且也要倾听来自这个领域以及其他学科的声音……在那里，相似的问题也被提出，且经常扎根于严酷的现实。”[10]

詹克斯的后现代主义

理查德·英格斯尔（Richard Ingersoll）是一个批评家和建筑历史学家，他写道，“1960 年代的社会激变，包括人权斗争、学潮和反越战运动等，都对建筑文化产生了重大影响。一方面，国际风格和城市更新因为它们不合理的规模和对社区的无情破坏而遭到谴责；另一方面，新野兽派风格因为它浪费的形式主义而被贬低。”[11] 正是在这些环境下，罗伯特·文丘里和丹尼斯·斯科特·布朗用他们的著作《向拉斯韦加斯学习》来扩展建筑学的争论，而纽约五人组 [查尔斯·格瓦思梅（Charles Gwathmey），理查德·迈耶（Richard Meier），约翰·海杜克（John Hejduk），迈克尔·格雷夫斯（Michael Graves）和彼得·埃森曼（Ptter Eisenman）] 以他们的实践工作、展览和出版物来挑战无指望的功能主义建筑学[12]，英国建筑历史学家查尔斯·詹克斯以 1972 年 7 月 15 日在圣路易斯的 Pruitt-lgoe 住房发展项目的拆毁，象征性地宣布了现代主义的死亡。整体上，他们是建筑领域后现代主义成功的有创新精神的发起者。但是，我必须同意大卫·哈维的观点，“Pruitt-lgoe 的社会状况——现代主义失败的重大象征——比纯粹的建筑形式更直指问题的要害。”[13]

詹克斯的后现代主义理论所提出的建筑方法确实诱导了许多建筑师，因为它提供了一种解放的意识，对反现代主义的审美上过分规范的设计过程，以及它的形式主义、严肃和理性的思维方式。若干年以来，后现代主义理论和方案在建筑学的讨论中得到了相当多的声望。早期的英雄主义工程，饱含了对虚拟的历史主义的形象打造，而被极其严肃地对待。然而，后来绝大部分的工程已经退化为一种荒谬可笑的主题乐园。幸运的是，这些风格上的运用没能博得美国之外的广泛的严肃的专业界和学术界的支持。不幸的是，打着后现代主义建筑的名义而进行的巨大破坏正在持续地发生。随着不断增加的对拜物主义和主题游乐园主义的阐释，数不清的囊括了所有规模和用途的视觉上突兀和没有品位的建筑正在被不断地兴建。它们被各地容易上当受骗的大众所占有和购买。同时，这也给美国和其他地方的新保守主义者们提供了一个重大的机会，来促使那些迎合富人口味的封闭社区的建筑风格的复兴。

几十年以来，公众甚至是学者们一直感到疑惑不清。在某种程度上，建筑的后现代主义的表达对后现代主义的实质少有领会。当事实上对后现代主义进行宽泛和复杂的阐释时，后现代主义就仅仅作为一种肤浅的风格设计工具来使用，除此以外没有任何意义。诸如弗雷德里克·詹姆森（Fredric Jameson）的学者们尝试去联系后现代建筑的理论、主要工程［比如约翰·波特曼（John Portman）的在洛杉矶的 Bonaventure 酒店］与更广泛的后现代性的议程和论述[14]，但在我看来是失败了的。肯尼思·弗兰姆普顿（Kenneth Frampton）在他的代表作《指向一个批判性的地方主义》一文中恰当地批评了现代主义的普适性倾向和詹克斯的后现代主义的肤浅表现。

后现代主义的建筑仅仅由不同历史风格的具讽刺意味的表达或是无关紧要的视觉操练所构成，而非后现代性的复杂本质的美学表达。我要引用迈克尔·迪尔（Michael Dear）的话："新兴的后现代建筑令人不安地脱离了任何广泛的哲学基础，它们显然是随意地拆用各种现有的建筑原型的部件，并将它们组合成一个具有讽刺意味的先前风格的拼贴画（或是混杂物）。这种被批评者称为后现代主义的记忆建筑，在它诞生没多久，就宣告了它的死亡，这证明了将其单独作为一个美学问题来对待是没有什么意义的。"[15] 几十年来，这种对建筑的后现代主义无实质意义的阐述极大地损害了人们对于多元的、宽容的和人道的后现代哲学的理解。

最后，随着詹克斯的后现代主义的消亡，那些理论，特别是那些产生在欧洲的、处于欧洲中心主义的主流之外的如二次现代主义和超现代主义等，获得了重新定位的知识空间。在越来越重要的以后现代视角来对建筑和城市化进行讨论的背景下，这些理论现在都能够得到体现，特别是在极富活力的东亚地区的城市。

后现代性的空间

后现代性的空间是多维的，它能涵盖各种不同的概念，从理性的、精神上的、艺术的、文化的到实体和虚拟的。后现代性一词清晰地传达了在现代性和后现代性之间的复杂的相关联的流动性、杂交性和去地域性。后现代性是一个全球化的文化现象。它的活力和特殊性都体现出全球本土化和包容性。尽管现代主义在理性和理论层面已经消亡，但其无处不在的影响尚未减弱。另一方面，后现代主义也无处不在，特别是体现在艺术方面，以及青年一代的生活方式和变化的价值观上。然而，当代的激动人心的和迅速变化的状况只有带来对道德和社会公平的进步和开明的阐述时才应得到颂扬。

认识到非确定性空间的重要性是至关重要的。[16] 它们是介于中间的空间——在现有的开发中遗留下来的或者是由新的开发无意间创造的。它们具有多元化、模糊的、复杂的和混乱的特点。引用约翰·菲利普斯的话："当某个城市地区的所有物失去了经济支持的时候，这些空间就出现了。在荒废的同时，也带来了一定程度的无秩序的自由，这种自由给予这些空间灵活性，以能够适应用途上的急剧变化……通过关注这样的空间，林【少伟】能够从科技进步的范例和修辞之外来研究社会公平的问题。"[17] 相似地，张永和的微观城市主义（micro-urbanism）对白板或者是城市转型过程中的彻底拆毁的必要性提出质疑。相反，他更愿意去"仔细观察城市生活本身的变化的现实所带来的真正需求并重新设计旧区的组织秩序，以给它们注入新的活力。"[18]

在面对具全球本土性和信息技术迅猛发展的复杂世界所带来的难以置信的挑战中，当代建筑与更广泛的艺术社区表现出许多相似的特性。在艺术评论家侯翰如看来，在巴黎的边缘的艺术先锋派、非循规蹈矩的外来者和非西方移民的艺术团体——他称之为流亡者——是在欧洲中心主义的主流之外一股充满活力的艺术力量，这股力量对全球范围内的趋同化的趋势做出了有效的反击。[19] 在全球范围，但特别是在迅速发展的亚洲经济体中，许多地方正在经历着严重的特性危机，包括去特性化和去地域化。在阿君·阿帕度 莱（Arjun Appadurai）看来，"我们迫切需要密切关注现在所谓的去地域性的文化动态……放宽对人类、财富、和领土之间的控制，可以根本地改变文化再生产的基础。"[20] 然而，尽管存在全球化的影响以及经济、社会和文化上的界限日益模糊的事实，但国家的地域性仍然真实地存在，并且国家民族的利益和行动也必须被认真对待。[21] 此外，在质疑全球资本主义的普遍化的同时，我们要认识到道德和社会公平，并且要认识到重视地方特性可以对它们起本质作用这样的事实。

相比而言，建筑和城市化在规模和复杂性上明显超过了艺术产品，因此也提供了比较大的可能性以及更多的约束。它们的落实与快速变化的城市结构以及富有地方特性的文化、价值观和生活方式相互交织。亚洲城市，正进行着快速的经济发展和结构变化，并正在产生着激进的和史无前例的转变，展现出新型都市化的创新性的和异乎寻常的景象。[22] 在这些城市中，建筑和城市的表达形式是复杂的、多元的、不协调的和混乱的。他们超越了公认的现代主义的风格和审美规范。例如，在上海，巨型的高架高速路系统既可产生一种激动人心的城市形态自豪感，也会因为对现有环境的严重破坏而产生一种愧疚感。[23] 建筑和城市的表达方式难以被预料。他们反映了思想的开放，甚至有时超越极限。他们的可持续性是不确定的，且大部分将是失败的。然而，他们不能轻易被基于轮回的东方哲学或西方的持续进步的线性概念解释。如阴和阳，它们既不好也不坏，既不是乌托邦也不是反乌托邦。引用翁贝托·艾柯（Umberto Eco）的语言："无限的进步并不存在，也不存在如传统主义者所希望相信的一个我们一直循环往复的圆圈。我们面对的是螺旋状的或爆发性的。"[24] 或许，我们可以暂停下来仔细体会这些争议性的表达背后的智慧。

结论

在过去的几十年中，亚洲的建筑师们不断参与辩论，并寻找一种具有亚洲特性和地方特色的身份认同。历史和环境保护的重要性现在得到更好的理解。2002年，在越南河内的国家议会大厦的建设被停止，原因是工人们在此偶然发现了古迹，其中一些古迹可追溯到7世纪。另外一个例子是卢光裕（Laurence Loh）主持的对马来西亚槟榔屿州（Penang）的张弼士故居（Cheong Fatt Sze Mansion）的积极保护。

当代乡土建筑（Comtemporary Vernacular）现在已经逐渐被接受，并作为地方文化固着场所发展的一种有效的城市手段，尤其是在经济快速发展和不加选择的城市破坏时期。它也可被视为一种有意识的承诺，揭示着对空间安排、场所和气候等的一种特殊传统的独特反应，并将这些已建立的和象征性的特性具体化成创造性的形式。[25] 或如海因茨·佩茨沃德（Heinz Paetzold）清晰地解释："当代乡土建筑的概念既不是怀旧的也不是向诸如地区实践等的回归……它描述了今天的一种建筑实践，试图从现有的世界文化的角度重新阐述地域性文化。”[26]这也在众多支持者的著作中得到反映，如中国的吴良镛和我。建筑案例包括查尔斯·柯里亚在印度博帕尔设计建造的 Vidhan Bhavan 州议会大厦，这是一个令人难以置信的成功融合地方和当代特性的案例。[27]

1988 年，泰国建筑师苏麦特·朱姆塞（Sumet Jumsai）以机器人的形式设计了令人兴奋的亚洲银行总部，并写了一本引起争议的书。他的论点是，早期的亚洲人的居住地是因水生的本性和传统而产生的。在此过程中，他对东南亚的文化仅仅是印度和中国文化影响的产物的观点提出了质疑。[28]我的文章也支持他的看法，“东南亚：并不等同或超越于某些地方，”在此我引用了克拉伦斯·阿森（Clarence Aasen）的话：“最重要的且逐渐被探究和接受的是这样一种可能性，即东南亚文化的发展有着自己非常重要的本土文化的支撑：这些本土文化不完全是或者甚至不主要是衍生物，外部因素应该更多地看作一种‘交流’，而不是‘影响’。”[29]

为了应对经济快速发展带来的挑战，以及对视觉上标准化的和单调乏味的现代化摩天大楼的强行引进，马来西亚的杨经文（Ken Yeang）[30]和新加坡的郑庆顺（Tay Kheng Soon）[31]已经广泛而成功地建立了一套城市设计的生物气候理论和方法，并且把它应用到了热带地区的摩天大楼的设计中。然而，Abidin Kusno 已经从一个更广泛的后殖民主义的文化角度相当详尽地批判性地地审视了这种建筑现象。“通过界定热带摩天大楼作为一个地域性的特色建筑……除了因气候引起的文化差异性得到重视外，其他层面的差异性就只得为其让路。”他进一步阐述了他的结论：“在这种程度上，这些东南亚建筑师们的建筑已经趋向于融入和适应世界经济的秩序中，而不是提供一个场所以对其进行审问。”[32]与此同时，其他一些人已经开始关注有关批判性地方主义、热带性以及当代乡土建筑的理论和实践。对于其中的某些理论，其恰当的应用性仍存在激烈的争议。因此，有趣的是，这种杂交融合，再加上对某些传统元素迷信般的运用，已经创造了热带乐土的建筑神话，这种形式出人意料地很好地适用于到处可见的度假酒店。

对于建筑，我们需要革新的、前卫的、不趋同的观念。柯布西耶设计的昌迪加尔的首府大厦对理解现代主义和印度建筑的相应发展作出极大贡献。尽管受到几近灾难性的官僚主义的干涉，约翰·伍重（Jorn Utzon）设计的悉尼歌剧院现在已经成为澳大利亚的骄傲和象征。一个大型的优秀建筑项目将持续对当地建筑界起到不可估量的影响和催化作用。在我看来，位于墨尔本的唐纳德·贝茨(Donald Bates) 设计的联邦广场 (2002) [33] 就是这样一个项目，它能给已经充满活力的建筑场景提供急需的标志性的象征。几个优秀的先锋项目，在短时间跨度内被建设，例如那些在当下的中国的，包括雷姆·库哈斯(Rem Koolhaas)的中央电视台大楼、赫尔佐格和德梅隆 (Herzog & de Meuron) 的鸟巢和保罗·安德鲁 (Paul Andreu) 的国家大剧院，其共同影响可以强烈地影响和刺激当前激动人心的当地建筑文化和争论。逐渐地，世界各地越来越多的年轻而富有才华的人开始致力于自己国家之外的富有挑战性的项目。他们的集聚影响将加强和拓展本土的建筑文化，并能够在越来越短的时间内缩减国家间的建筑理论和实践的“质量差距”。

Donald Bates (Australia) Lab Architecture Studio - Federation Square (2002) Photo © Peter Clarke

因此，运用现代主义的理性分析方式来阐述今天的亚洲建筑是一件不可能的任务。亚洲建筑和城市规划的发展速度极快，导致了城市形态的复杂和结构的混乱，而这已不是现代主义理论就能解释清楚的了。这种现象在中国和东亚国家中特别明显。侯翰如定义这种新的现象为后规划，“我们正在进入一个时代，在这个时代里，任何规划都自然地变成一种‘后续’的休整和保障行为。规划始终是一种‘滞后’反应。”[34]

在本章中，我将选定亚洲建筑中几种高度分散和多元化的设计方法进行阐述。这些方法正在被应用，它们经常引起相悖的潮流，相互之间没有任何的理论联系，也没有共同的方向。所选项目的范围包括从产品设计到城市设想，它们以后现代意象的混乱组织方式呈现。在当前艺术、建筑和城市规划全球化的背景下，这个景象是至关重要的，也是充满活力、令人兴奋和不安的。虽然它们都植根于地方特色，但这种脱节的后现代景象自然地就被识别和辨认。正是在这一背景下，我选择了一些亚洲地区的项目来说明新千年亚洲建筑的景象。它们是：澳大利亚：Kerstin Thompson：Drum House (2001) and House at Lake Connewarre (2002)[35]；中国：张永和．河北教育出版社大楼 (2004)[36]，刘家琨和王澍，鹿野苑石刻艺术博物馆 (2002)[37]；印度：RavindraGadre，Barge House (2004)[38]；日本：远藤秀平（Shuhei Endo），Springtecture B (2002)[39]；韩国：Hun Kim，ibidem (2004) [40]and Minn Sohn Joo，Mamdolgib (2001)[41] ；马来西亚：Frank Ling and Pilar Gonzalez-Herraiz，Tierra House (2004)[42] and Taipei West Side Rhapsody(2004)；新加坡：Richard Hassell and Wong Mun Summ．Gilstead Brooks (2005)[43]；台湾：Jay Chiu and Chuang Hsueh-neng．921 地震教育公园和博物馆 (2004)[44]．

Kerstin Thompson（Australia）Kerstin Thompson Architects - House at Lake Connewarre（2002）

Kerstin Thompson（Australia）Kerstin Thompson Architects - Drum House（2001）

Chang Yung Ho（China）Atelier FCJZ - Hebei Education Publishing House Building（2004）

Liu Jiakun（China）Jiakun Architects
- Luyeyuan Stone Sculpture Art Museum（2002）

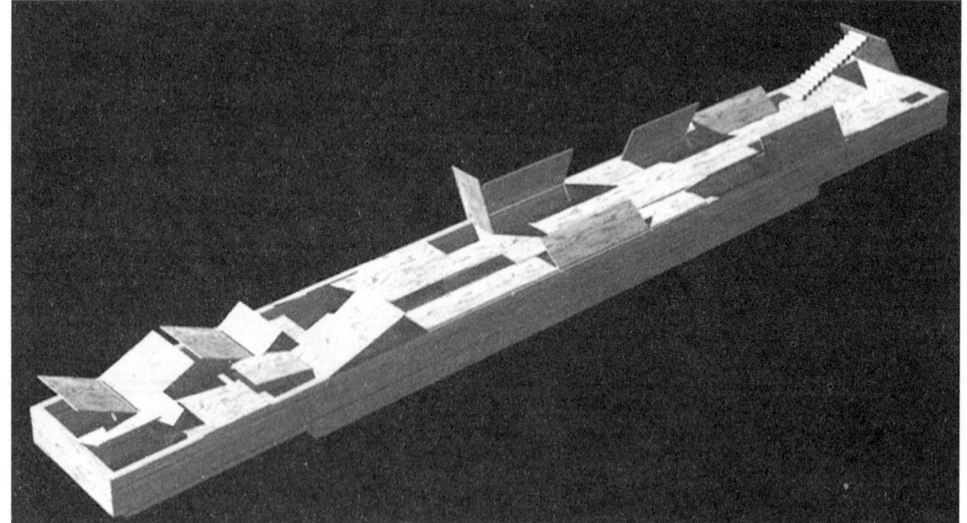

Gary Chang（Hong Kong）Edge Design Institute Ltd - Suitcase House, Commune by the Great Wall, Beijing, China（2000）

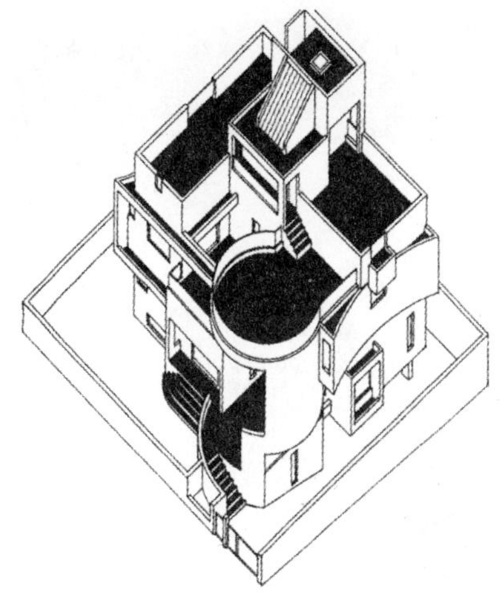

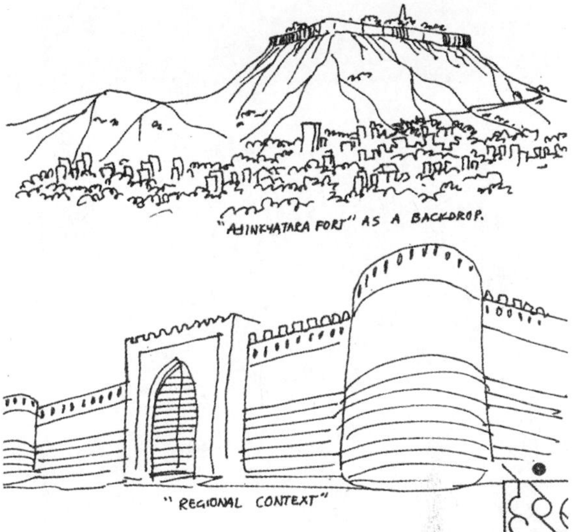

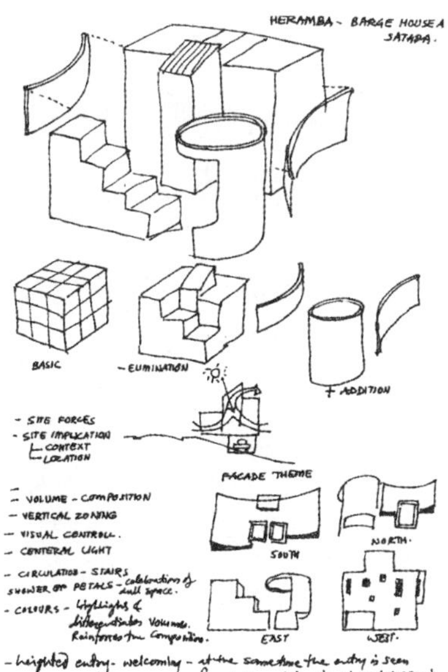

Ravindra Gadre（India）
Ravindra Gadre and Associates Architects and Interior Design - Barge House（2004）

Shuhei Endo（Japan）Shuhei Endo Architect Institute - Springtecture B（2002）

Frank Ling and Pilar Conzalez - Herraiz（Malaysia） Architron Design - Tierra House（2004）

Frank Ling and Pilar Gonzalez - Herraiz（Malaysia） Architron Design - Taipei West Side Rhapsody Masterplan（2004）

Richard Hassell and Wong Mun Summ
（Singapore）
WOHA Architects - Gilstead Brooks（2005）
Photo © Tim Griffith

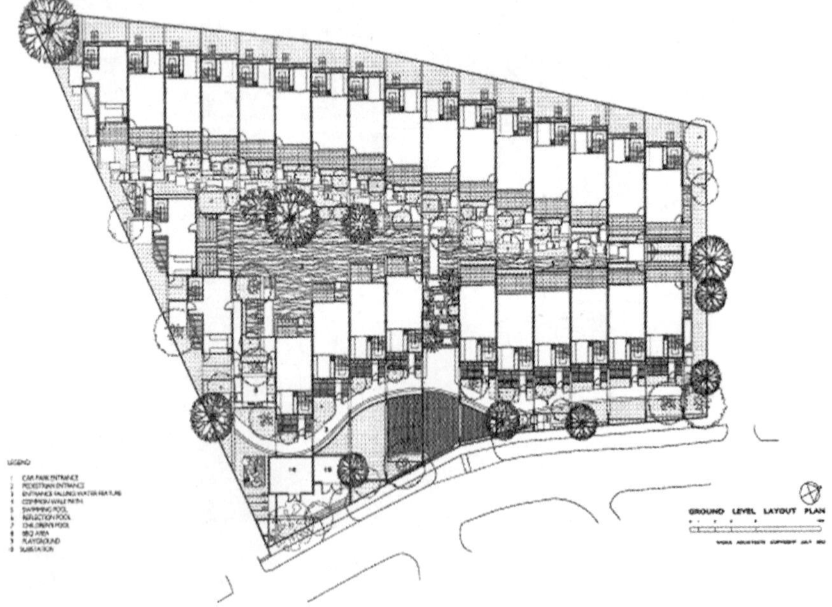

Hun Kim（South Korea）Studio Asylum - Ibidem（2004）

Minn Sohn Joo（South Korea）Wega Architects - Mamdoljib, Spiral House（2001）

Jay Chiu and Chang Hsueh-neng（Taiwan）Da Han Jian Zhu Shi Wu Suo with Zhang Xue Neng Jian Zhu Shi Wu Suo - 921 Earthquake Educational Park and Museum（2004）

注释

This article was first delivered as a lecture at the Royal Melbourne Institute of Technology (RMIT), Melbourne, Australia (May 2003). Following this delivery, the text and project illustrations are constantly being amended, expanded and updated. It was subsequently also delivered at:

Thammasat University at Rangsit Campus, Bangkok, Thailand, (August 2003).

Nanjing University, Nanjing, China (September 2003).

Goethe Institute and The University for Civil Engineering, Hanoi, Vietnam (December 2003).

AESA Awards Presentation, Pune, India (01-2004).

Conference on "Sustainable City and Modern Culture", Asia-Japan Centre of Kokushikan University, Tokyo, Japan (February 2005).

1 See William S W Lim, *Alternatives in Transition* (Singapore: Select Books, 2001).

2 Saskia Sassen, "Social and Spatial Polarisation" in *The Global City* (New Jersey: Princeton University Press, 2001), 363.

3 See Mark B Salter, *Barbarians & Civilisation in International Relations* (London: Pluto Press, 2002).

4 Brenda Yeoh, *Contesting Space: Power Relations and the Urban Built Environment in Colonial Singapore* (Kuala Lumpur: Oxford University Press, 1996), 11.

5 Gulsum Baydar Nalbantoglu, "(Post) Colonial Architectural Encounters" in *Asian Architects* vol. 2 (Singapore: Select Books, 2001), 18.

6 The Aga Khan Foundation sponsored three very important architectural programmes. The MIMAR publications, the Aga Khan Award for Architecture and Aga Khan Programme for Islamic Architecture (AKPIA) at Harvard and MIT. For further information, please email: suha.ozkan@akdn.ch

7 See Leon van Schaik, "Architecture in Asia: Province and Metropolis" in *Asian Architects*, vol. 1 (Singapore: Select Books, 2000).

8 See William S W Lim, "Modernity of the Other" in *Alternatives in Transition: The Postmodern, Glocality and Social Justice* (Singapore: Select Books, 2001), 34–48.

9 See Leonie Sandercock, "Rewriting Planning Histories: Official and Insurgent Stories" in *Cosmopolis II: Mongrel Cities of the 21st Century* (London and New York: Continuum, 2003), 38–41.

10 John Clammer, "Asian Studies/Cultural Studies: Reapproaching Southeast Asian Societies/Studies" in *Diaspora and Identity: The Sociology of Culture in Southeast Asia* (Selangor Darul Ehsan: Pelanduk Publications, 2002), 58.

11 Richard Ingersoll, "Twentieth-Century North American Architecture: Technocratic Prowess, Historical Legitimating, and Ecological Resistance" in *World Architecture: A Critical Mosaic 1900-2000*, vol. 1 (Canada and United States: Springer-Verlag/Wien, China Architecture & Building Press, 2000), xlv.

12 *Five Architects: Eisenman, Graves, Gwathmey, Hedjuk, Meier*, (New York: Oxford University Press, 1975). This book is to some extent the outcome of a meeting of the CASE group (Conference of Architects for the Study of the Environment) held at the Museum of Modern Art in 1969.

13 David Harvey, "The Condition of Postmodernity" in *The Spaces of Postmodernity: Readings in Human Geography*, eds., Michael J Dear and Steven Flusty (Oxford: Blackwell Publishers Ltd, 2002), 172.

14 See Fredric Jameson, "Postmodernism, or, the Cultural Logic of Late Capitalism" in *The Spaces of Postmodernity: Readings in Human Geography*, eds., Michael J Dear and Steven Flusty (Oxford: Blackwell Publishers Ltd, 2002), 142–149.

15 Michael J Dear and Steven Flusty, "How to Map a Radical Break" in *The Spaces of Postmodernity: Readings in Human Geography*, eds., Michael J Dear and Steven Flusty (Oxford: Blackwell Publishers Ltd, 2002), 4–5.

16 See William S W Lim, "Spaces of Indeterminacy" in *Alternative (Post)Modernity: An Asian Perspective* (Singapore: Select Publishing, 2003), 11–18.

17 John Philips, "William Lim: The Evolution of An Alternative" in William S W Lim, *Alternative (Post)Modernity: An Asian Perspective* (Singapore: Select Publishing, 2003), 6.

18 Hou Hanru, "Filling the Urban Void: Urban Explosion and Art Intervention in Chinese Cities" in *On the Mid-Ground* (Hong Kong: Timezone 8 Ltd, 2002), 177.

19 Hou Hanru, "They Dwell in Movement… Evelyn Joanna and Hou Hanru" in *On the Mid-Ground* (Hong Kong: Timezone 8 Ltd, 2002), 204.

20 Arjun Appadurai, "Global Ethnoscapes: Notes and Queries for a Transnational Anthropology" in *Modernity at Large: Cultural Dimensions of Globalisation* (London: University of Minnesota Press, 1996), 49.

21 John Clammer, "Diaspora and Identity: Cultural Studies and Southeast Asian Realities" in *Diaspora and Identity: The Sociology of Culture in Southeast Asia* (Selangor Darul Ehsan: Pelanduk Publications, 2002), 22–23.

22 See William S W Lim, "The Dynamics of East Asian New Urbanism" in *Back from Utopia: The Challenge of the Modern Movement*, eds., Hubert-Jan Henket and Hilde Heynen (Rotterdam: 010 Publishers, 2002), 198–205.

23 See Abidin Kusno, "The Violence of Categories: Urban Space and the Making of the National Subject" in *Behind the Postcolonial: Architecture, Urban Space and Political Cultures in Indonesia* (London: Routlege, 2000), 97–119. Kusno also postulates that "driving through the elevated highways suggests an experience of flying over the top of the city, escaping from its congested roads and leaving behind the 'lower' classes who are routed through the crowded street at ground level."

24 Jean-Claude Carriere, Jean Delumeau, Umberto Eco and Stephen Jay Gould, "Signs of the Times" in *Conversations About The End of Time* (London: Penguin, 1999), 171–215.

25 See William Lim, "Contemporary Vernacular" in *Alternative (Post)modernity: An Asian Perspective* (Singapore: Select Publishing Pte Ltd, 2003), 127–135.

26 Heinz Paetzold, "Post-Functionalist Urbanism, the Postmodern and Singapore" in *Beyond Description: Singapore Space Historicity*, eds., Ryan Bishop, John Phillips and Yeo Wei Wei (London: Routledge, 2004), 160.

27 Ibid., 159.

28 See Sumet Jumsai, *Naga: Cultural Origins in Siam and the West Pacific* (Singapore: Oxford University Press, 1988).

29 William S W Lim, "Southeast Asia: Nowhere to Somewhere and Beyond" in *World Architecture: A Critical Mosaic 1900–2000*, vol. 10, Southeast Asia and Oceania, eds., Kenneth Frampton *et al.* (New York: Springer-Verlag/Wien, China Architecture & Building Press, 1999), xix. See also Clarence Aasen, *Architecture of Siam: A Cultural History Interpretation* (Bangkok: Chalermnit Press, 1988).

30 See Ken Yeang, *The Skyscraper Bioclimatically Considered* (London: Academy Editions, 1996).

31 See Robert Powell, Tay Kheng Soon and Akitek Tenggara, *Line Edge and Shade: The Search for a Design Language in Tropical Asia* (Singapore: Page One Publishing Pte Ltd, 1997).

32 Abidin Kusno, "Spectre of Comparisons: Notes on Discourses of Architecture and Urban Design in Southeast Asia" in *Behind the Postcolonial: Architecture, Urban Space and Political Cultures in Indonesia* (London: Routledge, 2000), 205.

33 More information can be found on the Lab Architecture Studio website: <www.labarchitecture.com>.

34 Hou Hanru, “Post-Planning” in *32 New York/Beijing* 2 (2003): 15.

35 More information can be found on the Kerstin Thompson Architects website: <http://www.kerstinthompson.com>.

36 More information can be found on the Atelier Feichang Jianzhu website: <www.fcjz.com>.

37 For more information, please contact Jiakun Architect at kfcaiba-works@yahoo.com.cn.

38 For more information, please contact Ravi Gadre and Associates Architects and Interior Design at ragarutu@vsnl.com.

39 More information can be found on the Shuhei Endo Architect Institute website: <www.paramodern.com>.

40 More information can be found on the Studio Asylum website: <http://www.studio-asylum.com/>.

41 More information can be found on the Wega Architects website: <http://www.wega.co.kr>.

42 More information can be found on the Architron Design website: <http://www.architrondesign.com>. In a recent lecture conducted at the Royal Melbourne Institute of Technology (RMIT), Frank Ling and Pilar Gonzalez-Herraiz articulated their thesis entitled “Dialogue: A Design Process of Negotiated Equilibrium”, which is very much a part of Architron's design manifesto.

43 More information can be found on the WoHa Designs website: <http://www.wohadesigns.com/>.

44 For more information, please contact Architectonics Office at artonics@seed.net.tw.

第三章 河内古城区：一种生活的传统

河内是一个古老的城市。其殖民统治之前的历史可追溯到第二个千禧年的伊始。河内城市的发展始于公元 1010 年皇家城堡的建设。除既定的防护功能外，文化、宗教、政治以及大量的商贸活动也迅速在河内城聚集发展。[1]借用泰瑞·麦基（Terry McGee）的说法，这些不同的功能使河内形成一个混合型城市（composite city），并提供更多的弹性和恢复能力，以使其在过去几个世纪有可能应付许多挑战。尽管佛教有统治性的影响，且中国儒学也在文化、管治和语言等方面留下了深刻印记，越南的君王们"是他们自身权利范围内的统治者，在为上天献祭的同时，他们仍定时向中国进贡以不失忠诚"。[2]

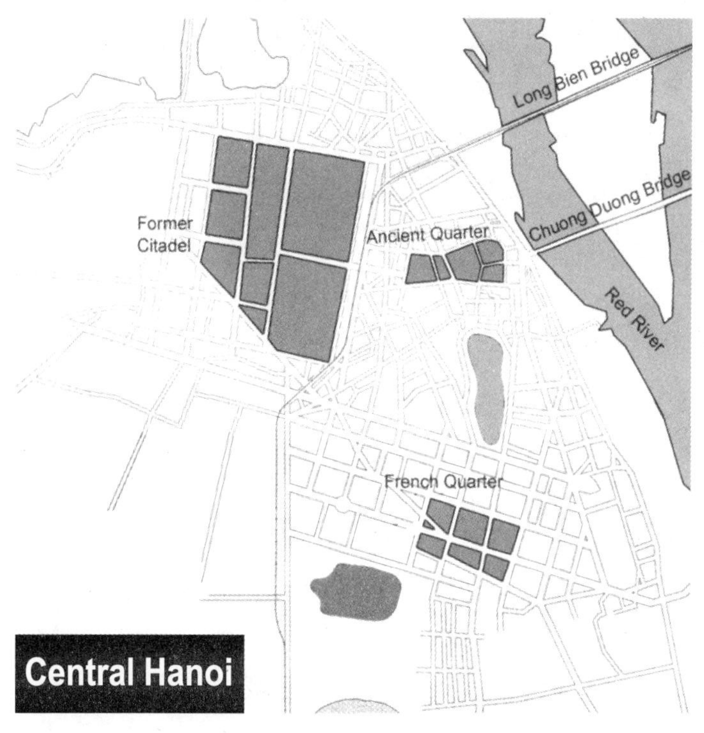

悉达多·赖乔杜里(Siddhartha Raychaudhuri)在对艾哈迈达巴德(Ahmedabad)这一非西方城市的研究中，质疑将殖民统治视为一种单向的过程，在此过程中殖民者根据西方的视觉印象和生活宜居性标准对殖民城市的物质和社会环境进行重构。与孟买和加尔各答不同，艾哈迈达巴德的本土精英人士在城市的持续发展过程中起到了主要的作用，“新的社会、文化和空间秩序提升了新的民族观念以及语言和文化形式；即便这些方面在本质上也是现代的，但却不是西方的。”[3]

然而对河内这一案例，法国的殖民侵入从一开始就具破坏性。为建立法国的统治地位，河内的皇家城堡被强制性改造，它与城市其他地方的关系也被重新定义。随后，欧洲城区紧靠着本土老城或是当地古老的城区而建立起来，通过移植法国的城市景观，以实现象征性地将河内建设成为法属印度支那首府的宏大抱负。某些时候，两类城区的共存状态并不平静。在越南的民族主义运动中，新城区，由于其本质上基于种族、财富和权力等的排斥性，成为越南人民受压迫的一种象征，并成为对教化文明使命的嘲笑和揭露。

在河内，有成千上万的寺庙和其他纪念性遗址，但与其他国家的情况相比，这些建筑、纪念碑和复合性建筑物并不是孤立的。河内城的真正本质在于它的广阔的、丰富而复杂的历史积淀和生活传统。古城区尤其富含其居民的混合的集体记忆，而这些却不断遭受破坏、遗忘、创造甚至再创造。现在，每天有超过五十万人口出入古城区。街道生活中令人眩目的各种色彩、味道和声音为其增添了更多的活力、创造力和混杂性。

当前，河内城市人口已经猛增至三百万以上。开放的市场经济和全球化力量给河内带来更大的压力，并已为私人发展以及城市大规模的再开发和重建提供充足的具有吸引力的场所。这种破坏性的举措已经导致了当前城市结构的严重破坏。

在此背景下，河内不得不根据当前适合亚洲经济发展的城市和文化的理论和实践来制定其主要的决策性战略。近来，两个重要的结论被发布。在理论范畴，现在已认识到了全球性和本土特性的本质和相互依赖性，并认识到迫切需要考察草根全球化（grassroots globalisation）[4]和非主流的后现代性(alternative postmodernity）[5]。第二，亚洲新城市主义[6]的特性和它们的后殖

The Ancient Quarter

民状况[7]已经逐步被识别。然而，大部分人认为，现代主义的规划要素如高楼、主要的道路拓宽工程、大规模的拆除和再发展等导致了对老城复杂肌理不可弥补的严重破坏，抹杀了其独特性和纪念性。建设新城镇、提高现有的城市的密度和地块容积率的标准化的现代主义的解决方案，已经被证明是无效的和有高度破坏性的。威廉·洛根（William Logan）为之悲叹："对于那些在社会主义旗帜下奋斗的越南人而言，这种完全新型的思维方式实在是令人震惊的，这似乎是否定了过去半个世纪为之奋斗的所有事情。"[8]为了减缓当前破坏性的再发展，在邻近但不干扰现有旧城的地区建设一个新的当代城市中心或许是一个具有吸引力的选择。

胡志明在1945年9月2日发布了《越南独立宣言》。[9]其中的第一款申明是引用了美国1776年《独立宣言》的内容。"人人生而平等，他们都被他们的造物主赋予了某些不可剥夺的权利，其中包括生命权、自由权和追求幸福的权利。"基于同样的精神，越南的民族格言是"独立、自由和幸福。"我尤其感动于把幸福这个概念包括进来，因为它是一个抽象的概念，包括了超越物质财富的其他大量的价值观。让我引用黄有光新书中的内容：

> 为自己寻求快乐或幸福的人们却不能获得，但帮助别人的人们将可以找到幸福……在超越某一最低水平后，较高的收入并不真正给个体带来明显强烈的幸福感……最终来说，公平才能带来预期的幸福……幸福是真正最终应该被考虑的事情。[10]

正是这种幸福的伦理学范畴充分体现了一种对社会公平及其在环境和空间公平中的物质表现的承诺。

自1874年以来，越南人民被卷入长达一个世纪的悲惨的殖民斗争中。政府已经接受，全球化的市场经济在实现国家经济增长和富强方面是一个更为有效的手段，从而开始实施1986年的革新政策。全球资本主义的优先选择是利益最大化，甚至以牺牲本土文化和环境利益为代价。因此，越南的后社会主义和后革命政府必须确保国家的长期利益得以保护，并以实现其全体市民更大程度的平等和社会公平为荣。基于同样的精神，越南国家总理近来签署了一项命令，旨在“促进社会民主和自主创新能力，调动人民的力量，改善他们的生活条件、知识水平并增强政治稳定。”[11]

1990 年，联合国教科文组织（UNESCO）发布的首批报告对河内古城区的保护显示了相当大的兴趣。[12] 自此，越南政府逐渐制定更多完整的规章，以对该区的改善和再开发进行管理。联合国教科文组织和河内市现在已展开行动以申请将河内古城区加入世界遗产行列。[13] 然而，要重拾复兴之路，政府的伦理和政治意愿以及越南人民的意向必须要清楚地界定，并要能转化为实用性的社会、文化和城市发展行动。这些运用的产生必须要付出一定的社会经济成本，并在古城区居民和政府双方可接受的分歧水平之内。在本章的其他部分，我将分析与古城区复兴相关的四个相互关联的关键问题。

一种生活的传统

在市场经济中，如果某个地点的区位具有经济上的吸引力，而制度又允许地块所有者以最小的补偿来收回占有者的产权以进行再开发，即使有着严格的规划和建筑控制，绅士化的过程也将发生。而且，当这个过程在短时间内发生，较为贫穷的居民将会被置换出去，商业也将被瓦解。现有街区的魅力和活力将会丧失。此类案例包括新加坡历史保护区的绅士化和美国唐人街的主题公园式的改造，在这些地区重塑的历史主义是可笑的。

另一方面，保存现有物质环境的完整性、维持当地居民的现有生活方式和传统贸易的方法之一是及时地保持现状。但该地区将会逐渐失去其活力和动力。它将很快变成最近历史的遗迹以及无用的怀旧场所。

古城区一个重要的内在特征是它的不稳定性和边缘性。其使用类型和使用者经济收入的特征会随着时间的变化而发展变化，有时候这种变化非常迅速。要使维护古城区的生活传统获得成功，有三个根本要素。第一，必须对缺乏法定产权的居民财产权利具有充分的认识，以阻止强制性的驱逐。第二，对国家快速变化的文化、价值观和生活方式应该具有有效而敏感的反应。最后，必须接受当地居民的呼声以及他们对决策过程的积极参与。

The Ancient Quarter

改善基础设施

应在可承受的范围内向所有的居民提供给排水、电力和污水设备等基础设施和服务。应尊重现有的道路和建筑结构，包括狭窄的街巷在内的现有城市环境要保存完整。应该推进现有建筑的升级改造，以及以现代设计手法来建设新的建筑，但传统环境的尺度和复杂性必须得到尊重。交通条件应该被合理地改善，合法地为步行者提供一个更加安全、更少污染的环境。

有两个非常紧迫的难题值得关注。许多房屋聚集了大量城市贫困人口，居住条件十分拥挤，他们经常在街区附近兜卖商品来换取外快谋生，这种状况需要被解决。强制性的驱逐将不可避免地导致社会紧张和困境。[14]对破旧房产的修缮和重建在很大程度上超越了当地居民自身的经济实力。幸运的是，由于政府是土地所有者，解决方法并不复杂。

我认为，政府必须高度重视维护古城区的生活传统，把它当成一种民族财富来珍惜。然而，并没有解决问题的万能公式。政府必须找到一条有效且人性化的适用于古城区特殊状况的独特的解决办法。

用途和地块规模

和许多没有经过大规模改造和再开发的传统商业中心区一样，如孟买的市集城[15]，沿着古城区街道步行将是一段难忘的经历。你会邂逅难以置信的复杂的使用功能、拥挤而嘈杂的街头景象、充满活力的非正式部门的活动、各式各样的食肆和大量的小商品店、艺术和手工艺品店等等。在建筑立面之内有着数不清的小型办公室、廉价旅馆、俱乐部之家和机构，以及穷人们拥挤的住房。许多地块又小又不规则，但却给环境增添了魅力和独特性。现代主义规划理论无法囊括和解释这种杂乱中的秩序感。这些场所有能力自我调整和不断创新。然而，道路拓宽、密度加大、高楼大厦和大规模的再开发以及百货商店或大型超市会导致难以修补的破坏。应当有意识地鼓励传统工艺、当代艺术和低成本的咖啡馆，这些提供消费的场所应该被利用以鼓励发展新兴的艺术社区，以便把像麦当劳和星巴克等全球化连锁店带来的影响减少到最低。

文化旅游

2002 年,越南接待了 260 万外国游客,其中河内接待了 90 万人。大量的游客,特别是来自中国和东南亚的游客，更愿意在当地人所有并管理的、小型的且很少奢华的旅馆内住宿。这一状况为当地企业家提供了许多机会，也创造了许多新的工作岗位。

文化旅游成为受过良好教育的年轻人中越来越流行的现象，他们可以从中了解到当地生活的有意义的社会和文化内涵。河内古城区对文化旅行者来说绝对是一个具有巨大吸引力的地方。许多游客是和伙伴一道或带着小孩的低成本自助游的背包客。他们投宿在便宜而简单的旅店，喜欢到周边逛逛，在当地食摊吃饭，在邻近的咖啡店饮水和放松。一部分人像瓦尔特 · 本雅明那样的漫游者，其目的是寻找一段经历而非获取知识：“那些在街头长时间无目的漫游的人就像中了毒，每一步都表现出极大的动力；即便是身体虚弱的人也跃跃欲试，对商店、对小酒馆、对微笑的女人，甚至对下一个街角的诱惑力和对远处众多的街名指示牌也表现得难以抵挡。”

结论

古城区的生活传统持续反映着越南城市文化快速变化中的独特活力，保护古城区成为一项极具挑战性的艰巨任务。与其他国家的许多遗产遗址不同，如马来西亚的槟榔屿市的传统中心区，其建筑和城市景观保存良好，而河内古城区经历了长达一个世纪的战火和自然灾害破坏以及不间断的重建，今天那里所保留的仅有估计约三百个老房子，且“很少是超过百年的历史”。[16]

我完全同意 Armold Koerte 的观点，河内古城区的城市文化表现出“一个几乎完美的街道空间，以及一个非常和谐的街道和景观，这些景观因街前建筑、色彩和树木而彰显魅力……然而，最重要的是那些带来了城市的生活和多样性的居民。”[17]

曾经有过许多保护、保存和提升古城区的承诺，然而，其中一个被遗忘了的关键要素是当地居民的告知、咨询和参与。我完全同意历史学家 Le Van Lan 关注的话题，“当地居民对古城区很少有发言权，他们对讨论的……古城区最大的资产（有形和无形的，有着巨大的历史和文化价值的）的言论所知甚少——世代生活于此的居民却被遗忘了”。[18] 我认为，当地居民的积极参与是必要的，因为这种保护行动是高度复杂的，需要应对大量的相互关联的问题，以不断实现发展、提升和改善。

注释

Keynote address in “Housing for Low Income Groups”, a conference organised by Goethe Institute Hanoi. Presented in conjunction with a workshop at the University of Construction. (November 2003).

1 William S Logan, *Hanoi: Biography of a City* (Sydney: University of New South Wales Press Ltd, 2000), 1–18.

2 Ibid., 19–66.

3 Anthony D King, “Actually Existing Postcolonialism: Colonial Urbanism and Architecture After the Postcolonial Turn” in *Postcolonial Urbanism: Southeast Asian Cities And Global Processes*, eds., Ryan Bishop, John Philips and Wei Wei Yeo (New York: Routledge, 2003), 176.

4 Arjun Appadurai, “Grassroots Globalisation and the Research Imagination” in *Public Culture* 12.1 (Winter 2000): 1–19.

5 William S W Lim, *Alternative (Post)modernity* (Singapore: Select Publishing, 2003).
William S W Lim, *Alternatives in Transition: The Postmodern, Glocality and Social Justice* (Singapore: Select Publishing, 2001).

6 William S W Lim, “Asian New Urbanism” in *Asian New Urbanism and Other Papers* (Singapore: Select Books Pte Ltd, 1990), 35– 48.

7 Ryan Bishop, John Philips and Wei Wei Yeo, eds., *Postcolonial Urbanism: Southeast Asian Cities And Global Processes* (New York: Routledge, 2003).

8 Logan, *Hanoi*, 224.

9 Lady Borton, “Declaration of Independence” in *Ho Chi Minh: A Portrait* (Hanoi: Youth Publishing House, 2003), 78.

10 Ng Yew Kwang, “From Preference to Happiness: Towards a More Complete Welfare Economics” in *Welfare Economics: Towards a More Complete Analysis* (New York: Palgrave Macmillan, 2004), 259–260.

11 “PM Instructs Openness and Democracy at Communal Level” in *Nhan Dhan*, (10 July 2003), <http://www.nhandan.org.vn/english/20030710/bai-news1.html#PM%20signs%20instruction>.

12 William Logan, Draft Project Description: “Planning for the Protection of the Old Sector of Hanoi City, Vietnam” (Paris: UNESCO, 1990).

13 “Hanoi’s Old Quarter Aims for Heritage Listing” in *VOV News* (7 July 2003), <http://www.vov.org.vn/2003_07_07/english/vanhoa.htm#Hanoi%20Old%20Quarter%20strives%20for%20world%20heritage%20listing>.

14 It is important to note numerous recent reports of protests and confrontations staged by wrongfully evicted occupants in Shanghai and Beijing.

15 Rahul Mehrotra, “Bazaar City: A Metaphor for South Asian Urbanism” in *Aktuelle Positionen Indischer Kunst/Capital and Karma: Recent Positions in Indian Art,* eds., Angelika Fitz *et al.* (Vienna: Hatje Cantz Publisher, 2002).

16 “Indecision Places Old Quarter Structures at Risk” in *VNS*, (1 November 2003), <http://vietnamnews.vnagency.com.vn/2003-11/01/Stories/29.htm>.

17 “Specialist’s Opinions of the Old Quarter” in *VNS*, (1 November 2003), <http:vietnamnes.vnagency.com.vn/2003-11/01/Stories/28.htm>.

18 Ibid.

第四章 你被上海化了吗？
全球本土化的上海文化与城市主义

引言

历史上从未有一个大城市如今天的上海一样，它见证了密集、快速和无畏的繁荣。这清晰地表达了中国人尤其是上海人对未来不可阻挡的集体向往。由于迅速增长的人口所具有的有才干的企业家精神及其中国沿海岸线上的战略中心地位，上海正面临着财富积累和经济增长的巨大机遇。它已发展成为一个优良的海港和河港，而且号称与广阔的腹地联系便捷。上海已经是一个主要的全球城市[1]，不可阻挡地联系着全球网络，并且占据长江三角洲新兴大都市区的首要地位。[2]（地图 1）

上海总面积达 6340.5 平方公里（地图 2）。截止到 2001 年底，上海总人口约为 1300 万（不包括估计约 400 万的国内移民）。男性和女性的平均寿命分别为 77.47 岁和 81.83 岁。1992 ~ 2001 年间，上海的国内生产总值（GDP）保持在两位数的增长率，年均增长 12%。[3]

自 1980 年代后期以来，上海市高强度的经济活动以及城市建设和拆迁的步伐持续进行甚至不断加速。在经济快速发展和走向富裕的中国的大背景下，新上海的城市景象正在形成（图 1）。它未来的发展目标已经超越以欧洲为中心的现代主义以及现代主义建筑和城市主义的形式规则。[4]

与西方国家的城市不同，大多数的亚洲城市没有政治或经济力量集中的占支配地位的城市形态中心，上海也不例外。上海的城市主义深深地扎根于它的文化。一个具有新的中国城市特性的象征正在形成。在这一关键时刻，人们可能会问，是什么构成了这种新生的中国特性，它是否是完全崭新的，且与它的过去断然不同——一张白板式的实践。

上海正在进行着不停歇的即兴创作；吸收和反映出所有的在一个多世纪的不可思议的变化过程中被强加于上的新事物。艾伦·巴尔弗（Alan Balfour）哀叹说

Yangtze River Delta
Megacity Area
长江三角洲城市群
扬州
Yangzhou
泰州
Taizhou
南通
Nantong
南京
Nanjing
Zhenjiang
镇江
长江
YANGTZE RIVER
Changzhou
常州
无锡
Wuxi
苏州
Suzhou
上海
Shanghai
湖州
Huzhou
嘉兴
Jiaxing
东海
EAST CHINA
SEA
舟山
Zhoushan
杭州
Hangzhou
绍兴
Shaoxing
宁波
Ningbo

Map 1

Chongming
County
崇明县
Zhabei
闸北区
Baoshan
宝山区
Baoshan District
Changxing
宝山区长兴岛
宝山区横沙岛
Baoshan District
Hengsha
Jiading
嘉定区
Jingan
静安区
普陀区
Putuo
Yangpu 洋浦区
Pudong 浦东新区
New Area
黄浦区
Huangpu
Changning
长宁区
Xuhui
徐汇区
Luwan
卢湾区
Qingpu
青浦区
Minhang
闵行区
Songjiang
松江区
Nanhui
南汇区
Fengxian
奉贤区
Jinshan
金山
Shanghai Municipality

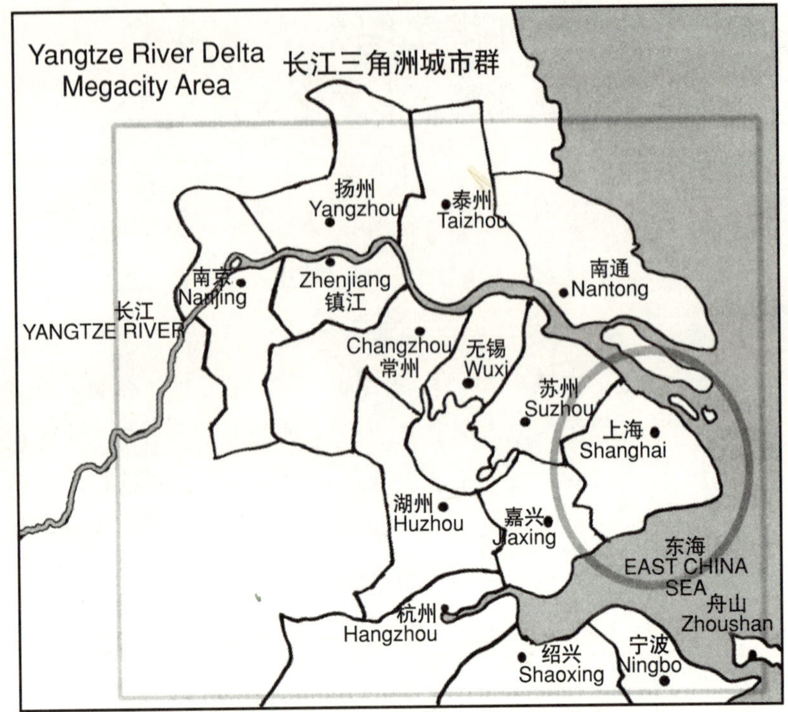

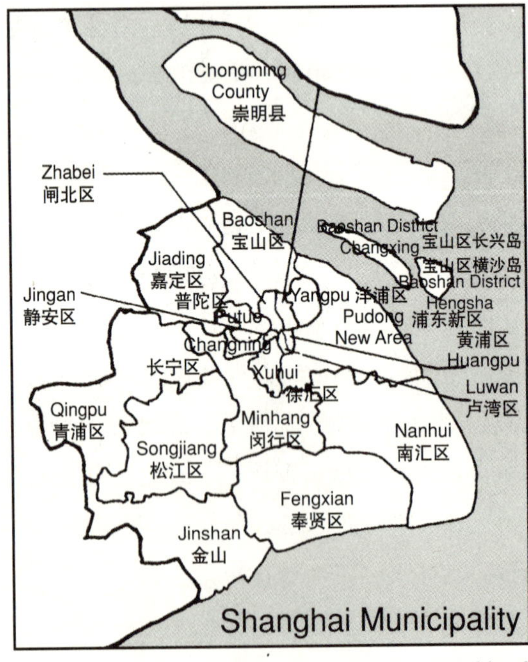

Map 2

图片 1

“上海是一个失衡的城市”，但是上海的人们“已经适应了持续变化的政治和物质环境，没有失去任何他们自身的动力和抱负。上海未来的现实更多地取决于上海的人们的特性【以及政府在道德和意识形态方面的承诺】，而不是规划师和建筑师的愿景。”[5]

正是在这样的背景下，我接受了著名评论家与策展人汉斯·尤利斯·奥布里斯特（Hans Ulrich Obrist）的邀请，在《乌托邦站》（Utopia Station）上刊登一篇有关乌托邦的海报。[6]这篇海报名为“你被上海（化）了吗？”（Have You Been Shanghai[ed]?）《韦氏大词典》将“上海化”（shanghaied）定义为“在酒精或毒品的帮助下强行将人带上船，或者是通过暴力或威胁把人逼入拘留所或类似的地方。”[7]这篇海报的背景戏谑了在上海市兴建的延安东路立交这一巨型的基础设施，看起来像巨龙体内溢出的内脏。

今天，“你被上海化了吗”呈现出更加广泛的含义。你是否受到诱惑，并在无意间发现一个幻想中的明日的天堂？你能否欣赏到这里的人民对沉醉于声、光、嘈杂、动感、速度与稠密的殷切渴望？又或者，你是否被虚拟的五花八门的商机和快速致富的窍门所淹没、误导和欺骗？千变万化的多层交叉重叠的高架公路是否令你惊骇？上海正在不断地对传统观念上的乌托邦与反乌托邦进行挑战。它的大胆、无所阻挠的精神包含着一种都市美感，颠覆了墨守成规的现代主义的规范。海报里有这样一段描述：

> 延安东路立交[8]展现的是巨型的基础设施景象。抬头十米高处，车辆在钢筋混凝土的云梯上飞驰而过（图片2）。地面上，巴士张挂着带有理想标语的中文广告，在你身边纷纷掠过。蜂拥的人群，带着各自的时尚表达，在地铁口处流进流出，在高速公路下的环形行人天桥上熙来攘往。夜晚，亮起蓝灯的高速公路的景象变得更为抢眼和诱人。远处望去，林立的高层建筑物的屋顶像哥特式主题公园中的冠顶一样光芒闪烁。[9]

图片 2

中国在21世纪要走向何处？人们正赶往何处？在这新的千年，我们为什么还需要去满足对机动车的无限度的渴望？市内交错的高速公路对环境保护论者来说是一场噩梦，而且已引起普遍的争议。与雄伟的城市摩天楼[10]一样，这些都是过时的现代主义的没落景象。可是上海人此时却无法摒弃它们。这些建筑物是当代中国人的生活意象的肯定性的象征。它们也是上海不受当今都市主义的理论和实践所左右、独自以惊人的速度开创新的激动人心的未来的心理宣言。

这篇文章尝试描述上海的令人难以置信的现象。这个城市处在一个前所未有的转型时期，这迫使我们重新思考我们在（后）现代性背景下的时空概念。"(后)现代性"这个词明显地指出了介于现代性与后现代性之间的复杂性、非决断性（或者甚至是无法解决的）、相关的流动性、混杂性和非领地化。[11]我们将在以下三章中通过剖析全球化的本质和上海本土特色的重要性来讨论上海的文化和城市渴望：另类的全球性、全球本土化的上海的文化、激进的后现代城市主义。

另类全球性

经过各种大胆且具创新性的改革，中国现在已经处于世界舞台的中心位置，成为最具活力的主要经济体。上海是引领中国快速转变的先锋，象征着不可思议的昭然的人口力量；甚至对于贪婪和无情也毫无歉意，如同第二次世界大战前的旧上海一样。[12]毕竟，用邓小平[13]的一句广为引用的名言："不论黑猫白猫，抓到老鼠的就是好猫。"[14]

在西方，从传统社会到现代社会的转变是一个不平坦的、长达一个世纪的漫长过程，其在农业经济重组和福特主义生产模式的运用等方面的显著变化使人永记不忘。尽管在过去的一个世纪里发生了奇特而剧烈的变化，前现代性、现代性、后现代性在今天的中国持续共存。后现代性是快速变化的价值观、文化和生活方式的反映。它的新的议程和主要特征是多元化、对差异的包容性以及创造性的叛逆。

信息技术及其应用无疑加速了人们接受后现代性的步伐，尤其是对于城市中的年轻一代。然而，尽管现代主义在知识和理论上宣告瓦解，但是其无所不在的影响仍然没有消减，尤其在政治领域中。在现代性、后现代性和全球化的强烈互动中，一个独特而混合的中国特色产生了。因此，必须充分地认识到，后现代性的特征和哲学本质在不同的国家是根本不同的，这些国家仍然处于不同的经济发展阶段，有的尚未完成它们自身的现代化进程。

全球化是西方及后来的日本帝国主义的经济统治在其殖民过程中和在欠发达国家内推行的有效工具。今天，它的广泛扩张的范围和重要性在大卫·哈维的新书《希望的空间》[15]中得到最好的概括，并被其他许多人进行批判性的分析。近来，有关资本主义后期形式的全球化的理论论述，逐渐集中于一个相对较新的现象：全球城市，这个术语描述的是一个有着独特的空间动力学、重要的经济战略地位的大城市，他们最为重要的是与全球化密切关联。近年来，全球城市的特征被许多理论家们想尽办法来定义和研究，以曼纽尔·卡斯泰尔[16]和萨斯基娅·萨森[17]最为突出。

信息技术的发展及其快速有效的应用加快了新兴市场的开放。它们也影响到一些节省成本的策略，包括生产转移、大型企业的跨国兼并和接管。尽管纽约、伦敦和东京的统领地位无可争辩，但它们的支配地位正在逐渐销蚀。相互关联的、城市构成的全球网络日渐形成，这些城市有着特定的全球职能，彼此之间有效协作。正如萨斯基娅·萨森所说："一个全球城市的关键指标是，这个城市是否具备能力为企业和市场的全球化运作提供服务、管理和资金。"[18]

近年来，随着许多国家逐渐解除对国内经济的管制，经济中心的数量剧增，并已成为全球城市网络的一部分。尽管一些发展中国家的主要城市在全球化进程中扮演了重要角色，但它们的全球化的职能实质上仍然被发达的经济体所控制。有观点认为，这种不平等的权力结构持续支配着分等级的中心和边缘关系。例如，墨西哥城被称为"接力"（relay）的全球城市。[19]关于布宜诺斯艾利斯，评论家们质问："这是什么样的一种方式，城市空间的发展主要受到外国的控制……而本国政府对其主要城市的控制却越来越弱？"[20]全球化的过程通常会导致收入不平等的大幅度增加，以及使社会的一部分群体转变成为城市功能中毫不相干的部分，甚至受到更大社会群体的剥削。逐渐地，城市被非真实的不可见的虚幻边界强迫性地分割。

全球化对城市的强烈影响表现在，高收入阶层的扩大，以及在空间、住房和消费服务等方面逐渐增加的权利不平等。随之而生的空间极化使城市社区产生隔离。中国，特别是上海，以及其他东亚国家需要重视应对这些问题，目的是不至于陷入美国式全球化的危险境地。

自1970年代中期以来，甚至在苏联解体以前，中国就已经意识到迫切需要重构自身过度控制的国家计划经济体制。在循序渐进的学习过程中，从一开始就保持谨慎，本地的私有企业不可估量地壮大起来，低效的国有企业走向倒闭，而外国投资受到鼓励。在过去的十年中，中国的贸易水平尽管有限，但是已经取得了跨越式的发展。[21] 回应邓小平的"致富光荣"的鼓舞人心的宣言，一部分人先富起来的现象开始显化，特别是在一些主要的沿海城市。2001年，中国的人均国民生产总值是4040美元，而上海则达到15090美元。[22]

中国决心要成为一个重要的全球角色，并积极参与国际经济。拉丁美洲国家和1990年代末东亚金融危机的大量负面教训，使中国非常清醒地认识到那些因无节制地接受美国晚期资本主义模式的全球化而产生的严重缺陷。即使逐渐融入全球经济体系，中国依然保持着国家的宏观调控，并明确拒绝外国对本国经济的控制。一些关键产业的主要外国投资常常被附加与中国方面有意图和有效的合作条件。市场和私有部门已经扮演了越来越重要的角色，但政府干预和控制并未减弱。它们仅仅是呈现出新的、不同的形式。

长达一个世纪之久的反抗半殖民主义的艰苦斗争和尝试现代化的失败，以及无数的战争和革命，促生了强大而坚定的中国民族主义使命感。为了确保人民当家作主，使快速变化的全球化和近年来的经济改革谨慎地适应中国后社会主义和后革命性而进行的实践是不可避免的。中国之所以能做到这点是因为中国共产党的绝对领导权，以及共产党向全体人民承诺保证社会公平的坚定的道德和意识形态。然而，这些意识形态上的承诺也需要在实践中进行持续不断的、有力的调整。这也需要知识分子、学术团体以及积极的市民参与以作出他们宝贵的贡献。

再次引用邓小平的言论："社会主义的本质是解放和发展生产力，消灭剥削和两极分化，最终实现共同富裕。"[23] 根据世界银行基于消费状况的调查评估，中国在消除贫困方面成效卓著，每天生活消费低于1美元的贫困人口比例从1990年的33%下降到2000年的16%。[24] 然而，中国的收入差距也在逐步扩大。[25] 中国西部和内陆省份在基础设施建设、经济增长和消费水平方面都明显落后于沿海省份。

的确，中国过去二十年的空前持续的快速经济增长主要集中在东部沿海地区的主要城市及其周边地区。因此，这也促使以胡锦涛总书记[26]和吴邦国[27]为首的新的领导集团反复宣称，迫切需要缩小沿海地区与广大内陆地区、城市与农村之间的不断扩大的收入和发展差距。他们还反复强调共产党有责任为数以千万计的从农村地区涌入中心城市的移民提供更好的待遇和机会。[28]

在经历长达约十五年的谈判协商后，世界贸易组织于 2001 年 9 月成功接纳中国作为其成员。[29]中国也承诺担负实施一系列开放和自由化的重要职责。此过程存在着扩大贸易和出口的重大机遇。然而，同时也要求许多经济部类推进大规模的改革和重构。迄今为止，中国已经采取了许多艰巨甚至是痛苦的行动。但是，进一步的改革是需要的，特别是升级甚至解体许多低效的国有企业。

许多分析师将中国农业市场的开放视为高度敏感的问题，因为这将会对广大的农村人口产生巨大影响。缺乏全面而有效的产业重组，这也可能会造成严重的危机和伤害。由于西方国家和日本每天投入近十亿美元用于补贴本国的农民，他们的剩余农产品流入国际市场并已造成发展中国家的上百万的农民破产。[30]世界贸易组织当前的关键议程是，要彻底修正这种对全球自由贸易协定的操纵行为。[31]

其实，中国正处于建立一个独特的全球化模式的时期。在此过程，全球资本主义的活力与竞争力应当被有效利用作为创造财富的工具，以履行实现中国社会主义的理想以及收入平等和社会公平的道德责任。这一独特的发展模式可能启发其他国家如越南实行他们自身类似的结构转型。

全球本土化的上海文化

随着科举考试制度的废除以及末代皇朝在 1911 年的终结，中国知识分子的地位及其与统治阶级的特殊关系发生了剧烈转变。接下来几十年的战争、革命和混乱局面中，尽管许多艺术家和知识分子依然肩负着对社会、意识形态和民族事业的强烈责任感，但他们的角色是模糊的且在很大程度上无法确定。许多重要的左翼知识分子如鲁迅[32]（1881 ～ 1936）以及中国共产党的重要人物为了避免严重的骚扰，只能在外国人控制的通商口岸地区从事活动。

第二次世界大战之前，上海已经是世界闻名的东方巴黎。它的国际化地位正是在半殖民化的扭曲统治和以欧洲为中心的西方的控制下形成的。最近出版的李欧凡新作《摩登上海》（Shanghai Modern），主要运用了中国素材并独具洞察力地揭示了中国现代主义的文化根源在于第二次世界大战前黄金时期的上海国际化的都会文明。[33] 一个很好的例证是秉承天赋的青年作家张爱玲[34]（1920～1995）的作品，她对上海国际大都市的价值观和生活方式的认知，使其深入洞察了那一时期的中国的当代性。她在那个时代广受欢迎，且近来又在中国大陆、香港和台湾再次受到关注。引用李欧凡对张爱玲的短篇小说集的序言的评论：

> 张爱玲记事的时代背景当然是1937年的中日战争和1942年上海沦入日本的殖民统治。但是当她谈及“我们的文明”的凄凉状况时……看起来她也宁愿将现代主义的快速进程——作为线性的决定论者的历史观——视为一种进步，这最终会使当代文明因自我瓦解而成为过去……把这种“宏大叙事”（grand narrative）比作汇集所有复调音符和高调音符的交响乐，但她宁愿听见的是从地方剧院里传来的哀怨的女歌声。[35]

1949年，知识分子的话语权和艺术创作在意识形态方面被管制，并受到严格的政府控制。依据这种模式，艺术家的工作反映的是“艺术服务政治”的口号。在1966年开始的十年的“文化大革命”期间，中国处于完全的动荡之中。直到1975年，随着周恩来[36]向学术界和教育界寻求支持他提出的“四个现代化”的行动，情况才逐渐恢复正常。接着是邓小平主导的改革开放时代（1979～1989），中国的知识分子紧密协助并支持政府努力实现中国的现代化，并以此作为融入世界自由市场体系的一个过程。这是一个相对开放、自由和热情向上的时期，在包括艺术、建筑和城市规划的许多领域开展学习、追赶和尝试性的社会实践。在许多案例中，这都是成功的；一个很好的例子是电影事业。包括陈凯歌[37]（《霸王别姬》）和张艺谋[38]（《大红灯笼高高挂》和最近的《英雄》）在内的中国第五代导演创造了许多优秀和颇有争议的作品。[39]

弗雷德里克·詹姆森的标志性分析将后现代主义和消费型社会联系起来，认为后现代主义是美国晚期资本主义和商品化的文化逻辑[40]，这种观点自1980年代以来在中国的各类学术圈中非常流行。而且，以西方为中心的普适性的后现代化解构已经成为中国理论讨论的重要线索。因此，自此接受后现代哲学及其意象作为当代中国文化和城市景观的组成部分就并不令人吃惊了。

尽管当前西方晚期资本主义的后现代性作为主流占据主导地位，激进的非主流的讨论的边界现在已经拓展到实现基本需求、可持续发展和社会公平等。引用张旭东的话：

> 中国的后现代主义……与中国的实践紧密关联，无论是社会主义还是资本主义都不再能给出满意的答案，创新性的思想是迫切需要的，至少需要理解中国的经济、社会和政治结构为什么、怎么样和多久才能走出泥潭，最理想的则是建立一种新的社会制度及其文化知识的理论。[41]

1992年，邓小平南巡并发表演说以振兴市场经济。这标志着社会主义市场经济和中国消费型改革得到官方的有力支持，这也同时引起了一种有关文化的思维转变，即将通俗文化视为文化资本的重要层面。新生活方式的经济逐渐成为快速变化的价值观和意识形态控制的争议性话题。随着信息技术的普及和对全球化及其外部影响的更大程度的开放，文化环境正在经历着前所未有的张力，以及当代本土和全球文化之间强有力的互动。而在中国，最突出的莫过于世界性城市上海了。

随着近来的振兴，上海的文化景观通过同时接受和拒绝全球化的普遍性和永久性，以最戏剧性的方式呈现出令人振奋的全球地方化过程，同时具备极大的自豪感以及一种独特的和激动人心的新的中国城市文化。术语“全球地方化”（*glocalisation*），是地方化和全球化的混合词，包含和定义了内部性的地方化（internalist-localisation）和外部性的全球化（externalist-globalisation）。这种新的与众不同的全球和地方关系的新概念打破了两者内在的对立关系，开启了另一种到目前为止尚未显现和未被研究的探讨模式。[42]然而，Nezar AlSayyad 认为：“世界的发展历史表现了一种文化差异化（differentiation）而非同质化（homogenisation）的趋势，在此过程中每个个体都声称拥护一种以上的文化，并且在不同的时间和不同的地点寻求不同的身份”。[43]

上海活跃的文化景象，需要通俗文化和迸发的多元化的市场力量，以确保物质和人力资源得到发展。一方面，有创造力和有才能的年轻人被发掘；另一方面，有才能的人发现自己被吸引而在快速有节奏感的城市生活和工作。结果，城市的社会人际网络基础发展得日益复杂。与此同时，据名为《开放：上海年轻人的性文化与市场改革》[44]的新近出版物所述，随着休闲和娱乐活动的盛行，性文化也逐渐公开和显露出来。侯翰如批判性地称呼上海是“一个文化沙漠。城市是赤裸的，身体是赤裸的，最为戏剧性的是，思想也是赤裸的。”[45]

中国目前的文化情景正在经历一场叛逆性年轻化的浪潮。而上海的文学景象正是代表了这种大批文化创意和休闲产业的软性设施发挥出的强大力量。近来开业的第一间大型书店“思考乐”反映出上海在新的中国文化市场上的首要地位。[46]书店远不止为艺术和知识分子群体服务。它还吸引了一般民众消费时尚、品位和世界性的文化，同时获得快乐。

《三重门》是近来上海最畅销的图书之一，它的作者韩寒[47]从17岁就开始写作。他和新一代的年轻作家们以一种独特的本土特质，描绘在这个不断受到当代全球因素同化的城市里，中国的城市人顺应着官僚世界和市场经济而妥协于日常现实的状态。他们阐释了对官僚作风的广为称道的抗争，并证明在这个信息时代消费者是不可能轻易被行政官员和检察官们所操纵的。在中国，互联网作为出版物的第一媒介，鼓舞了千奇百怪的著作涌现，包括一些有才华的作者创作出的大量的流行性电子小说。[48]中国知识分子受到这些流行作家的启发，也利用互联网发表一些非商业性的和非官方的电子出版物，作为特别渠道来进行一些重要的非主流的探讨。[49]

贾樟柯，早在他三十岁出头的年纪，已是非常具有影响力的中国独立制片电影[50]的先锋人物。他和同时期的导演们展现了他们具有创造性的叛逆本质，坚定不移地解析身边日复一日的现实，并且关注广泛的重要的社会问题。他们当中的代表作品包括贾樟柯的《站台》,王小帅的《十七岁的单车》及娄烨的《苏州河》。[51]在他们的作品中，导演揭示了他们受到多种渊源的影响：从西方独立制片导演的坚韧、极端写实、半纪录式的风格，到日本偶像电影的奇异而超现实的特质。然而，他们电影中独特的本土特色，也体现了新一代电影制片人以他们自己的表达方式致力于当代艺术讨论的现象。

面对消费主义、全球化和媒体的冲击，许多艺术家通过结合从大众文化和传统中国艺术主题中提取的沃霍式（Warhol-like）的日常商业形象，已经找到了恰当的方式将这些元素整合到他们的艺术作品中。然而，其他的一些艺术家则更加具有批判性。他们中的一些人哀叹历史环境被摧毁，同时其他的一些艺术家则选择在他们的艺术作品中呈现暴力对抗和抗议。

中国的当代艺术家们，包括那些流亡在外的[52]，获得了更多国际性的曝光度和认同。他们目前的作品清晰地反映了一种全新的自信。中国今天的艺术，包括音乐、文学和电影，均展示出一种令人羡慕的多样性的和叛逆性的品质。他们不断地探索新的途径，并努力创造新的独特的空间去展示自我。香港的电视广播在意识形态上的妥协，导致接受“无新闻、无色情、无暴力”的规则[53]，这对于中国消费者来说显然是不能满足的。作为对中国乃至东南亚以及其他地区的青年人群和创意产业有着内在吸引力的地方，上海正在快速成长为亚洲的设计和艺术创作的重要的文化基地，同时挑战和补充着今天东京的首要地位。

激进的后现代城市主义

在两次世界大战之间的时期，在欧洲以及其他发达的经济体，有关现代建筑和乌托邦式的城市主义的激烈讨论持续进行。与过去决裂将成为必然。现代主义运动的支持者们认为，现代主义建筑和城市主义应当把我们从历史中解放出来。它的理由是将一些特殊性融入造成视觉上统一而枯燥重复形象的通用模式当中。然而，正当现代建筑实践和学术讨论开始在中国施加其影响的时候，这个国家却陷入了长达几十年的战争和混乱之中。此外，帝国主义在通商口岸地区强加的古典复兴风格式的建筑在表面上被动地被接受，背地里却是激昂无声的抗拒。

现代主义的智力手段被运用来重建第二次世界大战中被摧毁的西欧城市。幸运的是，这是在向市民极力承诺保护传统城市的历史背景下执行的。相反在美国，自 1950 年代以来，政府支持在美国把城市更新作为一种有效的工具去促进经济活动，并满足市场和私人金融利益主体日渐增长的需求。这一过程导致中心区出现鳞次栉比的高楼和纵横交错的道路，以及对原有社区的大规模清洗和置换，严重破坏了传统的城市肌理。

自 20 世纪中期以来，现代主义成为主流城市规划和建筑的主导力量。在美国主导的经济和文化的影响下，实行市场经济的发展中国家认定并不存在其他独特的城市发展模式。因此，美国模式成了大部分城市的特征和城市视觉景观的模板，尤其在东亚地区。

1949年，中华人民共和国成立，长年的战争宣告终结。随后，中国的建筑界进行了一些设计实践。在这些转变的背后隐含了对国家民族形式的一种强烈需求以及在技术和成本方面的现实制约。[54] 在那几十年里，中国实质上被孤立于全球性的令人激动的艺术和建筑实践的讨论之外。中国也没有参与这一逐步升级的反对现代主义建筑和失败的城市实践的争论。

有趣的是，只有三个基于柯布西耶的乌托邦城市规划模式的城市尺度的主要项目得以实施，并且都是在发展中国家。自1960年代中期以来，一些城市，如昌迪加尔[55]、巴西利亚[56]、新加坡[57]，它们的城市规划很大程度上是以白板式的发展模式为基础的。这种城市发展方式目前正受到批判性的检验。西方和学术团体用几十年的时间才认识到现代主义的规划理论存在许多内在的缺陷，它经常导致单调乏味和毫无吸引力的环境。

然而，大量基于过时的现代主义规划理论的新城市仍然在被规划和建设，并且妥协于贪婪和逐利的市场驱动力。这些常常是错失了的城市机遇。近年来重要的例子包括伦敦道克兰（London Docklands）—卡纳利码头（Canary Wharf）[58]、墨尔本港口[59]以及上海的浦东[60]。

尽管存在落后的城市基础设施和城市管治的明显失误，许多亚洲城市从上海到曼谷到孟买，仍然能够维持他们的吸引力、活力和动力。和预期相反，他们的吸引力恰恰是因为他们的混乱无序、丰富的多元性和非国际化的复杂性。[61] 这种城市现象开始引起世界范围的兴趣、怀疑甚至是警示。

然而，香港却是一个特殊的案例。尽管存在着对现代主义规划理论的多数基本规则打破和忽视的事实，但它拥有一个相当有效的城市结构。它不断创新和整合着城市的各种行动。它最重要的创新是，第一，保持和强化两条第二次世界大战前建设的主要道路：国王大道和皇后大道；第二，引入大规模的二层步行系统以实现大量建筑之间的连接；第三，在半山区（the Mid-levels）建设免费的多层自动扶梯以实现与中心区之间的连接。[62] 香港城市化的特征强力地证实了以美国晚期资本主义和商品化作为一种文化逻辑的后现代主义精神。

香港的经济是自由市场体制中的佼佼者。它是中国南方的最重要的投资者，主要集中于消费品轻工业和服务业。在正在进行中的珠三角整合发展中[63]，它也处于首要的中枢位置。香港企业家的风格是高风险和为贪婪所主宰的，他们经常是自由市场资本主义中最好的，但有时又是最差的。[64]香港的确是亚洲第一个詹姆森（Jamesonian）的后现代全球城市。

1980年代，城市现代化是中国人的梦想。然而，近年来中国的发展速度让人叹为观止，这导致其采用的城市发展模式使得许多主要的城市招致巨大的破坏和转变。这一过程使包括许多居住区在内的传统城市肌理遭受不可逆转的毁坏。侯翰如写道："这种城市转型的过程造成了不可避免的矛盾、混乱甚至暴动"[65]，许多艺术家对这些破坏表示哀叹。然而，怀旧作为一种大众心态通常可以归咎于价值观、文化和生活方式的急速变化带来的冲击和创伤。人们的记忆不能被量化和指定某种交换价值。我们必须在我们的城市环境中有意识地提升超越商品化标准的视觉记忆的价值。"这需要努力地寻找过去岁月里可延续的种子，那预示着突然到来的明天。"[66]

在这样的背景下，我们必须要问：上海外滩是什么？它应该被设计成为一个世界历史文化遗址吗？历史上，外滩是在外国租界区内的具有战略意义的金融口岸。那里的建筑复制了各式各样的欧洲新古典主义风格。它突出地反映了帝国议程中的强迫性审美，并强有力地表现了中国半殖民化的过去。上海滩梦幻般的情景，以及近来不可思议地转变成为一个休闲、动感和自发性的为本地居民服务的公共空间（图3），很好地超越了它起初的金融功能，确保了上海滩作为城市无可争议的旅游吸引地的地位。它现在已经成为具有国际地位和重要象征的伟大街道，让来访者和居民产生难以忘怀的形象和记忆。[67]

然而，上海应该认真检查联合国教科文组织列举的清单中它的那些独一无二的弄堂（图4）。弄堂是一种围合状、庭院式的集合住宅。它们排列整齐，可以通过支巷与主要街巷形成便捷联系，再通过铁花格的大门通向城市道路（图5）。弄堂混合的建筑型制和多样的规划布局真实地反映了城市的大都会传统，以及过去生活方式的发展演化。直至1940年，上海有包括许多西方人在内将近三百万的人口居住在各种类型的弄堂中。因为物质环境上的衰败和工人阶级人口的高度密集，许多弄堂现在被认定为贫民窟。然而，这些地区常常提供给

图片 3

许多非技术工人和新的农村移民必要的容身之处以及就业岗位。罗小未充满热情地指出："弄堂[68]是上海的产物，属于上海人民。它述说着上海的故事，昭示着上海人民的文化、生活方式和人生哲学……阅读弄堂就好像阅读上海和上海人民的社会历史。"[69]

上海在难以置信的短时间内已经发展成为一个主要的全球城市。它的消费主义的意识形态以及空间上的两极分化不断显现和强化。它的建筑和飞速的城市化呈现出许多复合的视觉形象以及出乎意料的新的规划布局，超出了现代主义最广泛的框架和范畴（图 6）。可以理解，许多学者表达了他们对近些年中国城市化发展的担忧。这包括雷姆·库哈斯的《突变》（Mutations）[70]、侯翰如的《在中土》（On the Mid-ground）及艾伦·巴尔弗（Alan Balfour）的《世界城市：上海》（World Cities: Shanghai）。

上海的人口规模远远超过香港，并且是中国最重要的金融中心。上海从香港的实践中吸取了重要经验，特别是香港对现代主义规划的成功反抗（在英国殖民君主的鼻子底下），以及在创新和实验新的城市发展途径上的自信。上海当前所面临的挑战是，如何才能获得作为艺术和文化活动的中心地以及拥有优秀的学术机构的国际认可。上海是一个容器，各种社会阶层，不同的价值观、生活方式和

图片 4

图片 5

生活标准以及知识和艺术讨论在此发生共鸣和碰撞。随着现代主义的瓦解以及其表面上的智慧和审美的真空，上海积极而迅速地摆脱了建筑风格和过度规划原则方面的约束和惯例。它已经开始形成一种自己的新的城市语汇，通过有效地融合本地特色以反映自身混杂而急速的发展进程。

从一个更广阔的视角来看，上海是当代中国的首要象征。因此，它的城市愿景必须清晰地包含和表达出实现收入平等和社会公平的社会主义的理想和道德责任。迄今为止，中国在微妙地平衡社会主义意识形态和自由市场经济方面成效显著；但是在整体的发展过程中，它现在急需有效和有意识地落实空间，以公平的方式来解决城市化问题。引用爱德华·索雅的话："我并非想用空间公平来取代更为熟悉的社会公平的概念，而是希望在社会生活各方面中潜在的、强有力的但仍然常常处于模糊状态的空间性（spatiality）得以清晰地体现，并通过空间上的意识实践和政策，在空间化的社会（及历史性）中开发更有效的方式以使世界变得更美好。"[71]

图片 6

在上海，空间公平意味着持续改善全体市民包括数以百万计的农村移民的生存环境和生活质量。这包括为所有居民提供可接受的住宅和公交系统、开放公园、绿化空间，以及休闲、医疗和教育设施。这一具高度挑战性的议程需要对当前复杂的城市讨论有深刻的理解，以实现对可能的物质和财政资源的有效配置。上海必须实践，用里昂尼·萨德尔考克的话即是，“激进的后现代城市主义（Radical Postmodern Urbanism）”。[72]

当有些物业在经济上被认为是不能持续或者是变得破败的时候，它们将不可避免地遭到拆除和重建。但是，这些空间常常是独特而混合的。这些非确定性空间在本质上是灵活不规则的，能够经受住快速的用途转变，碎化的、浅陋的设计表达以及强硬不合理的空间布局。[73]

在上海，许多原来的“夹缝”（in-between），“残留”（leftover）和“死角”（dead-zone）空间正在被破坏，并且正在不断地被新的场所所代替。然而，大规模的推倒重建已经造成弄堂的大规模减少[74]，还包括它们的能够产生地方活力、创造力和动力的复杂而传统的居住环境。在空间公平的语境下，特别是在为城市贫困人口和农村移民提供大量住宅方面，对遗留下来的弄堂的保护都具有合理的经济意义，尤其是当这些地区能够通过混合使用和创新性的规划布局而产生活力时。弄堂将绝对会对艺术群体产生吸引力。许多艺术家和从事创意产业的个体将会在这里居住和工作。到那时，这些地区可以证明其应对爆发性变化的很强的适应力，因为它们承载了上海近代历史时期的记忆、愿望和精神。

结语

二十年内，上海已经重新获得了它的世界城市地位。浦东的发展清晰地表明了上海想要成为全球主要金融中心的抱负。上海的全球城市的活力和动力属性，在其成为艺术创作、设计创新和先进的生活方式的选择地等方面得到令人信服的表现。

然而，上海正处于一个特殊的社会政治十字路口上。因此，在国家意识形态上承诺收入平等和社会公平的广泛背景下，上海的城市主义必须体现并且受到环境和空间公平的价值观的引导。上海不应当再出现那些过时的殖民时代的生活方式和特权待遇的幻想，那个充满廉价的劳动力和性剥削以及其他罪恶的城市——

一个贫穷和底层社会人民的可怕地狱。

在不久的将来，上海将成为长江三角洲——世界最繁华的大都市区域之一的首席城市。上海将会出现一些创新的和高品质的建筑，将会展现许多新的、出乎预料的城市实践。上海将提供一个可持续的、生机勃勃的城市环境以及可接受的公共设施。伴随着充满活力的艺术群体以及丰富而有动力的国际性的文化，上海将成为一个非常适合每个人居住的城市，是世界上无论对本国人还是外国人都不容错过的、最激动人心的城市之一。

注释

1 The author considers Saskia Sassen's reservation on the social connectivity of Shanghai as no longer valid today: "The question that jumps out of this detailed account of the constructing of the technical base is whether Shanghai can produce the social connectivity that is the crucial factor for maximising the benefits of technical infrastructure." See Saskia Sassen, "Locating Cities on Global Circuits", Introduction in *Global Network Linked Cities*, ed., Saskia Sassen (New York: Routledge, 2002), 30–31.

2 According to Manuel Castells, megacities are "very large agglomerations of human beings ... But size is not their defining quality. They are the nodes of the global economy, concentrating the directional, productive, and managerial upper functions all over the planet; the control of the media; the real politics of power; and the symbolic capacity to create and diffuse messages ... They also function as magnets for their hinterlands, that is the whole country or regional area where they are located." See Manuel Castells, *The Rise of the Network Society*, vol. 1 of *The Information Age: Economy, Society and Culture* (Oxford: Blackwell Publishers, 1996), 403–410. See also "Delta Integration Revving Up" of "China Through a Lens" in *China Daily* (11 August2003), <http://china.org.cn/english/2003/Aug/72121.htm>.

3 Figures from: People's Republic of China, Shanghai Municipal Statistical Bureau, Shang hai gai lan (上海概览), <http://www.stats-sh.gov.cn/shtj/shgl/shgl.htm>. Some scholars are less optimistic about the amasing economic development of developing nations like China and India, expressing concern about the economic statistics released in numerous recent reports.

4 See William S W Lim, "The Dynamics of East Asian New Urbanism" in *Back from Utopia: The Challenge of the Modern Movement*, eds., Hubert-Jan Henket and Hilde Heynen (Rotterdam: 010 Publishers, 2002), 198–205.

5 Alan Balfour, Epilogue in *World Cities: Shanghai*, eds., Alan Balfour and Zheng Shiling (郑时龄)(Great Britain: Wiley-Academy, 2002), 360–362.

6 *Utopia Station* is an ongoing project curated by Molly Nesbit, Hans Ulrich Obrist and Rirkrit Tiravanija. In their own words, the "Utopia Station is a way-station. As a conceptual structure it is flexible ... We meet to pool our efforts, motivated by a need to change the landscape outside and inside, a need to think, a need to integrate the work of the artist, the intellectual and manual laborers that we are into a larger kind of community, another kind of economy, a bigger conversation, another state of being. You could call this need a hunger." Present and future contributors including artists, architects, writers and performers for the Station are asked to do a poster for circulation in the Station and in international exhibitions and museums, <http://www.eflux.com/projects/utopia/about.html>.

7 *Merriam Webster Online*, "shanghaied", <http://www.m-w.com/cgi-bin/dictionary?book=Dictionary&va=shanghaied>.

8 Yan'an Grade Crossing 延安东路立交.

9 Extract from poster submitted to *Utopia Station*. William S W Lim, Chow Kim Nam and Goh Yong Qin, "Have You Been Shanghai [ed]?", May 2003.

10 On skyscrapers, the question is: "... whether a particular sign, namely, that of the spectacular skyscraper, invented in the United States at the end of the last century, can still claim to be a globally recognised, internationally acclaimed signifier of modernity ... the evidence suggests that this is not." See Anthony D King and Abidin Kusno, "On Be(ij)ing in the World: 'Postmodernism', 'Globalisation' and the Making of Transnational Space in China" in *Postmodernism and China*, eds., Arif Dirlik and Zhang Xudong (张旭东) (Durham: Duke University Press, 2000), 63.

11 William S W Lim, Preface in *Alternative (Post)modernity: An Asian Perspective* (Singapore: Select Publishing, 2003), xv–xvii.

12 Hou Hanru (侯翰如), "Shanghai, a Naked City" in *On the Mid-Ground*, ed, Yu Hsiao-Hwei (Hong Kong: Timezone 8 Limited, 2002), 230–245.

13 Deng Xiaoping 邓小平.

14 Deng made his pragmatic economic viewpoint clear in the Seventh Plenary Session of the Third Central Committee of the Chinese Communist Youth League where he uttered this signature phrase. See "Restore Agricultural Production", 7 July 1962. *Selected Works of Deng Xiaoping, 1938–1965*, vol. 1 in *People's Daily Online*, <http://english.peopledaily .com.cn/dengxp/vol1/text/a1400.html>.

15 David Harvey, "Contemporary Globalisation" in *Spaces of Hope* (Edinburgh: Edinburgh University Press, 2000), 61–67.

16 See Manuel Castells: *The Rise of the Network Society*, vol. 1 of *The Information Age: Economy, Society and Culture* (Oxford and Malden: Blackwell Publishers, 1996). *The Power of Identity*, vol. 2 of *The Information Age: Economy, Society and Culture* (Oxford and Malden: Blackwell Publishers, 1997) and *End of Millennium*, vol. 3 of *The Information Age: Economy, Society and Culture* (Oxford and Malden: Blackwell Publishers, 1998).

17 See Saskia Sassen, *Globalisation and Its Discontents* (New York: The New Press, 1998). and *The Global City: New York, London, Tokyo*, 2nd ed. (Princeton: Princeton University Press, 2001).

18 Saskia Sassen, Epilogue in *The Global City: New York, London, Tokyo,* 359–363.

19 Christof Parnreiter, "Mexico: The Making of a Global City" in *Global Network Linked Cities*, ed., Saskia Sassen, 145–182.

20 Pablo Ciccolella and Lliana Mignaqui, "Buenos Aires: Sociospatial Impacts of the Development of Global City" in *Global Network Linked Cities*, ed., Saskia Sassen, 322.

21 In 2001, China's imports stood at US$332.67 billion while her exports stood at US$276.28 billion, an increase of five times from the 1990 figure. People's Republic of China, Shanghai Municipal Statistical Bureau, *Shang hai gai lan* (上海概览), <http://www.stats.sh. gov.cn/ shtj/shgl/shgl.htm>.

22 *Human Development Report 2003*, United Nations Development Program, HD in Animation <www.undp.org/hdr2003>. The graph identified Beijing's per capita GDP (PPP) at US$9,750, Hong Kong stood at 24,850 while Singapore stood at 22,680.

23 "Excerpts from Talks Given in Wuchang, Shenzhen, Zhuhai and Shanghai, January 18–February 21, 1992" in *Selected Works of Deng Xiaoping 1982–1992*, vol. 3, *People's Daily Online*, <http://www.dangjian.gov.cn/html/2003-7-27/2003727170648.htm>.

24 "Overcoming Structural Barriers to Growth: To Achieve the Goals" in *Human Development Report 2003*, Director and Editor-in-Chief: Sakiko Fukuda-Parr (New York: Oxford University Press, 2003), 73. United Nations Development Program, <www.undp.org/hdr2003>.

25 *Human Development Report 2003*, United Nations Development Program, HD in Animation, <www.undp.org/hdr2003>. The report identified China's Gini Index measured by the World Bank in 2002 using China's 1998 income figures as 40.3.

26 Hu Jintao 胡锦涛.

27 Wu Bangguo 吴邦国.

28 “State Council Issues Decree to Protect Migrant Workers” in *People's Daily Online* (24 January 2003), <http://english.peopledaily.com.cn/200301/23/eng20030123_110646.shtml>.

29 “WTO Successfully Concludes Negotiations on China's Entry” in *WTO News 2001 Press Release* (17 September 2001) World Trade Organisation, <http://www.wto.org/english/news-e/pres01-e/pr243-e.htm>.

30 “Trade Rigged Against the Poor”, Editorial in *International Herald Tribune* (21 July 2003).

31 It is therefore not surprising that the WTO talks in Cancun, Mexico have ended in a collapse. See Elizabeth Becker, “World Trade Talks End in a Collapse” in *International Herald Tribune* (16 September 2003).

32 Lu Xun 鲁迅.

33 Leo Ou-fan Lee (李欧梵), *Shanghai Modern: The Flowering of a New Urban Culture in China, 1930–1945* (USA: Harvard University Press, 2001). 李欧梵著，毛尖译,《上海摹登—一种都市文化在中国 1930–1945》。北京：北京大学出版社。2001。302。

34 Eileen Chang 张爱玲.

35 Leo Ou-fan Lee, “Eileen Chang: Romances in a Fallen City” in *Shanghai Modern: The Flowering of a New Urban Culture in China, 1930–1945*, 287.

36 Zhou Enlai 周恩来.

37 Chen Kaige, *Farewell My Concubine*, 1993. 陈凯歌，《霸王别姬》。汤臣北影出品。1993。

38 Zhang Yimou, *Raise the Red Lantern*, 1990. 张艺谋，《大红灯笼高高挂》。中国电影合作制片公司、台湾年代影业公司出品。1990。Zhang Yimou, *Hero*, 2002.张艺谋《英雄》，银都机构有限公司、精英娱乐有限 公司、北京新画面影业有限公司 出品。2002。

39 Some of these works addressed the social realities of socialist China but the more recent works are lavish and culturally romantic pieces, usually set in the distant past. These are now being increasingly challenged by the more radical and compelling works of the Sixth Generation and beyond.

40 Fredric Jameson, *Postmodernism, or, The Cultural Logic of Late Capitalism* (Durham, N C: Duke University Press, 1991).

41 Zhang Xudong, “Postmodernism and Postsocialist Society—Historicising the Present” in *Postmodernism and China*, eds., Arif Dirlik and Zhang Xudong, 429.

42 Edward W Soja, “Cosmopolis: The Globalisation of Cityspace” in *Postmetropolis: Critical Studies of Cities and Regions* (Oxford: Blackwell Publishers, 2000), 199.

43 Nezar AlSayyad, “Hybrid Culture/Hybrid Urbanism: Pandora's Box of the ‘Third Place’” in *Hybrid Urbanism: On the Identity Discourse and the Built Environment*, ed., Nezar AlSayyad (Westport: Praeger Publishers, 2001), 13.

44 James Farrer, *Opening Up: Youth Sex Culture and Market Reform in Shanghai* (Chicago: University of Chicago Press, 2002).

45 Hou Hanru, “Shanghai, a Naked City” in *On the Mid-Ground*, ed., Yu Hsiao-Hwei, 235.

46 Li Zhaoxing, "*Si kao le de shu hai zhu lin*" in *Shang hai 101: Xun zhao shang hai de 101 ge li you*, eds., Li Zhaoxing, Tang Zhenzhao and Huang Zhihui (Hong Kong: Huan yu chu ban she, 2002) 101–102. 李照兴，"思考乐的书海竹林"，《上海 101。寻找上海的 101 个理由》。主编， 李照兴。合编，汤祯兆，黄志辉。香港：环宇出版社。2002。101–102。

47 Han Han, *San Chong Men* (Shanghai: Zuo jia chu ban she, 2000). 韩寒，《三重门》。上海：作家出版社。2000。

48 First published in Chinese, it was banned in 2000 by the Chinese authorities and subsequently translated into English. Wei Hui, *Shanghai Baobei* (Liaoning: Chun feng wen yi chu ban she, 1999). 卫慧，《上海宝贝》。辽宁：春风文艺出版社。1999。

49 Chin-Chuan Lee, "The Global and National of the Chinese Media: Discourse, Market Technology and Ideology" in *Chinese Media Global Contexts*, ed., Chin-Chuan Lee (London: Routledge Curzon, 2003), 16.

50 S F Said, "In the Realm of the Censors" in *Telegraph Arts* (28 June 2002). <http://www.telegraph.co.uk/arts/main.jhtml?xml=/arts/2002/06/28/bfsfs28.xml>.
Jia Zhangke, *Platform*, 2000. 贾樟柯，《站台》。香港胡同等出品。2000。

51 S F Said, "In the Realm of the Censors", ibid. Wang Xiaoshuai, *Beijing Bicycle*, 2001. 王小帅,《十七岁的单车》。吉光公司，北京电影制片厂出品。 2001。 Lou Ye, *Suzhou River*, 1997. 娄烨，《苏州河》。娄烨梦工厂，伊圣电影节制作有限公司，优士电影制作有限公司出品。1997。

52 Hou Hanru, "Total Exile?—Notes En Route" in *On the Mid-Ground*, ed., Yu Hsiao-Hwei, 114–125.

53 Chin-Chuan Lee, "The Global and National of the Chinese Media: Discourse, Market Technology and Ideology" in *Chinese Media Global Contexts*, ed., Chin-Chuan Lee, 10.

54 Zhou Denong (邹德侬), "20th Century Architecture of China I: Mainland". Subsection in Introductory Essay: East Asian Architecture of the 20th Century". Preface in *East Asia*, vol. 9 of *World Architecture: A Critical Mosaic 1900–2000,* ed., Guan Zhaoye (关肇邺)(China: China Architecture and Building Press, 2000), xxiii–xxix.

55 Rahul Mehrotra, "The Architecture of Pluralism; A Century of Building in South Asia". Introductory essay in *South Asia*, vol. 8 of *World Architecture: A Critical Mosaic 1900–2000,* ed. Rahul Mehrotra (China: China Architecture and Building Press & New York: Springer-Verlag/Wien, 2000), xvii–xxx.

56 J Holston, *The Modernist City: An Anthropological Critique of Brasilia* (Chicago: University of Chicago, 1989).

57 Rem Koolhaas and Bruce Mau, "Singapore Songlines: Portrait of a Potemkin Metropolis ... or Thirty Years of Tabula Rasa" in *S, M, L, XL* (New York: The Monacelli Press Inc, 1995), 1008–1089.

58 Janet Foster, *Docklands: Cultures in Conflict, Worlds in Collision* (London: UCL Press, 1999).

59 Kim Dovey and Leonie Sandercock, "Hype and Hope" in *City: Analysis of Urban Trends, Culture, Theory, Action*, ed., Bob Caterall, 6.1 (April 2002): 83–101.

60 Hou Hanru, "Shanghai Spirit: A Special Modernity", *Prince Klaus Trust Fund Journal* 6 (December 2001): 60–65.

61 William S W Lim, "Asian New Urbanism" in *Asian New Urbanism and Other Papers* (Singapore: Select Books Publishing Pte Ltd, 1998), 14–33.

62 According to G Byrne Bracken, Hong Kong is the "only city in the world where people commute from one part of the town to another by escalator". It links "the residential Mid-levels with the commercial Central district. More than 210,000 people use it each day. This significantly reduces traffic between these two crowded areas. Free of charge, the escalator runs in the down direction in the morning and up for the rest of the day and evening. Consisting of elevated escalators, moving walkways and a series of linked stairways, it stretches 800 metres from Central to the Mid-levels." See G Byrne Bracken, *A Walking Tour: Hong Kong — Sketches of the Country's Architectural Treasures* (Singapore: Times Media Pte Ltd, 2003), 24.

63 Michael J Enright *et al.*, *Hong Kong and the Pearl River Delta: The Economic Integration* (20 February 2003) The 2022 Foundation, <http://www.2022foundation.com/reports/ 000001.pdf>.

64 Keith Bradsher, "Pain of the Hong Kong Home Slump" in *International Herald Tribune* (16/17 August 2003), 1+ .

65 Hou Hanru, "Globalised, Chaotic, Empty, Dystopian ... Artists' Positions in China's Current Urban Explosion", *ShanghART*, Texts on Chinese art, <http://www.shanghart.com/aboutcart. htm>.

66 Ban Wang, "Love at Last Sight: Nostalgia, Commodity, and Temporality in Wang Anyi's Song of Unending Sorrow" in *Positions: East Asia Cultures Critique* 10.3 (2002): 669–694.

67 William S W Lim, "Vision of a Great Street: Orchard Road Singapore" in *Alternatives in Transition: The Postmodern, Glocality and Social Justice* (Singapore: Select Publishing, 2001), 86–95.

68 Luo Xiaowei uses the Shanghainese pronounciation "longtang" in the publication *Shanghai Longtang*. This paper, however, uses the standard Chinese hanyu pinyin: *nongtang*.

69 Luo Xiaowei, "Shanghai Longtang, Shanghai People and Shanghai Culture" in *Shanghai Longtang* (Shanghai: Shanghai People's Fine Arts Publishing House, 1997), 5–7. 罗小未，《上海弄堂。上海人。上海文化。》。上海：上海人民出版社。1997。

70 See Rem Koolhaas, "Pearl River Delta (Harvard Project on the City)" in *Mutations*, Rem Koolhaas *et al.* (Bordeaux: arc-en reve centre de architecture (ACTAR), 2001), 309–333.

71 Soja, *Postmetropolis: Critical Studies of Cities and Regions*, 352.

72 Leonie Sandercock used the term "radical postmodern urbanism" in her commendations.
See Leonie Sandercock, "Commendations" in *Alternative (Post)modernity: An Asian Perspective*, William S W Lim (Singapore: Select Publishing, 2003) vi.
A more detailed explanation of Radical Postmodernism can be found in the following.
See Edward W Soja and Barbara Hooper, "The Space that Difference Makes: Some Notes on the Geographical Margins of the New Cultural Politics" in *The Spaces of Postmodernity: Readings in Human Geography*, eds., Michael J Dear and Steven Flusty (Oxford: Blackwell Publishers, 2002), 382.

73 William S W Lim, "Spaces of Indeterminacy" in *Alternative (Post)modernity: An Asian Perspective*, 11–18.

74 Professor Luo Xiaowei, author of *Shanghai Longtang* (see note 69), in a recent telephone conversation estimated that half or more of the *nongtang* have been destroyed.

75 Statistics from: Michael J Enright *et al.*, *Hong Kong and the Pearl River Delta: The Economic Integration* (20 February 2003) The 2022 Foundation, 198, table 8.2, calculated from Shanghai Statistical Yearbook 2002 and Zhejiang Statistical Yearbook 2003 using the China Statistical Bureau's definition of Yangtze River Delta which includes Nanjing, Zhenjiang, Yangzhou, Suzhou, Wuxi, Changzhou, Nantong, Taizhou, Hangxhou, Jiaxing, Huzhou, Ningbo, Shaoxing, Zhoushan and Shanghai. <http://www.2022foundation.com/ reports/ 000001.pdf>.

第五章 新加坡的建筑、艺术和特性：白板之后还有生活吗？

引言

讨论新加坡的特性不得不首先承认它缺乏一种强烈的身份认同感。“这个城市持续不断的变化，使得获取一种稳定的身份认同感的期望随着时间流逝而变得并不现实，且非常离谱。”[1] 对于雷姆·库哈斯来说，新加坡被设想为极端形式的白板——一块真正为了新的开始[2]而被夷平的地方，与此同时，杨薇薇（Yeo Wei Wei）也对这种白板式的发展以及新加坡城市和文化景观中非真实的、戏剧般的现象进行了描述。[3] 彻底的清除与重建已经大大地破坏了新加坡的城市结构。因为漠视大部分的旧的和现存的东西，这个城市没有留下说得上来的独特的视觉形象。批评家们越来越多地为实际上已没有了背景、景观、规模或历史的视觉环境而悲恸哀叹。这种现象不只局限于新加坡的物质环境方面，事实上社会的各个方面都存在类似的被清除、破坏和遗忘的特征。然而，Peter Schoppert 则认为，“新加坡的发展是关于路径的，而不是根基的：它是一千个旅程轨迹的汇集点，是一百个散居的人的总和：在夜晚，似乎每个人都梦想着其他的某个地方。”[4]

本章试图在承认白板式发展的现实的同时，探索新加坡特性的复杂的制约性，目的是避过那些焦虑性的认识，并仔细思考一些有可能超越它们的东西。

新加坡的特性

1965 年，新加坡从马来西亚分离出来，成为一个从内陆剥离的小规模的城市型的独立国家。作为一个独立的社会、经济和政治实体的国家，它的首要任务和需要是一种强有力的理性的策略。执政党——人民行动党（PAP）——认为经济和政治的生存考虑为至关重要的，而其他问题都是次要的。因此，生存成为一种国家意识形态驱动着新加坡的社会发展，整个社会弥漫着一种由执政党培育出来的危机感和紧迫性，这也成为保留至今的遗产。民族特性逐渐被纳入国家政策；

同时，文化特性自此以后完全与经济功能和政治议程相适应和相交织。

由于汇集了来自亚洲各个地方的多样化的人口，种族多元主义是新加坡社会的一个本质部分。从独立起，新加坡就持续努力寻求一种在总体的新加坡民族身份之下的“中国人、马来人、印度人和其他人”（CMIO）在内的多种族主义模式。赖雅英（Lai Ah Eng）认识到新加坡的种族多元主义是非常复杂的且“总是处在不断变化的状态”，这是由“地方的、区域的和国际性的元素、动力及发展在各种历史背景下的动态的相互作用下”演化而来的[5]，他因此质疑现在的政府行动和政策充分性和适当性。

由于全球资本主义使得空间变得越来越同质化，强化地方特色成为一种迫切的需求。为了混合的全球地方化的发展，对风俗、传统和记忆等形成一种当代的理解是非常必要的。尽管如此，在人民行动党辛苦开展的民族身份塑造中，那些可能成为多元新加坡特性的本质和源泉的传统元素、多元文化多样性和集体记忆已经被严重侵蚀掉了。在城市景观方面，规划师有组织地清除与破坏了那些担当着历史、价值观与文化容器的未受保护的城市地区和历史场所。城市继续抛却着它的过去。一个令人震惊的例子是近来比达达利公墓(Bidadari Cemetery)的拆除，在这个新加坡最古老、最大的坟场中，为新开发的公共住房提供用地。[6]

难怪廖秀美（Lau Siew Mei）因此在她的小说里哀叹：“在这个城市中，你找不到旧有的不变的事物，那么城市居民怎么能不得不住在反复无常的景观环境中？有没有一种稳定的特性得于存在的基础？”[7]《新加坡建筑史》[8]这本书对古老而有重要意义的建筑作品作了详细的描述，但经常在随后跟着的注释中会告诉读者这些建筑已经被拆毁了。大部分的破坏发生在 1960 ～ 1985 年间，这正是人民行动党最有力地推行它的经济发展和城市更新政策的时期。

当然，在这个城市中，正如诗人黄严辉（Arthur Yap）告诉我们的：“怀旧是没有前途的。”[9]一方面，新加坡实用主义的政治决策和政策以及执政党清教徒式的目标取向，导致新加坡冷漠的、去历史化的、去政治化的状况。另一方面，政府致力于发明建设仿古的标志物如鱼尾狮——一个半狮半鱼的雕塑[10]——和重建的武吉士街（Bugis Street）这类的主题公园场所来打造视觉形象，这些都带上了满足怀旧和旅游需求的色彩。现代主义规划、大规模的安置房建设以及再开发所产生的毁灭性的影响是，除了给新加坡留下一个人造的、过度管制的、虚有其表的、整洁的城市形象外，已无它物。在此过程中，新加坡被赤裸裸地剥夺了活力、复杂性和无序性，而正是这些特性使得邻邦的亚洲城市如曼谷、东京和上海表现得更有活力和激动人心。

建筑总是与视觉和文化特性等问题相互关联。建筑是空间性的形态语言的基本要素，并且深深嵌入复杂的城市与文化论述的领域。文化理论家令人信服地指出："文化并不只是由一系列孤立的对象所组成，还包括给这些对象赋予某些意义的一种讨论。因此，文化特性是作为一个复杂的操作范畴而产生的，这种操作包含如建筑在内的文化艺术品的生产，但并不是以此来定义。"[11] 因为这个原因，本文尝试对各种形式的文化产品、文化实践和讨论做一个广泛的调查，从建筑一直到戏剧、文学和美术等领域。

对于赋予事物意义的讨论，其线索之一很可能是历史的观点。我调查新加坡的建筑与特性的方法与其说是一种历史的记录，不如说是一种有关历史事件的重要反思。我同意 Sanjay Krishnan 所说的，"历史是与现在而不是过去有根本的关联。我们的生和死都发生在当前。我们为未来担心和规划，因为未来也将变成现在……只要我们学会如同对待历史的事物一样面对现在，历史的感性就会在它所有的复杂性与不完美中体现出来。"[12] 尽管是一块白板，新加坡的建筑与特性之间的历史关联性是尤其显著的。借用亚菲言（Alfian Sa'at）的一句话，新加坡已经套上了"多层的'空白'式发展的外套"，而不是单纯的白板。[13] 仔细地观察每一个层面，将会发现一些记忆、记述、抵制以及我们的混合身份。

建筑与特性的调查研究需要一种多学科融合的方法一起认识到解读和体验城市的重要性。[14] 我想引用与我的观点基本一致的爱德华·索雅的话来结束这一部分。索雅把自己描述成一个"激进的后现代主义者"、"自认的空间主义者"和"空间与地理想象力的重要力量的坚定支持者。"[15] 他支持"把前景化空间所拥有的显著力量与洞察力作为解释世界的主要模式"。[16] 在随后的摘录中，索雅借鉴亨利·勒菲弗尔（Henri Lefebvre）的观点，证实了我的信念：当开始着手研究建筑与特性的时候，需要了解前所未有的城市变化的意义：

> 正如我阅读勒菲弗尔的著作时看到的，他认为人类社会，的的确确，所有形式的社会关系和社会生活都是在城市的物质实体与社会设想的

背景中起源、演化、发展和变化的。这些过程通过他所称的城市空间的社会生产的形式而进行，这种社会生产是一个连续不断的、有争议的过程，包含着政治与意识形态、创造与破坏以及空间、知识和力量之间不可预见的相互作用。[17]

殖民时期（1819～1959）

历史学家们不再接受1819年作为新加坡历史的起点。[18]从14世纪末期的斯里特利布阿那（Sri Tri Buana）王朝到1819年斯坦福·莱佛士（Stamford Raffles）爵士登陆该岛的前殖民地时期的零星的渔村居民点，新加坡经历了一些引人注目的变化。[19]莱佛士代表东印度公司与该区域的马来统治者，成功而迅速地协商确定了贸易权及居住边界。基于他在爪哇的早期经验，居民点规划的方针很快被制定。该规划通过将种族群体分离并赋予权贵殖民统治者以特权，而强制实行一种高度管制的空间体系。城市空间布局强有力地表露了君主化的意识以及殖民者与被殖民者之间完全的权力不对称。这套务实的殖民地规划偶尔也有一些例外。出于个人动机和反映个人兴趣，莱佛士安排了一块植物园用地，这块地后来发展成为一个重要的研究站，并且为社区提供了一个良好的休闲活动设施。[20]这里一直是非常受欢迎的植物园，对今天的居民和旅游者来说都是一个非常重要的民族特色。

岛屿的自由港政策很快吸引来了大量亚洲地区的商人；当新加坡1869年被正式移交给英国殖民办公室（British Colonial Office）的时候，人口已经维持在8万～9万人之间。许多市民和商业建筑建成，同时建成的还有许多教育机构和重要的宗教地标建筑。[21]不同种族团体资助建设他们自己的机构建筑以及礼拜场所，而且其设计都依照着各自社会团体的建筑传统风格而进行。因此，从早期殖民时代起，大量的各种各样的建筑风格似乎在暗示着各种族的社会群体在城市景观上拥有一些视觉上的自主性。其中一些著名的例子包括GD哥里门（GD Coleman）设计的亚美尼亚教堂（1835）[22]，天福宫寺（1839～1842）[23]，马里安曼兴都庙（1843）[24]，哈查花蒂玛清真寺（1846）[25]，罗纳德·麦佛森（Ronald MacPherson）设计的圣安德鲁教堂（1856～1862）[26]，Brother Lothaire设计的

图从左至右：
美国教堂（1835）——George Drumgoole Coleman，天福宫寺（1839～1842），
马里安曼兴都庙（1843），哈查花蒂玛清真寺（1846）
圣安德鲁教堂（1856～1862）——罗纳德·麦佛森
圣约瑟夫学院（1865～1867）——Brother Lothaire，老巴刹（1894）——詹姆斯·麦里芝

圣约瑟夫学院（1865～1867）[27]，和詹姆斯·麦里芝（James MacRitchie）设计的老巴刹（1894）[28]。

殖民城市的特征通常表现为以种族和阶层为主线的社会分层系统，这使得它们本身不同于殖民权力者自身的城市。根据 Brenda Yeoh 所述，殖民当局“通过如市政当局等的地方城市管治机构，努力构造城市的建设环境，并以此便于自身的殖民统治和表达殖民者的意愿和理想”。[29] 在新加坡，这里有来自许多非西方国家的多种族的移民，这使得其体系变得特别复杂。这些移民社群的各种各样的文化、信仰和价值观，通过制度上和裙带关系上的支持网络得以强化，成为对抗殖民强制的主要资源。[30]尽管如此，移民社群和当地居民的反抗殖民权力者的霸权控制的声音依然弱小。

新加坡的城市物质空间的扩张是对亚洲移民尤其是中国移民的迫切需求的一种不可避免的反应。在1930年代，当亚洲企业扩张进入如银行、保险这些现代行业时，愈发意识到移民不断增长的经济财富和重要性。除了住在传统部落村落中的马来族群和住在独立住宅中的富裕的精英分子，绝大部分的亚洲人生活和工作在大量的各种形式的2～4层不等的店屋或联排房屋里，例如翡翠山的中等收入者的住宅物业，[31]唐人街[32]的店屋和驳船码头的仓库。[33]这些紧凑的建筑及其高容积率和使用上的灵活性都展现了一种强有力的城市特征。它们为不同收入群体提供住所，也为各种商业活动和社区设施提供房屋。

同时在欧洲，在两次世界大战之间的时期，关于现代建筑的话题讨论持续着极大的热情。社会主义的有雄心壮志的乌托邦主义宣告了现代城市主义的议程，并将其放置于家长式伦理和控制性的空间公平的框架内。它的主张是打算与剥削性的过去进行绝对而可靠的决裂。正是在这个背景下，现代主义在1930年代被引入了处于殖民时期的新加坡。现代主义建筑就是在这个时期耸立而起，包括弗兰克·多灵顿·瓦德(Frank Dorrington Ward)设计的加冷机场(1937)[34]与弗兰克·布鲁尔（Frank Brewer）设计的多层中国式建设（1939）[35]。

1942年2月，英国投降，新加坡被日本占领直至1945年8月的第二次世界大战结束。在那段时期,经济衰退,居住条件也越来越恶劣。[36]第二次世界大战后，年轻的英国建筑师继续以现代主义风格来建造，其中大部分转化成了主要的公共住宅的项目。一个例证就是新加坡改良信托基金会（the Singapore Improvement Trust）开发的峇鲁新村地产物业（1936～1954）。[37]在1950年代，一些毕业于国外的本土建筑师被委托参与建设。显著的例子包括，黄庆祥设计的亚洲保险大楼（1954）。[38]同时，一支年轻的、有理想的英国的建筑师和规划师团队完成了一个全岛屿的综合性的总体规划（1958）。[39]经过一些修改后，这个总体规划，与未公开的1963年的联合国报告一起，[40]成为之后许多年里调控城市迅速发展的工具。非常有趣地注意到，经过了一个多世纪的巨大的社会和经济变化之后，包括向外部的城市物质空间的扩张，尽管在整个殖民时期经历了持续的重建与升级,新加坡仍然几乎完整地保持着最初的基本的城市规划和传统殖民城市的结构。

图从左至右：
加冷机场（1937）——弗兰克·多灵顿·瓦德，多层中国式建设（1939）——弗兰克·布鲁尔，中峇鲁地产物业（1936～1954）——新加坡改良信托局，亚洲保险大楼（1954）——黄庆祥（Ng Keng Siang）

殖民政府通过强加其他事物于殖民地区，如英国颂歌、女王生日庆典和大英帝国史研究等，规定了新加坡的文化特征。政府同样支配着新加坡的建筑与空间布局的视觉特征，尤其是在商业和行政中心以及欧洲人居民点方面。殖民者控制着总体的议程并规定了地方自治权的许可程度。然而，当地社群仍然努力尝试通过他们对日常现实和城市建设环境的商谈来抵制殖民化的强迫接受行动。第二次世界大战后，新加坡与马来亚开始着手去殖民化。英国殖民者固守着分而治之的政策，倾向于赐予本土的马来族群一定的特权，而避免被认为是亲中国人。因此并不奇怪的是，当自治政府于 1959 年发挥作用的时候，一个以新加坡为中心的国家特性很难被描述清楚。

不同种族群体的成员继续按照他们的来源国确定自身的身份。大量散居国外的中国人，带着与之相随的文化和商业联系，为复杂而混合的移民特性增加了另一个维度。尽管马来语是当地的通用语言，每一个种族群体用它们自己的语言或方言交流。就是在这样的背景下，出现了对共有的国家身份的迫切需求，这成为1965 年 8 月新加坡独立后这个新国家面对的一个严重挑战。

短暂的后殖民时期（1959 ~ 1970 年代早期）

1950 年代是新加坡紧张与混乱的 10 年。暴力与骚乱成为去殖民化这一痛苦历程中的重要部分，包括 1950 年种族冲突引起的大范围的玛丽亚赫托暴动[41]，1954 年在校中国学生举行的反民族服务的抗议[42]，1955 年左翼联盟组织的大罢工[43]和 1956 年宪法谈判的破裂[44]。人民行动党在 1954 年 11 月 21 日正式成立，并在 1957 年勉强赢得城市议会选举。在 1959 年，该党在全岛范围的大选中以 53.4% 的得票率赢得了议会 51 个席位中的 43 位。在 1959 年的选举之后，给予新加坡充分内部自治权力的 1958 年新宪法开始生效。

人民行动党渴望加强团结及建立一种统一的身份，以使新加坡能够应对前方困难的挑战。然而，政府构成问题以及以新加坡人为中心的意识并不被给予优先考虑，因为人民行动党仍然坚定地承诺实现新加坡与马来亚之间的团结。在 1963 ~ 1965 年与马来亚短暂合并之后的几年里，马来文化与马来语被领导者积极地推动，目的是产生一种接受马来人领导的国家形象。人民行动党还积极对抗和镇压左翼联盟，以根除产生分歧的和反政府的元素。在教育方面，政府“有计划地以马来为导向的思想意识来取代以中国为导向的身份特性；或者……通过马来化实现广泛的去中国化原则。”[45] 然而，“马来亚性”的含糊定义和物质的缺乏使所有学校的课程没能成功重编，以体现“马来亚”的观念。相反，有些时候却掉回到已有的以欧洲为中心的模式。[46] 因此，直到结束了在马来西亚联邦中新加坡动荡的两年，致力于种族与民族特性的政府政策显得优柔寡断且断断续续，有时相当没有成效。尽管政府采取了行动，种族紧张局势可能成为马来西亚与新加坡之间危机加剧的最主要的催化剂。[47]

1965 年 8 月 9 日，新加坡以一个独立的国家政府身份而成立，人口约为 190 万，其中包括 76% 的中国人，15% 的马来人，7% 的印度人和 2% 的其他人种。[48] 它的疆土面积是 581.5km^2 [49]，随后通过大规模的填海造陆，将国土面积扩大为现在的 697.1km^2。[50] 全国的失业率是 10%，而人均 GDP 是 1600 美元。[51] 随着从马来西亚联邦的脱离，新加坡的马来化政策急速终止。正是在这个背景下，人民行动党政府开始着手大量的经济复苏、政府组建与民族特性构建的工作。

致力于政府组建的精力与承诺是值得称道的，但是似乎也反映出一个小的新成立的国家政府，在面对后殖民化的问题以及处于一个很不稳定的地区当中时，其选择是有限的。对于这个年轻的国家，在缺少可行的多种族的案例借鉴的情况下，政策决策往往求助于以欧洲为中心或殖民化的解决方案。因为新加坡被两个主要的伊斯兰国家所包围，其领导人非常希望与其邻居保持和谐，并对所有种族群体采取中立的立场。

根据陈庆珠（Chan Heng Chee）的观点，在这个"极其阴暗的时期，生存被用作为一句政治口号和一个重要主题，以支撑对所有的问题以及政策和意图的声明所做的分析。"[52] 通过自由运用政府与其他部门之间不对称的权力关系，大部分是依靠高压政治，有时依靠军队，政治霸权很快被取得；一整套的政治武器、拘押、法规等被有效地应用于对抗政治对手，导致除了执政党以外其他所有的政治活动都被控制和限制。随后发生的众所周知的新加坡经济奇迹就不需要做进一步的阐述了。对非常敬业和称职的政治领导所作的贡献必须给以受之无愧的赞誉。引用《Lee's Lieutenants》一书中导言部分的话，"将新加坡的经济成就与去政治化单单归因于内阁资政李光耀可能过于单纯化和不真实。这个成就是一个团队的而不单是某一个体的。"[53] 批评家不断地指出，某些个人与社区已经不得不付出了沉重代价，尤其是在个人自由与政治开放等方面。[54] 但是，几十年持续的物质环境的改善已经为政府提供了充足的补偿津贴，以获得大多数的选民支持。

建立国家认同感，其本身是一个复杂的问题，过去是并且现在仍然是官方议程上的一个重要政治事务。人民行动党着手一系列的政策来构建国家认同感，包括要求 18 岁成年男性强制性的国家服务，国庆日庆典和推广像国旗、国歌、宣誓这类的国家象征，目的就是为了构建一个共同的新加坡的民族认同，即"一个忽略种族、语言或宗教的统一的民族，以公平和平等为基础建立一个民主的社会。"[55] 然而，文化、种族与语言的多元性在新加坡一直对政策制定者形成复杂的挑战。[56]

政府还着手对中文教育进行完全的重新定位，这个举措如此成功，以至于很好地超出了去政治化的进程。[57] 随着中文学校不可避免的解体，中文日报——《南洋商报》的编辑因被指控中国沙文主义（1971）[58] 而被政治禁闭，以及高潮期的中文南洋大学（1978）[59]的关闭，新加坡的去中国化彻底完成。这对大部分受中文教育的群体产生了令人震惊的文化迷茫感。[60]其他对种族特性与传统造成了类似的严重破坏的剧烈变革包括对寮屋与马来传统村落的大规模清除。政府行动历经多年，已经有效地抵消了争执的声音和行为。于是，缺乏来自草根阶层的抵抗使得政治领导者能够着手推进一个空前的、有意为之的白板式行动，并在今后的几年内在几近整个城市的破坏中达到顶峰。

在令人兴奋的短暂的后殖民时期，民族主义、理想主义与反殖民主义为建筑师、知识分子、艺术群体提供了相当大的空间来对这个新兴国家作出贡献和表达他们的志向。应对动荡的政治环境，知识分子与艺术界做出了非常积极的回应。大量本土作家的著作被发表，诗歌是最早赢得卓越成就的。[61]“唐爱文（Edwin Thumboo）保持着最有影响力的声音，主要是因为他在社会与国家论题上的主题鲜明且洞察深刻的探索。”[62]几个当代地方戏剧上演了。特别是两位那个时代的年轻剧作家，吴宝星（Goh Poh Seng）与 Lim Chor Pee，他们作出了巨大的贡献。[63]

1964 年，一本英文文学杂志《Tumasek》出版了，Lim 和吴都参与其中。作者们的热切愿望在吴撰写的绪论中被描述为：“这个重要的事件，即正在这里和其他地方上演的激动人心的革命，要求我们紧密参与进去，并积极地去迎接我们时代的挑战。否则，如果灾难降临到我们头上，如果我们被炸得粉碎，我们甚至不能抱怨，因为我们可能对待自己的命运太过粗心和挥霍了。”[64]

从 1960 年代早期，就有建设一个马来亚剧场的想法，但是在 1965 年脱离马来西亚联盟后，文化导向转向新加坡。[65]在 1965 年中期，一个文化艺术团队成立，吴是主席。据披露，“其行动纲领将是民族化的观念，委员会将致力于指向发展一种民族文化的工作”。几年后，作家杨清河（Robert Yeo）哀叹：“新加坡剧作在 1966 年后步履蹒跚，极为糟糕，并且直到 1980 年代中期都没能重新振作起来……如果吴宝星与 Lim Chor Pee 持续进行他们的戏剧作品的创作活动，并且如果其他人也已经紧跟其后，那么英文戏剧就将肯定能蓬勃而起，而不是仅发现其在 1960 年代中期的印记……”[66]我质疑这个假设，因为从 1970 年代早期开始，国家构建与经济发展的进程已经成为所有社会活动的主导，除了一小部分并不顺从的行为，总体上却是试图去创造一个独立的创造性空间。

在这个时期，中文的出版物却是丰富而又多样化的。报纸、杂志以及年轻一代创作的文学作品很大程度上受到民族主义的热情所感染，但某些作品也从生活的各个层面深刻地反映了当地的社会条件及人民的困苦。海外华人的感受，尽管仍深受中国国内的事件与国家发展的影响，但已逐渐本土化了。文学家们选择使用地方的背景和主题，甚至使用略知一二的方言及马来术语，从而使马来亚的思想意识得以自我体现。[67]其他的文化活动也很活跃，大部分都是由与中文学校相关的社团与俱乐部，或者各种业余戏剧社团来开展的。中国戏剧团体往往是高度政治性的，对这个时代的严酷的社会现实表达抗议。这些团体经常被政府视为左翼人士，甚至是危险分子。[68]然而，剧作家郭宝昆（Kuo Pao Kun）在回忆录中指出，“中国剧院在 1980 年代从积极的政党政策中脱离出来，这是个好事情，因为只有这样，它才能作为一种艺术形式开始独立存在。”[69]

在自 1954 年学生抗议开始的几年持续不断的破坏和不稳定之后，就是我所称作的“英雄时代”（1959 ~ 1975）。[70]在这个时期，本土建筑师与城市规划师们在新的建筑与城市景观中，通过许多革新的公共和商业建筑而留下他们的印记。许多成果也突出表现在他们的教育贡献上，尤其是在他们的建筑与城市主义理论贡献以及这些理论在这个城市型国家的应用方面。那个时期的建筑论题也是以生成一种具有强烈本土特性的马来建筑的问题为中心的。然而，这样的公众争论在 1965 年新加坡独立后突然中止了。

人民行动党政府在 1959 年选举获得政权后很短的时间里，尽管财政预算十分紧张，还是决定实施大规模的雄心勃勃的，但又是经过深思熟虑的且颇为有效的公共设施改善计划。政府追求一个几近理想主义的国家构建议程。在短时间内，大量的学校、公共住房和重要的公共项目如大型的裕廊工业地产等被建设。这些公共项目中的一些是通过限于本土建筑师参与的建筑竞标进行选择的，这些本土的建筑行业和人才队伍因许多有天赋的和近来毕业归国的人员的加入而大大加强。大量的公共项目包括 Alfred Wong 合作公司设计的国家剧院（1963）[71]，马来建筑师合作有限公司设计的全国工会代表大会的会议大厅（1965）[72]，建筑设计联合事务所设计的新加坡电话电报交换中心（1969）[73]，建筑师第 3 团队设计的裕廊市政厅（1970）[74]，第 2 小组建筑师设计的公共事业局总部大楼（1971 ~ 1977）[75]，Kumpulan Akitek 设计的初级法院（1975）[76]，以及 Raymond Woo 与建筑师协会设计的新加坡科学中心（1975）[77]。在这些公共项目中，速度、成本控制和专业人力资源是首要的考虑因素。记住这一点很重要，即这些项目的设计与建造是发生在新加坡仍然是一个相对贫穷的发展中国家且建筑技术相对单一的时候。另外，这些建筑师不仅数量很少，而且年轻并缺乏经验。

同时，大量规模适中的创新性项目也得到建设。这些项目包括 Alfred Wong 设计的迷人的教堂和住宅，以及 Lim Chong Keat 和我本人设计的住宅项目，这些作品是那个时代更富挑战性的表达。但是，大部分的主要的私人项目开始于 1965 年后，即当政治条件更加稳定以及投资环境变得更有前途的时候。一些杰出的私人项目包括 Alfred Wong 合作公司设计的马来西亚酒店（1968）[78]，建筑师第 3 团队设计的新加坡航空总部大楼（1969）[79]，建筑设计联合事务所设计的人民公园购物中心（1972）[80]，Timothy Seow 与其合作伙伴设计的富图拉购物中心（1976）[81]，和建筑设计联合事务所设计的黄金地带购物中心（1974）[82]。最后，这个项目在 1980 年 Udo Kultermann 的出版物里获得了国际性的认可。[83]

图从左至右：
新加坡国家剧院（1963）——Alfred Wong 合作公司
新加坡全国工会代表大会的会议大厅（1965）——马来建筑师合作有限公司
新加坡电话电报交换中心（1969）——建筑设计联合事务所

图从左至右：
裕廊市政厅（1973）——建筑师第 3 团队
公共事业局总部大楼（1977）——第 2 小组建筑师
初级法院（1975）——Kumpulan Akitek
新加坡科学中心（1975）——Raymond Woo 与建筑师协会

在这个时期，许多私人项目都具有创新性，并符合可接受的国际性标准。它们有效地应用了各种现代主义建筑方法与理论。在某些案例中，对本土气候以及可利用的工艺与技术的局限性等做了切合实际的应对。但是，在地方背景下的大规模规划与城市空间性上的理论与实践方面的创新发展却是微不足道的。由于物质环境仍然在很大程度上是未经触动的，文化问题与视觉上的特性在那时似乎并不相关。相反，建筑师们完全赞同和支持现代化的城市国家的国家规划，并且通过发展一种独特的新加坡建筑特性的行业而作出无意识的贡献。

这个时代的精神也激励着许多英语教育背景的年轻一代的专业人士与学者开始积极参与为这个年轻的国家的建设而作出贡献的过程当中。Alfred Wong 与

图从左至右：

马来西亚峇株巴辖的圣亨利教堂（1960）——Alfred Wong 合作公司

马来西亚酒店，后更名为马可波罗酒店（1968）——Alfred Wong 合作公司

新加坡航空总部大楼（1969）——建筑师第 3 团队

人民公园购物中心（1972）——建筑设计联合事务所

富图拉购物中心（1976）——Timothy Seow 与其合作伙伴

黄金地带购物中心（1974）——建筑设计联合事务所

Lim Chong Keat 分别于 1964 ～ 1966 年、1966 ～ 1969 年担任新加坡建筑师学会主席。他们从年轻一代那里获得了极大的热情和支持，并成功地大大提高了专业实践的标准。Lim 凭着对建筑教育的热情，以及他担任英国皇家建筑师学会的英联邦教育委员会主席的能力，鼓励着许多年轻一代和他曾经的学生在新加坡唯一的建筑学校里从事教育工作。[84]

1965 年，一个名为新加坡规划和城市研究组织（SPUR）的独立的智囊团，由来自包括公共与私人部门的年轻的本土建筑师与规划师组成，致力于讨论和研究影响新加坡物质空间环境发展的问题。在那个时期，服务于这个年轻国家的号召是真实而又有感染力的。SPUR 吸引了年轻的、极富理想的和这个国家的许多精英人士。SPUR 的成员快速增加并吸纳了许多其他学科的人员，包括本土的与国外的学者。这个团体的目标是研究规划的问题、规范和实践，以及发展、提升和促进规划的进程与战略。[85] 许多成员参与到大量的活动中，从工作坊、研究会、演讲、展示、讨论会到撰写文章和对媒体的回应等。两本名为“SPUR 65-67”和“SPUR 68-71”的杂志刊物得到出版。大量的精力投入到产生独立于政府的非传统的策略与愿景当中，使得 SPUR 成为市民社会（civil society）的先驱之一，可以认为它是那个时代最有效和最具发言权的非政府组织。

在最初的几年中，SPUR 与当权者有一个非常积极和热情友好的关系。政府注意到了它行将产生的贡献。Tan Jake Hooi，国家和城市规划部的首席规划师，是 SPUR 早期的发起人和积极参与者之一。然而，SPUR 对平等主义与社会公平的反复表达，对一些激进型抉择的陈述以及呼吁公开对话和公共参与导致了紧张关系的逐渐加深，尤其是与内务部门。激进型抉择的案例包括 SPUR 的捷运系统计划 [86] 和从巴耶利至樟宜的新机场迁移计划 [87]。两项计划都已经实施。

尽管政府的政治理论家乔治·汤姆森（George Thomson）和人民行动党的议会成员 Patmanathan Selvadurai 付诸了努力，SPUR 与政府的关系还是逐步恶化。由于对成员的间接压力开始加大，所有来自公共部门的成员都辞职了。紧接着的是学者成员，最终，那些年轻建筑师也处于失业状态了。由于成员辞职造成实力的削弱，SPUR 面临着不可避免的解体。1973 年，剩余的成员悄悄地注销了这一社团。

和受英文教育的艺术团体一样，SPUR 在努力实现一个创新的环境以及一个有广泛基础的、有活力的新加坡国家特性方面没能取得成功。在1970年代的政治动荡时期，政府不仅镇压了SPUR热情的社会能动性，而且强制缩减了建筑学学生有意识的政治参与活动。这种行为极大地限制了建筑院校和新加坡建筑行业内激进的、创新的和叛逆性的学术气氛。2001年，罗伯特·鲍威尔（Robert Powell）在和我谈话后写道：政府在那个时候采取的是一种“单轨式的发展模式”。SPUR仅仅是挡道者，就好比市民社会、自由新闻和激进的知识分子等似乎也是挡道者一样。[88]

发展时期（1970年代早期～1995年）

在脱离马来西亚联盟后，人民行动党做出了两个重大的务实性的决定。首先，它撤回了早期的建立一个“非共产主义的民主社会国家”[89]以及冷战时期的反殖民主义与中立原则的承诺。[90]相反的是，新加坡选择与韩国、中国台湾和泰国一起，成为冷战时期美国在亚洲的前线国家或地区之一。美国为了1965～1975年的越南战争而进行的大规模的海外采购，是新加坡在这个关键时期经济发展的一个重要的生命线。[91]新加坡很快建立起了一个亲商环境来吸引外国投资，尤其是来自美国的跨国公司（MNCs），并且开始着手大规模的产业基础设施建设。接近巨大的美国市场是中国香港、新加坡、韩国和中国台湾这经济四小虎的经济奇迹的一个决定性因素。新加坡的经济取得了巨大进展，人均收入从1965年的1600美元增加到1984年的14900美元。[92]在1965～1995年间，GDP年均增长率达到11%。[93]

其次，政府对个人自由、报刊、工会和政治争论进行了广泛的限制。引用《新加坡：一个发展型的城市国家》中的一句话：“在家庭方面，公民在家庭规模、家庭组建与小孩出生的时间选择、他们使用的语言选择等方面都受到规定……在公共领域，通过控制国外新闻出版物的流通和对当地媒体的政府控制而对新闻自由的途径进行限制。”[94]新加坡政府通过各种策略有效地推行了Fredrick Deyo所声称的“官僚专制社团主义的劳动关系”。这种“社团主义的策略，其有代表性的内容包括，尤其是，工会组织的去政治化，薪水控制，通过政府的讨论解决程序替代集体交涉，将政府批准的工会引入到官方认可的联盟结构中，注销反对派联盟以及强烈主张国家发展目标相对于部门经济利益的优先权。”[95]陈庆珠分析了这种方式的最终后果："随着彻底的去政治化以及降低竞争性政策的重要性，政体的本质转变为我所称谓的行政国家。"陈表达了她的关切："行政国家正在发展成为一个完善而复杂的结构，它只有与一个同样完善的、知情的公众相匹配，才能维持良好运转并满足公众利益。所以，我们不要担心开放。"[96]

由于社会和政治稳定被视为经济增长的必要条件，在对可能威胁这种稳定的一些活动的限制方面，政府将会不遗余力，且不会认为任何针对这些的立法或行动过于严格。这为反复的扣押与逮捕提供了合理性，包括 1976 ~ 1977 年期间对几位非共产主义新闻记者与批判性的左翼知识分子的有力压制。何光平（Ho Kwon Ping）是当时被逮捕的人之一。[97] 柯思仁（Quah Sy Ren）认为，"1976 年在抓捕了郭宝昆和其他戏剧工作者之后，原先活跃的中国戏剧场所遭到极大破坏并且最终被遗忘了。"[98] 政府曾采取并继续采取强有力的先发制人的手段对付批评者和政治对手，并谴责一些社会活动，尤其是那些被认为是"敏感"的有关阶层、种族、宗教等方面的问题。

曼纽尔·卡斯泰尔对发展型政府的理论定义恰当地描述了新加坡的抱负和国家议程。当"一个政府按照其合法原则确定其促进和维持发展的能力，并将发展理解为高经济增长率与经济体系的结构转变的结合，并且这个经济体系包括国内经济和与之相关的国际经济"时，这个政府就是发展型的。[99] 在发展型的国家，社会生活的每个部分可能被严格管理，以使得其能有效地支配它来服务于独一无二的经济目标。对于新加坡这个案例，发展型政府经历了两个相互叠加的阶段，第一个是围绕生存方面的资源配置和国家凝聚力，第二个是维护国家文化和政治的认同感。[100] 卡斯泰尔对这样的事实有着清晰的印象，"新加坡，克服重重困难，将其建立成新型发展的典型，并以被一个发展型城市国家所吸引和保护的跨国投资为基础而建立了一种国家特性。"[101]

人民行动党政府建立国家特性的另外一个基本原则是多元种族主义。对种族关系的谨慎的去政治化成功地维护了种族之间的和谐。但是，它也导致了差异性的缩减和对种族、个体和集体特性等的某些部分的压制。"为此，许多年来，政府一贯坚持在国家框架内，通过国家建设过程，来表达其铸造社会凝聚力的强烈政治意愿，以此致力于种族的多元化。"[102] 自 1980 年代早期以来，因为害怕去文化的影响与当代西方价值观对愈演愈烈的工业化、城市化和全球化的发展型社会的吸引力，政府开始采取政治行动来强化地方特性。四个灵活划定的种族门类：中国人、马来人、印度人和其他人种（CMIO），有效地构成了政府种族政策的基础。[103] 从 1980 年代中期开始，一套受争议的政府强制推行的意识形态被认定为亚洲价值观，并从精神上对抗“西方的”个人自由主义思想。[104]1991 年，一部《共同价值观白皮书》（White Paper on Shared Values）[105] 的出版，提出重新构建和联合不同的亚洲传统和价值观，以作为新加坡的国家意识形态。这些行动受到许多知识分子的批评，其中一位是郭宝昆，他声称新加坡的种族关系已经成为一种完全政府指导的、自上而下的极端方式，这阻止了基层与跨社区的参与和主动性。[106]

1972 年，新加坡外交部长 S Rajaratnam 首次指出，新加坡应该成为一种新型城市——一个全球城市，尽管汤恩比（Arnold Toynbee）对如新加坡这样的城市国家的活力做出了悲观的分析。[107]Rajaratnam 的观点是，新加坡将会在快速扩张的全球经济体系中成为一个有效的功能角色，并且很少依赖它的毗邻国家。[108] 随着 1973 年石油危机的爆发以及 1975 年越南战争的突然结束，加强与西方集团尤其是美国的联系的需求越来越被认为是国家所必需的。新加坡的发展型政府迫切地寻求新的战略和一种新的国际形象。在其接受纽约、伦敦、东京无可争议的主导地位下，新加坡渴望通过对全球经济提供高效的支持性服务以确立其次级全球城市地位。[109] 城市的视觉与空间特性需要极大的改变，从而与一个全球化的、发展型城市国家的形象相匹配。

政府以空前的速度和规模进行蓄意性的拆除重建，以实现城市中心的现代化。贫民窟、棚户区甚至公墓都被拆除来为新用途提供土地，尤其是为公共住房。Robert Gamer 在 1972 年指出，新加坡基于“拆除与重建”概念的城市更新的无情方法扰乱了传统生活方式，毁坏了小型零售业场所和边缘产业。[110] 随着传统城市及其记忆被大肆毁坏，出现了一个有大量高层建筑、使人联想到纽约天际轮廓线的新型的现代主义城市。大量配置有公共设施的公共住房地产，体现了一定程度的社会责任感和与现代主义运动相关联的道德理念。[111] 尽管是为了改善居住者的社会利益与环境，公共住房事实上也是“加速人口向训练有素的工业劳动力转变”的一项务实性的经济议程的一部分。[112]

这些公共房产，以简单化的、呆板的现代主义风格建成，缺乏兴奋感、特性和认同感，规划布局重复且单调，并且遍布全岛。新加坡城市生活空间中这种乏味的建筑反映了它的文化的无根性，以及仍在进化中的挣扎于借来的现代性[113]与亚洲社群主义之间的特性。社会学家蔡明发（Chua Beng Huat）认为，在新加坡，早期的有关儒家学说和共同亚洲价值观的概念已经缩减到单一维度的社群主义。[114]这种形式的政治文化意识形态，加之在规划与建设决策中公共参与的缺乏，意味着人民很少有机会在他们居住的空间上具体实现他们自身的主观经验和文化特性。

主流的外国公司的建筑师宁愿竭力把新加坡建设成为美国资本主义视觉形象的一个现代化城市。一个很好的案例是贝聿铭（I M Pei）设计的 OCBC 中心（1976）。[115]政府强势的直接的做事方式淹没了来自地方的抗议声音。然而，外国建筑师所造成的整体上的建筑影响已经让人感到极度失望。正如本土建筑师郑庆顺的评论，“新加坡没有一个由国外建筑师承担的主要项目获得过任何国际上的喝彩。考虑到经历了若干年快速发展而进行的巨大规模的建设计划，这真是一个奇怪的状况。”[116]

由于大量外国建筑师的涌入，本土的创作力量与变化的当代环境之间的动态相互作用被大幅削弱，这就好比处于发展初期的有关地方性和特性创造方面的尝试被过早地限制了。本土建筑师们发现，为了保持商业利益，他们被迫迎合国际审美趋势，并扮演外国建筑师支持者的角色。受到媒体推崇的私人开发商们则有效地影响着消费者的品位和需求。和政府机构一起，他们不断炮制着类似的主流建筑，这些主流建筑虽然能够取悦于人们的眼球，但在文化和美学意义上是缺乏

OCBC 中心（1975）——BEP Akitek 与贝聿铭公司

新意的。建筑行业内有一种广为人知的说法，即一个“国家得到了它应得的建筑”，这成为一种对因发展型政府的顽固不变而导致的新加坡建筑创造力缺乏的痛苦控诉。除了少数不妥协的建筑师，大部分本土建筑师经手设计的建筑景观变得了无生趣以及固守常规。1975～1995年的二十年间，在文化上被阉割和包围的少数派将其创造性的智慧资源集中应用在三个相关的发展方面：

保护与适应性的再利用

不加区别地拆毁和破坏使得很多市民，特别是那些与建设环境相关领域的学者和专业人士感到惊恐和担忧。重要的建筑和迷人的环境场所丢失了，这促使几本关于保护问题的著作出版。我特别希望提及 Lee Kip Lin 的三本著作，分别是《Telok Ayer 市场》(Telok Ayer Market，1983）[117]、《翡翠山》(Emerald Hill，1984）[118]、《新加坡住宅》(The Singapore House，1989）[119]，以及 Sharon Siddique 和 Nirmala Purushotam 撰写的《新加坡的小印度：过去，今天和明天》(Singapore’s Little India：Past,Present and Future）[120]。还有大量的文章[121]、讨论和专题研讨会[122]。值得一提的是集中于新加坡河南岸地区的很多公共性的、理论上的保护项目。其中包括吴宝星和我自己经手的名叫 Bu Ye Tian 的项目(1982)。[123] 我们的概念经过一些改动后最终被接受，这个重要的场所因此免遭拆除和高强度开发，成为今天繁忙的驳船码头。这个项目背后的参与者坚持适应性再利用的观念，“保留旧的结构以提供连续性；并允许这些结构演化出新的用途，并支持变化。”[124] 因此，这个驳船码头的保护项目不是简单地以保留旧时的视觉意象为目标，它也寻求充满活力的当代与传统活动之间的融合。[125]

麻省理工学院与哈佛大学在1984年共同举办的“适应性再利用国际专题研讨会”[126] 事实上是一种私人组织行为，并在幕后得到一批有同情心的公务员的大力支持，特别是刘太格（Liu Thai Ker）[127]。一部展示了新加坡的传统建筑的令人欣喜的著作《柔和的肖像》(Pastel Portraits）出版了。在序言里，副首相 S Rajaratnam 对这种保护谨慎地表示了官方的支持。“建筑的拆毁等同于历史记载的消失。尽管在一些方面我们必须为发展进步而让路；但在另一些方面，我们希望能保持与过去的联系。”[128]

1986年，一个非政府组织“新加坡遗产协会”注册成立。自此，该协会的

Bu Ye Tian：新加坡河（1982）——林少伟事务所。对新加坡河边具有历史意义的驳船码头地区的再开发及其店屋的适应性再利用，形成了一个地方文化和休闲娱乐场所。

活动持续拓宽公众对新加坡遗产和文化特性的理解，使其超越其本身单纯的视觉表现。这个协会的出版物《活着的遗产》（Living Legacy）[129]记录了大量已实施的保护和适应性再利用项目。其中的案例包括“翡翠山”和“驳船码头”。[130]在随后的几年，行政当局制订了必要的法规和条例[131]，包括1989年拟定的保护规划。[132]其取得的成绩是令人欣喜的，同时许多个人也应受到赞扬和肯定，特别是那些和当局一起致力于保护议程工作的人们。“尽管起步较晚，但新加坡现在已经拥有一个完善的都市保护计划。它已生效的法律条文、高效率的实施和大量的文档记述应该能够提供一些有用的指导，同时也成为一套可以和亚洲其他地区分享经验的基础资料。”[133]尽管一些传统地区的贵族化可能成为一种无法避免的进程，那些关于这些地区历史的资料陈述，特别是大量纪念性的专著，应该反映过去的不同层面，以及人们的集体记忆。[134]对新加坡旅游局而言，缓慢地重新定义传统的唐人街地区在贵族化后的特征已经没有吸引力了。为了快速产生成果，尽管唐人街依旧存在记忆，甚至是令人怀念的，但其在唐人街主题公园的建设中被无情地拆毁了。

地域性和热带性

一本国际性季刊杂志《MIMAR》的第一期在1981年[135]发行，由Aga Khan王子资助出版。之后逾十年，这本刊物表现出特殊且重要的职能，因为其完全聚焦于发展中国家的建筑，尤其是拥有大量穆斯林人口的国家。《MIMAR》于1992年停刊，许多发展中经济体对此表示惋惜。在1980年代早期，几次专题研讨会在亚洲举行，以促进有关建筑、特性和地域性方面的讨论。肯尼思·弗兰姆普顿的“重要的地域性”的理论受到了广泛注目，因其看起来与受到西方媒体、商品化和全球化冲击的发展中国家密切相关。[136]然而，“重要的地域性”概念依然受到了许多评论家的挑战，特别是那些对其与发达经济的关联性提出疑问的人们。“地域性的概念只有将文化准则与地理区域联系起来才成为可能……在现代社会，这些区域性的差异被彻底淹没了”[137]，或者，依我看来，是被糅合了。

“重要的地域性”理论具有区位束缚性，以及怀旧的倾向，这是其局限性。对此以及对外国公司建筑的同化冲击的回应，新加坡建筑师们有力地采用、变革和整合传统要素去反映当代现实，例如快速演变的文化、价值观和生活方式。当代本土化的观念得到发展。这可以被定义为一种有意识的承诺，以发现一种对空间布局、场所、气候等的特殊而传统的独特的应对方法，并将这些确定的和象征性的特性具体化到一些创造性的形态当中。[138]或者如 Heinz Paetzold 清晰地解释“当代本土化的概念既不是一种怀旧，也不是对诸如此类的区域性实践的回归。”反而，它“描述了一种尝试从今天现有的世界文化视角中重新阐释区域文化的建筑实践。”[139]《当代本土化：唤起亚洲建筑中的传统》（Contemporary Vernacular: Evoking Tradtions in Asian Architecture）于 1998 年出版。[140]这本书紧随北京清华大学[141]的一场专题会和之后的一本专论而出版。[142]

在新加坡，倡导热带性的关键人物是郑庆顺，他围绕此主题进行了广泛的创作和理论研究。“新热带美学发展的挑战是……理解和认定热带的固有特征是

图从左至右：Parkway Builders 中心（1985）——Akitek Tenggara，Kampong Bugis 地区发展导则（1989）——Akitek Tenggara——这是一个 Kampong Bugis 地区的城市规划研究，以说明郑庆顺的热带城市概念。

诸如遮阳与阴影等的美学意义，以及作为解构现代西方主导性的美学和文化的一个过程。”[143] 他所经手的项目包括 Parkway Builders 中心（1985）[144] 和 Kampong Bugis 地区的发展导则（1989）[145]。然而，关于热带性的适当运用依然在今天受到激烈争论。[146] 此外，Abidin Kusno 从一个广泛的后殖民文化视角出发批判性地检验了这个建筑现象的含义。他敏锐地指出这样做的危险性——即忽略其他层面的差异而“让位于将气候作为文化方面的差异性”[147]。

延伸

第二次世界大战后的几十年，建筑和城市规划方面的活跃的学术讨论在西欧、北美和日本持续进行。而在不发达的地方建筑环境内，受阻于后殖民主义的环境和较差的学术氛围，专业化、设计优良化的诉求被严重忽视了。在信息技术和电子邮件发展之前，发展中国家的知识和职业孤立无法轻易通过海外旅行和偶尔的国际会议得到弥补。正是在这样的状况下，一群有理想的建筑师们积极寻求在亚洲建立一个平台，以对设计理念和城市规划理论展开定期讨论。亚洲规划与建筑合作组织（the Asian Planning and Architectural Collaborations, APAC）于 1960 年代末成立。它吸纳了如下杰出的成员：何弢（Tao Ho）（香港），查尔斯 · 柯里亚（印度），槙文彦（Fumihiko Maki）（日本），Koichi Nagashima（日本），苏梅 · 居姆塞（Sumet Jumsai）（泰国）和我本人。1980 年，一本日本建筑杂志出版了一期双语特刊以表彰 APAC 成员的工作。[148]

与此同时，我强烈相信存在对新的设计方向的急迫需求，以超越思想贫乏和僵化的现代主义。这个坚定的观点在 1970 年代早期访问东京的时候得到加强，在那里我亲眼目睹了许多后新陈代谢派风格的先锋性项目。在其后的一些年间我负责的许多项目，包括 Yeo Hiap Seng 工厂 (1980)[149] 和第八单元公寓（1983）[150]，都在尝试打破现代主义的规则。随后，在 1980 年代早期，Mok Wei Wei 在一次对弗兰克 · 盖里的联合访问之后开始着手展开以元素解构为基础的设计试验。其中的一个案例是 Tampines 北社区中心（1989）。[151] 在 1990 年代早期，另一个建筑师 Tang Guan Bee 继续着这种设计实验。具体的案例包括 Ardmore 公园的 Abelia（1992）[152] 和市集（the Market Place）（1994）[153]。

新加坡国立大学也尝试为努力促进国际交流和对话提供必要的组织支持。

从左至右，从上至下：Yeo Hiap Seng 工厂（1981）——设计联合公司、第八单元公寓（1983）——Tampines 北社区中心——后来改名为 Pasir Ris 南社区中心（1989）William Lim 事务所、Ardmore 公园的 Abelia（1992）——TANGGUANBEE 建筑设计事务所、市集（1994）——TANGGUANBEE 建筑设计事务所

1993 年，来自建筑学院的两位建筑师 Gulsum Baydar Nalbantolu 和 Bobby Wong Chong Thai 组织了一次国际会议——“建筑学的(后)现代性与差异”,来发起对“后殖民世界的当代建筑与城市状况”的反思。[154] 随后在 1995 年，在印度昌迪加尔举行了另外一次国际会议，题为“去殖民化的剧场：[建筑学] 代理 [城市主义]”(Theatres of Decolonisation:[Architecture] Agency [Urbanism])。然而，这些面向学

术群体和建筑业界的会议，其在新加坡产生的直接影响在当时是极小的。尽管这样，大学机构依旧持续组织和参与各种国际会议。

艺术社群的发展反映了不妥协的少数群体在建筑行业中的活动。艺术家们力求维持自主性，并在有关特性、思想倾向和行为等观念方面向政府提供创造性的备选方案。从1980年代晚期开始，政府致力于为建设艺术场所、促进艺术教育提供更多的资源，同时给予被挑选出来的艺术团队以资金支持。政府对不断成长的艺术社群的本能反应是，使其服从于政策和经济的统领之下，通过将新加坡市场化运作成为一个亚洲的艺术中心，来尽可能地利用艺术和文化活动所带来的稳定的经济影响。在所有的艺术形式中，一些实验性的戏剧，以戏剧实践（The Theatre Practice）[155]，必需的舞台（The Necessary Stage）[156]，戏剧作品（Theatreworks）[157],以及更加受到争议的第三舞台（The Third Stage）[158]等为先锋，迅速出现并成为反映社会及对其表示不满的最有效的方式。其他一些值得注意的发展，包括像唐大雾（Tang Da Wu）[159]在内的前沿视觉艺术家和一个名为The Substation[160]的独立艺术中心等的出现。1984年，修士麦纳利（Brother Joseph McNally）开始独立地经营一个被称为"拉萨尔艺术学院"（LaSalle-SIA College of the Arts）的私人艺术培训机构。由于他专一的奉献精神，这个学校已经成为新加坡最重要的当代艺术机构。[161]

1995年，雷姆·库哈斯写下了他著名的篇章——《歌之版图：新加坡30年的白板》（Singapore Songlines: Thirty Years of Tabula Rasa）：

> 几乎所有的新加坡人都不到三十岁；这个城市代表了过去三十年其单纯的形式下意识形态的产品，没有受到现存的与之关联的剩余部分的任何影响。它受到排除了任何偶然性和随机性的政治体制的统治：甚至它的本质也完全被重塑了。它的意图很单纯：如果存在混乱，那是被允许的混乱；如果哪里是丑的，那是被设计的丑；如果哪里是荒谬的，那是所期望的荒谬。新加坡代表了一种独特的时代性的生态均衡系统。[162]

与雷姆·库哈斯的观点相反的是，新加坡的白板并不是完全的，现存的剩余部分是具有文化和空间意义的。除了古迹保护委员会的保护名单上的建筑外[163]，还有超过5600座被保存下来的战前时期的店屋散布全岛[164]，还有大量的各种各样的规模难以定义的，变化复杂、具混合性和地域性的地点和场所，比如芽笼和如切（Joo Chiat）。我用“非确定性空间”这一专业术语来描述它们。[165]芽笼是一个混乱而朴实的地区，遍布着传统餐馆、水果摊和其他小商业网点。私人与公共居住区之间的廉价旅馆生意兴隆。从表面上看，如切显得更安静和中产阶级化。像红酒窖、高档家具店还有迪斯科舞厅等已经开始在海外华人的传统居住区内发展建设。事实上，如切（它的大量店屋中的一些被保存得很漂亮，有一些已经年久失修）已经经历了快速的功能置换，表现为混合利用和碎化的空间布置。在如切和芽笼，当地居民包括新的移民群体以及色情行业人员及其顾客群在这些混乱的地区都同样可见。非确定性空间与后现代化紧密相连；多元化、模糊性和复杂性。这些空间不仅仅是生活性的；它们有可能成为当代知识、艺术、文化和社会讨论的有效载体。就像弗雷德里克·詹姆森指出的，由于“经济发展已经来到了与文化交错相融的时代”[166]，非确定性空间为空间分类和文化研究提供了桥梁。里昂尼·萨德尔考克的关于“记忆、需求和精神”的分析[167]以及爱德华·索雅关于“完善空间评定”[168]的议题，唤回了对那些具有跨学科意义的类似理论的关注。

在新加坡，未妥协的少数群体的创作活动以及非确定性空间所带来的力量，是对用自有的独特性构成新加坡的特色文化和都市特征的必要的催化剂。它们将有力地见证空间记忆的留存、人们对生活空间的改造、新加坡国家建设的不断变化等，而这些差点就被白板式的发展所消除。

转型中的新加坡（1995年至今）

《新加坡的故事》是李光耀对一个新国家的个人诠释。[169]李光耀对新加坡的现代化建设有巨大的贡献，很多建设都是来自于李光耀的出色才智，并实现了他本人的理想和预见。在李先生的书里这样写道，“如果我们遵守那些有助于我们进步的基本理论，我们将会处于不败之地：通过分享共同进步所带来的利益而具有强大的社会凝聚力，所有人，无论男女、精英人士都有最适合且平等的就业机会，特别是政界领导人。”[170]

然而，随着信息技术的飞速发展和全球化的快速推动，年轻人的价值观和生活方式日新月异，迫使我们不得不对到处树立的传统标准和自上而下的现代性产生怀疑。因此需要接受异议，考虑取舍。在看到文化成为政治生活不可分割的部分时，格兰·乔丹和克里斯·威登在《文化政治：阶级、种族、性别和后现代主义世界》中认为，真理没有唯一性。“真理是在不同的历史和文化阶段中的散乱的结构，就像在同一种文化背景下有不同的利益阶层。在任何社会，谁有权力定义真理谁就有权力定义其他。”[171]

自 1980 年代中期以来，在韩国和中国台湾掀起了一股强烈的民主运动，寻求建立多党执政的社会体制。在经济快速发展的基础上，原来合法的独裁主义领导制度逐渐被大规模地修改和取缔。在随后的十年里，甚至是香港，其公益组织和草根媒体的抗议声也越来越大。卡斯泰尔则坚信“作为东亚（今天）主要的发达国家和地区（亚洲四小虎），这种未知的社会规律是经不住考验的”。[172] 伴随着动荡的社会政治局势，中国香港、新加坡、韩国和中国台湾都开始了他们的改革进程。尽管部分社会团体仍被压制，但是社会运动还是有增无减，并且这些国家和地区“在民主自由化进程中能保持持续的经济增长和变革，除了新加坡还牢牢地由一个政府所主导”。[173] 在罗斯·华盛顿看来，是政府有效地给予了新加坡一个“中心执政”的概念，并且实施葛兰西式（Gramscian）的霸权政策。安东尼奥·葛兰西（Antonio Gramsci）将霸权组织定义为：掌权者不仅仅具有权力，同时还能使他的主张在文明社会里变成合理的，并可以与其他从属的社会阶级的世界观相协调。[174] 因此，新加坡“在 40 年里，都只有一个政党执政或者说是半独裁主义，但却带来经济的长期持续性的发展”。[175]

尽管从 1990 年代初以来新加坡对非政府组织的活动开始稍稍放松管制，但与其他三个经济体不同，民主进程和积极的公民参与在新加坡的发展是缓慢的。西蒙·泰（Simon Tay）指出，政府的行动“没有指向任何接受对抗政府的市民社会的概念，也没有暗示市民社会在丰富民主方面所起的作用”。[176] 尽管如此，新加坡经济仍继续表现良好，甚至设法以貌似最低的损失度过了 1997 年危险的亚洲金融危机。而许多国家，特别是泰国、韩国和印度尼西亚都陷入了政治局势的不稳定和严重的经济危机之中。东南亚的国家都受到了严重的影响。在经历了巨大的痛苦和牺牲之后，那些遭受了严重影响的国家现在已实现了显著的复苏。此外，中国充满活力的经济已成为东亚地区的国家重回增长道路的一个重要的催化剂。而新加坡，恶劣的经济状况受美国的经济衰退、华尔街科技股泡沫的破裂、"9·11"事件的余波和 SARS 疫情爆发产生的影响而被延续和进一步复杂化。

当发现长期的低迷表现出些许的复苏迹象时，人民行动党立即采取行动。一种官方态度逐渐形成了，即需要对有关新加坡社会的基本政策问题进行重新审查。其还认识到，咨询的进程需要被拓宽，以获得更大量和更多样化的解决新加坡问题的措施。1999 年，新加坡总理吴作栋发起"新加坡 21 世纪"（Singapore 21）运动——一个关于新加坡人民对国家未来的愿景的运动。[177] 两年来对诸如社会凝聚力、共同责任和归属感等等一些难于捉摸的形式进行了深入探讨，并以《新加坡 21 世纪》的报告形成而告终。报告认真指出："我们需要热情地感受到新加坡是我们的身份所在，是我们的根，是我们的家园。"[178] 然而，尝试把国家认同与个人的家庭概念联系在一起可能是一个艰巨的任务。这是第一次进行一系列的尝试来加强社区的联系，以使人们保持对新加坡的忠诚。首要的是通过经济来推动，其目的是保持对知识型经济的共同相关性。

在经济方面，人民行动党标榜自己能快速觉察出新的趋势和问题，并果断地作出必要的改变。直到 1997 年亚洲金融危机，新加坡已经以积极主动的态度对新的、复杂的挑战采取了有效的对策。然而，全球性的挑战和发生在该地区的发展已证明是更加难以应对的，新加坡需要进一步努力来重塑自己。许多措施的实施是痛苦的，如减少雇主支付雇员的强制性储蓄（或中央公积金）的份额，以及增加商品和服务税，尤其是对那些工薪阶层，很少有国家可以采取这些措施而不会带来严重的社会抗议。在极短的时间内新加坡政府对银行和金融部门进行大规模的重组，从而加强了新加坡作为一个可靠的全球性金融中心的地位。最近，李光耀直接插手新加坡航空公司（SIA）和樟宜航空中心地位所面临的复杂的挑战。他强调，保护和扩大其连通性对新加坡来说是必要的，它与整个新加坡的经济利害攸关。引用李的话，"政府已准备好失去其在新加坡航空公司的股份，但将尽一切可能保持其航空中心的地位。"[179] 为了成功确保其航空中心地位，新加坡旅游局需要一次重大的改组和彻底的思想转变。到访新加坡的游客情况正发生显著的变化。他们现在更可能是那些相比花费在昂贵的酒店而更愿意花费在食物与购物上的年轻的和中产阶层的亚洲人。[180] 许多人还需要一种充满活力的地方文化的体验。

在 2002 ~ 2003 年间，政府前后发起了两项重要的研究：《经济审查委员会报告》[181] 和《新加坡改造委员会报告》[182]。前者表明了新加坡面临的经济挑战，并对主要的经济重构提出了具体建议。它认识到，“新加坡不能在久经考验的战略上退缩”。它进一步指出，在全球背景下，“每个国家都不得不为自己在所擅长的领域开拓生境”[183]。后一个报告提出了两个主要目标：加强国家特性、凝聚力和归属感，并培育有利于创造力、知识、经验主义和创业精神的环境。

尽管政府积极努力，国家认同感在新加坡还没有得到有效的内在化。伴随着新加坡的改造实践，在国家特性上的深层焦虑再次浮出水面。正如斯图亚特·霍尔（Stuart Hall）所说：

> 特性从来都不是一元化的，在现代化的后期变得越来越支离破碎和四分五裂，它从来不是单数的而是由不同的常常是相互交叉和对立的话语、做法和立场相互叠加而构成……服从于一个激进的历史化和不断转型的过程……相比作为一个同一的、本质构成单一的标记，他们更可能是一个标识差异和排斥的产物。[184]

特性总是多元的、易变的和不稳定的。它是被社会的集体想象不断地构建和再生。然而，在新加坡，国家特性的形成往往受制于中央集权。即使特性的表达经历了不同阶段，适应着不同的时期和环境，对特性的基本理解和其形成的途径是明确的。政府独自确定了每个阶段的特性的形成。

几十年来，全球城市一直是新加坡制定政策的焦点，而且这又是新加坡重塑实践的最显著的目标之一。近年来，关于网络社会和全球城市的辩论已来到了以埃曼纽尔·卡斯泰尔和萨斯基娅·萨森的杰出分析为代表的国际理论讨论的前沿。新加坡欢迎网络社会的到来，并已在此方向上在发展型政府的背景下采取了许多政策。

萨斯基娅·萨森在她修订版的《全球城市》[185] 的后记中写到，在 1980 年代，全球城市的出现可能“仅仅是朦朦胧胧地”被察觉到，只是在 1990 年代，她的许多构想才可能被证实。她强烈认为，主要的全球城市如纽约、伦敦和东京在等级上的主导地位已经被侵蚀。“这种尺度改变的主要特点是用于分析的旧有的分类体系和规划等级体系的颠覆。”[186] 现在兴起的是那些拥有专门的全球化职能的城市。围绕每一项全球化职能会产生一个全球化的城市链，每个城市与其他的城市形成有效链接，虽然它们可能不必要是全球化的城市，例如在新加坡的金融贸易中心和在吉隆坡的商业中心。全球城市代表着一个战略空间，在这里，在全球城市职能上存在着一定程度的复杂性，而且在这里，“全球化进程具体表现在中心的地域性，且全球化的动态过程贯穿着国家的制度安排。”[187]

重要的是要意识到，目前的例子强烈表明，更有可能是周边地区，而不是城市本身，容纳了一个庞大规模的中产阶级，并从中获得极大的经济利益。然而，这并不适用于新加坡，由于这个小规模的城市型国家不得不在其地理界限内安置其全部的人口。此外，“专注于全球城市将使得城市的大量深陷不利地位的部门和空间之间的增长的不平等现象显现……因为这个模型的一部分明确假定，新的增长部门是促进高收入和低收入工作两极增长趋势的一个因素。”[188]

政府要把新加坡发展成为艺术城市的抱负随着新加坡改造实践的推进而得到重新提升。在大规模的基础设施发展和大量资助艺术社群的同时，政府还积极提升一种开放的形象，并扩大文化和艺术表现的空间。对于一系列活动的管制，从嚼口香糖、吧台跳舞、同性恋权利到艺术表演等，已根据政府答应对其管理方式进行轻微改变而放宽。然而，对新加坡的转变和重塑的行动仍然保持着一种自上而下的、家长式的实践。在政治、大众媒体和审查法规等方面的界线仍然存在。此外，批评者关切的是，针对艺术方面的政府政策，其工具理性的本质已导致逐渐增加的活动和商品化，以及“艺术批判、多样性和激进思想的衰落”。[189]

在新加坡，对文化政策的制定采取自由和控制并举的方式。政府反复强调，需要保障大多数人的利益，而不是采取更加自由的态度来对待媒体、公众参与、民众中少数群体的声音和青少年的心声。在新加坡，有许多艺术管制和文化政策的牺牲品。例如一个广受好评的电影，《15》，由当地导演陈子谦（Royston Tan）拍摄，这是一部探讨严酷社会问题和社会弃儿所处困境的电影，因而要面对观看条例的约束和审查。[190] 又如一个名如“Talaq”的剧本，因为涉及宗教和种族问题以及妇女遭受婚内强奸等敏感话题，而没有获得演出许可。[191]《Focas》，一本涉及当代艺术和文化评论的本地杂志，当一个政府机构突然撤出对其资助时，也遇到了一个内部审查。[192] Ruth Berenson 博士，在一篇关于新加坡艺术政策的极富洞察力的文章中指出："艺术家们努力保持其艺术家以及公民身份，这种斗争有时可以是充满冲突性的。"[193]

在过去十年里，艺术发展获得强大的动力，一批年轻的、具有创新精神的多产作家、视觉艺术家、音乐家、剧作家以及电影制造商近来已在当地、区域性的、有时是国际性的艺术舞台上有杰出表现。一个突出的例子是在国际上获得认可的王景生（Ong Keng Sen）的多文化的实验项目。[194] 即使这些艺术家的艺术和审美成就是不平衡的，有时甚至是不成熟的，但这些艺术发展却提供了一个充满活力的地方艺术氛围。我同意副总理李显龙（Lee Hsien Loong）的见解，即目前的艺术氛围"远远不是枯燥无聊"。[195] 一些艺术家的作品对官方版本的新加坡特性进行审问。从邱金海（Eric Khoo）的电影中，人们可以感受到一种对官方认可的清洁、和谐和富裕的新加坡的颠覆感。诸如此类还包括邱的《12 楼》[196]，陈子谦的《15》[197]，以及若干由独立电影制片人创作的短片。韦婉玲对本地电影的评论揭示了全球因素和当地文化产品之间的相互作用：

> 已经本地化的"西方化香港"的电影形式对我们生活的地方——全球城市提出了审问。这体现了一种新兴的双重意识形态。一方面，年轻的艺术家们基于当地进行思考（在其描述那些不可避免地被国家干预的城市体验时），同时他们与外界保持着独特的和金钱以外的文化联系。[198]

同样，亚菲言和 Daren Shiau [199] 的文学作品，就像这些本土电影一样，揭示了一部分被边缘化的新加坡人的隐藏的、有时功能失调和悲惨的境地。亚菲言的诗歌《新加坡，你不是我的祖国》强烈表达出他对于身份被国家机器盗用的形式的不满。[200] 当地的戏剧团体像 W!ld Rice，由国际知名导演王爱仁（Ivan Heng）带领，怀着一种十分重视当地的政治和社会状况的态度上演了富有洞察力的作品。[201] 比如华语剧团的戏剧场所就上演了以伊娃·恩斯勒（Eve Ensler）的百老汇作品为基础的《阴道独白》[202]。然而，他们的是一个完全不同的版本，是在当地妇女的经历和中国神话的基础上完全重新编写的。一些艺术家基于个人特性并超越官方渠道的狭隘划定而提出重要的新观点。例如，像 Zai Kuning[203] 和

Khairuddin Hori[204] 这些多元艺术家的作品深入探究了民族传统和精神需求。归根结底，所有这些艺术家们都被他们的城市、后现代主义以及多元文化和跨国的教育和经历所塑造和充实。通过他们的艺术，他们讨论因此变得多元化和混杂化的新加坡特性的相关构想，与此同时，当地的艺术家不断地触及文化和物质中的心灵空白状态：引用演讲家和诗人埃迪·泰（Eddie Tay）的话，“我痛苦地意识到，我的诗是……寻求属于新加坡的尚未完善的归属感。”[205]

因此，显而易见的是，国家管理手段还无法使当地艺术力量停顿下来，因为艺术家在设法回避不友善的管理者时变得更加机敏、有经验和老练。如此看来，整体气氛的宽松将是不可避免的趋势，即使现在仍然只是象征性的，但将继续得到发展。之后，艺术家们往往在为获得资金、观众和当地的认可方面努力奋斗。同时政府继续统治着国家的文化活动，这仍然是阻碍当地艺术发展的一个关键因素。即使像“早先主张国家被动式建设的人们现在也清晰表达了对‘混乱’的创造力的需求，这样将减少墨守成规，并树立将新加坡建设成为信息技术中心的抱负。”[206] 有一些人，像 Tan Chong Kee，非常关心新加坡在艺术生产上正越来越注重商业可行性的状况。他还因此提出，艺术家们“在全球资本主义而不是当地专制的背景下将获得更大的成功合作的空间”。[207] 为了真正繁荣，艺术必须独立于政治之外。郭宝昆对于这一点多次借用鲁迅的说法：“鲁迅曾经提出，每一个政治运动或政党的本质是保持和延续其规则；而对于艺术来讲，其本质就是永远追求真理，即使在一定程度上这会引起执政权力者的敌意。”[208]

由于其一心一意致力于有效地推进国家的发展，新加坡自 1975 年以来在建筑和城市规划方面一直完全依赖国外。其和纽约华尔街如出一辙的国际式建筑风格说明了盖伊·德博（Guy Debord）的观点，即“外在景象所表达出来的是对一个特殊的经济和社会制度的反映”，该“议程”使“我们无法支配的历史阶段”[209] 的许多具有创造力的当地建筑师，在随后几年中一直身陷在被无用的机会充斥的、具有惊人毁灭性的和令人意志消沉的大环境里。到 1990 年代中期，政府才认识到，必须支持发展创新的环境、充满活力的地方艺术及建筑团队，新加坡才能走向国际舞台。

尽管如此，两名当地的建筑师，郑庆顺和我本人，几十年来坚持生产许多非主流的实验性项目，并在理论界占据主导地位。在 2002 年，我把我的建筑实践交给了合伙人 Mok Wei Wei。我最近的主要建筑项目有海洋巡游社区中心（2000）[210] 和与 Tang Guan Bee 合作的美术馆酒店（2001）[211]。我继续就有关后现代性、全球本土性和社会公平等背景下的亚洲城市文化进行创作和演讲。里昂尼·萨德尔考克，在她对我最近的书《另类的后（现代性）》的评论中，把我的言论看作是亚洲有关“激进的后现代城市主义”的最重要的声音之一。[212] 郑在更适度的范围内仍然继续着他的建筑实践。他把更多的时间花在教学和将建筑设计特性从热带性覆盖至可持续性和生态环境方面。他仍然是新加坡建筑和城市环境方面最重要的公共知识分子。据罗伯特·鲍威尔（Robert Powell）的说法，郑近来指出，这是“一个总是倾向用西方方式解决问题的装模作样的缺乏自重的新加坡政府……一种新的建筑风格怎么可能在一个并不忠实于自身天生的自主能力的地方产生？”[213]

还有值得一提的是其他现在已年逾六十的建筑师们。像 Sonny Chan Sau Yan 和克瑞·希尔（Kerry Hill），在那些动荡的年代里还在继续着他们严肃认真的实践项目。这是因为他们大多数的主要项目是位于新加坡以外的亚洲地区。Chan 最近的项目包括 Coronation 西路 32 号（2004 年）。希尔的项目包括新加坡板球协会会馆（2000 年）。[214] Tang Guan Bee 仍然从事着他的实验性项目，包括中国香港的城市桥梁 LOFT 住宅和综合商业大楼。

本地具创造力的设计师们在 1975 年至 1990 年代中期之间在私营部门颇受煎熬，而同时大规模的公共改善项目成为新加坡城市景观的主导特征。这些项目被许多公务员身份的专业建筑师们有效地实施。刘太格是新加坡公共住房和规划中的一个关键人物。他经常表示，新加坡目前是世界上设计得最好的城市之一。[215] 现在他经营着一个被称为 RSP 的大型私人执业机构，业务遍布整个亚洲。过去几年他在许多法定机构保有职位，同时他也是权力阶层内部一个值得信赖的成员。他继续担任设计学院和环境咨询委员会的领导职务，负责监督和指导新加坡国立大学建筑学院的政策决策。他还是国家艺术理事会的主席，提供资助并管理和推进艺术团体的活动。

近来，对规划与建设管制特别是对那些公寓住房设计的管制的调整和放松已经进行。为了他们自己的声誉，年轻一代本土建筑师积极响应，并产生出一些新的设计方案，常常为开发商产生额外的经济利益。然而，在一次专题研讨会的学术报告中，已故教授、著名评论家和教育学家 Eric Lye 批判性地评论道："这里没有建筑。这些项目看起来都很相像，只是一些聪明的外观操作。"[216] 这绝对是对这些建筑师的一个提醒。

近年来，城市重建局（URA）采取了许多新政策，以应对不断变化的环境。[217] 除了主席外，它的所有成员，包括一位来自私营部门的年轻建筑师黄文森（Wong Mun Summ），都是在 2000 年刚刚得到任命。城市重建局组织了多次展览，为公众提供信息并获得反馈：2002 ~ 2003 年间举行的"特性规划：保护我们共同的记忆"展览 [218] 是有意义的，因为特性现在已经成为官方所认识到的重要议题。然而，城市重建局继续依赖新加坡概念规划（2001 年最新修订）[219]，这是一个以早期现代主义规划理论的务实观点为基础的规划。一些表面上的变化已经在城市发生，但同时在新加坡其规划和都市化理论基础保持未变。2003 年的总体规划 [220] 里关于近期中心城区范围扩大的提案，是一个美国式晚期资本主义的物质形态规划的全面体现。它很少考虑信息技术、网络社会和年轻一代变化的价值观、文化及生活方式所带来的多重影响。它的图解简单而僵化，与提倡灵活性、创造性和产生具有吸引力的世界型大都市的官方口号形成极富讽刺意味的鲜明对照。

到 1996 年，住房发展局（HDB）已经为 86% 的新加坡市民提供了住所，这其中包括 775550 个单元公寓。[221] 新市镇和房地产项目仍然是在极度规范的平面布局和内部规划分区原则下设计和建设。视觉特性的缺乏成为新加坡国家特性构建过程中一个严重的缺陷，即使进行大规模的立面设计，这一缺陷也不能被轻易克服。住房所有权，这对老一代新加坡居民来讲是一个令他们激动和极具吸引力的观念，但事实上对今天的年轻一代来讲，已经成为一种经济负担和对工作流动性的限制。住房发展局的住房其有效维护清洁、绿化和安全的形象，相比缺乏规划的、令人无法预料的空间和混杂的秩序来说，可能更加缺少吸引力。单身家庭，特别是老年人和残疾人可能需要的是在较大规模社区里的经济适用房。多样化的建筑高度和并不规范的混合使用功能，与散布的私人住房及公共设施一起，可以形成独特的视觉特征，并鼓励社区的交流融合，同时缩减种族和收入差异。

在千禧年末，我们可以清楚地看到新一代有才能的建筑师开始崭露头角，大多是在四十岁左右。由于重塑新加坡的迫切性，政府有意识地任命这其中的一些建筑师在法定部门服务，在建筑学院任教，以及设计许多规模适中的公共项目。值得注意的是，一些主要的项目最近交给一些外国建筑师负责，这是基于他们的专业设计能力而不是他们公司的纪录。这包括扎哈·哈迪德（Zaha Hadid）负责的One-North总体规划（2001），[222] 威尔·奥尔索普（Will Alsop）负责的Clarke Quay的翻修和部分重建（2002），[223] 还有杨经文的新加坡国家图书馆（2004），[224] 槙文彦设计的新加坡共和国理工学院（2006）。[225]

老一代建筑师几乎都缺乏严肃的设计实践，除了文章之前提过的那些，这使得年轻一代得以快速成长起来并占据主导地位。年轻一代中有很多有天赋的建筑师。接下来挑选出来的建筑师和他们作品并不是很全面，但他们却是被慎重挑选出来的，以展现他们多样化的设计手法和灵感。他们是：Aamer Taher：Merryn路42号(2001)[226] 和KheamHock路20号(2002)，[227]Ernesto Bedmar：Namly路住宅(2002)[228]。曾仕乾（Chan Soo Khian)：广州灵堂(2002提交)。[229]Richard Hassell和Wong Mun Summ：圣玛利亚天使教堂(2003)。[230]Look Boon Gee：Alexandra Link (2007)和碧山社区图书馆(2007)。[231]Mok Wei Wei：The Loft (2002)和Arris公司公寓(2004)。[232]Tan Hock Beng：联合医疗中心(2003)[233] 和威尔特路住宅(2004)。[234] 陈家毅（Tan Kay Ngee)：Burghley Drive，3个住宅(2004)。[235] Tan Kok Hiang：Assyafhh清真寺(2004)。[236] Teh Joo Heng：吉隆坡EISB企业总部(2004)和翡翠山63号(2004)。[237]

这是一代在先进管理与设计技能方面受到良好教育和培训的年轻建筑师。但是，Bobby Wong强调，新加坡的建筑“被更多的模仿性的结构所主导并定位在地理的而远非文化产品的中心”，这是在冒着只是被动地消费符号的危险。[238] 大量本地的作品随意挪用各式各样的美学风格与时尚做法以及一些传统与现代的符号。尽管近来的政治任务是朝向知识经济与创新环境，郑庆顺谴责政府事务中“旧的价值观太过根深蒂固，且对成功过于沾沾自喜。沿海岸线的建筑似乎没有发生任何改变。”[239] 他进一步指出：“年轻的建筑师太胆怯。他们甚至没有开始在设计上进行任何有意义的尝试……并且他们模仿西方模式的设计态度，忽视了他们自己的文化和场所的诗情画意。”[240]

然而，我认为Tay的批判是太过苛刻了。在那些商品化和官僚僵化领域和控制范围之外的项目中，可以发现许多创新性的能量。例如Mok Wet Wei设计的

Morley 路住宅 (1996) [241]、Richard Hassell 及 Wong Mun Summ 设计的圣玛利亚天使教堂 (2003) [242]。年轻一代建筑师正处在一个发生剧烈变化和挑战的发展过程当中，既受限于当前的批判性的争论并承受他们在概念设计中受到的制约，也要考虑对社会作出有效的专业贡献。

然而，在新加坡明显缺失的是一种牢牢扎根于地方特色与特性以及相应的理论和学术讨论的建筑文化。Bobby Wong 在对建筑学院工作室的系列讨论会的评估中，特别指出了学术培训与讨论所起的关键作用："工作室允许个人试验和探索建筑学的极限……我看到这些工作室正在尝试保持和延续这种建筑学科过去和现在总是固有的一种'激进性'。" [243] 两个近来毕业于海外一流大学的新加坡毕业生，在他们的工作中展示出了这样的素质，包括 Christopher Chew 的爱迪生学校（2002）和林瑞光的人造地形（入围桥梁设计比赛，2004）。

在创新性的设计环境迅速变化以及新城市理论快速发展的背景下，专业人员和决策者都需要更好的信息，并积极支持一种充满活力的建筑文化的发展。集体的智慧和精力必须致力于努力实现超越商业成功和主流认知的标准，而且他们需要得到主动积极的培育和支持。前沿性的写作和创造性的分析以及相关的研究和调查讨论，特别是针对新加坡和亚洲区域的，对于实现多样性、卓越性、本地和全球之间以及实践与理论之间的重要联系以及多元化和本性是非常重要的。

结论

本文是要试图洞察那些对塑造新加坡的理念和新加坡的特性起重要作用的事件及历史背景。帝国主义的议程几乎涉及了殖民时期新加坡生活的各个方面，当时的一些影响在今天的新加坡依然能够感觉到。以欧洲为中心的现代性在过去以及现在仍然对新加坡的政治及城市空间配置产生不容否认的影响。新加坡这个国家是在殖民主义、社会主义、共产主义和资本主义等多重力量的冲突与融合并伴随着重大变革的历史焦点时期诞生的。混沌的时代已经过去，当今的新加坡正迎来一波新的创造力，至少是在建筑领域。艺术和文学的蓬勃发展就像一代有魅力和才华的人们在政治舞台上找到了他们自己的位置。管理体系在一段时间内对这一波创造力的巨大潜力加以利用，并将其转化为一种强大而统一的生产力。[244]

然而，1975 年成为新加坡的一个转折点，这时新加坡将未来的发展转向依附于美国主导的资本主义的轨道。建筑和艺术团体被放逐到边缘地位，同时批判性的论述也遭到压制。

识别和分析那些雷姆·库哈斯在对新加坡的描述中所忽略的问题和阻力是十分重要的。那些在城市更新和白板式的发展过程中失去的东西已经不可挽回。但是，在这一点上，人们认识到白板式的发展是不完善的将有利于我们进入下一步的讨论。库哈斯大力宣扬新加坡对于欧洲为中心的西方来说，是“失控的现代化进程的一个明显的牺牲品”[245]，这种结果是西方所不得不接受但又没有任何权利指责的。同时，库哈斯也在他的著作《突变》中以类似的方式去描述中国发展的特征。[246] 我质疑他的所谓的西方角度的分析，捕获的仅是哈哈镜里的扭曲图像，而这种图像是不真实的，需要转向并利用别的方式去解读。[247] 库哈斯曾断言，“最多，我们就像是死去的父母一样，痛惜自己的（非西方的）儿女搞乱了他们的遗产”[248]，而他的这一言论导致 Wee Wan Ling 在评论中说，库哈斯归根结底只是声称，现代性和全球化仍处在西方的专有领域内。[249]

新加坡并不完全是同质的和超现实的。Brenda Yeoh 曾经说过,“场所”本身，不单只在新加坡，“作为一个精英分子或国家权力的储存库，或是作为个人或集体记忆、斗争和抵抗的地点，具有双重特性”。正如我在对非确定性空间的研究中试图表明的，场所“有一个‘更深’的含义，这远不只是单纯的视觉景观：它包含了源于不同的人物传记和历史的多层含义。”[250] 此外，在一个全球化的和空前变化的世界当中的文化和空间不断同质化的背景下，“场所的归属感因此可以理解为地域化的一个方面，离开了归属感，认同感则可能是伪造的。”[251] Neil Leach 对将认同感的完整概念视为一些固定和稳定的状况提出质疑：“认同感必须以多重的且常常看起来矛盾的个人表达的方式来加以理解。”[252] 因此，我们不能依靠当局或权威仅仅在表面上去寻求一种国家的认同感和归属感；我么也不能继续盲目地仅仅通过品牌化去认同新加坡每个阶段的改造。

新加坡需要迫切地提供一个更具活力和创造力的环境，鼓励创新思维和艺术实验，并且接受一些批判性的、另类的知识分子话语，并为公众评论和公众参与提供空间。当前，对已被接受的规则的超越正不断地被尝试，并且其范围也在不断地扩展。然而，重构的步伐和极限性无法确定，并且仍然受到来自公众特别是年轻一代的挑战。在不断变化的城市环境中，当地的建筑师获得更好的机会去开展原创性的工作，并为新加坡的建筑表现及新方向作出积极的贡献。他们的智慧必须超出建筑学和城市规划的极限性的领域，而需要参与到文化研究的理论探讨中，而这些研究现在已经认识到有意识的地方投入以实现可行的全球化是十分必要的。文化理论家也先于建筑师和规划师，认识到了全球化的互相依存性和城市的不和谐，以及研究地方的全球化和另类的后现代性的需要。这符合郑庆顺称为“S2 设计文化”的以知识和创新为基础的新经济体系，在这种经济体系中，整体努力是必要的，而过时的领导却会成为障碍。[253]

我们也需要认真倾听年轻一代的声音。首先，让我引用一项由 Richard Hassell 和 Wong Mun Summ 发表的联合声明：“新加坡建筑和城市规划未来的发展方向，在未来几年里，与新加坡的未来发展一样，似乎既包含一个巨大的承诺，也包含一个无法实现这一承诺的可能性……，使新加坡这个岛国成为城市规划和建筑设计这些领域的设计、研究及出版中心，将使它具有全球意义……而要实现这一切所缺乏的就是远见与决心。”[254]

通过检查和认识那些非顺从的少数派的生活叙事与实践，了解这些建筑师们的生存发展战略以及如何保持他们的智慧活力，我们可以受到激励，去设想一个新加坡建筑与城市规划发展的可行的、不寻常的前景。[255] 这符合雷恩·梵·斯凯克的分析与理论，并从中获得灵感。根据他的观点，在城市区域内不同创新力量之间的公开竞争，将产生一个“富有活力的地方建筑文化”，促生“一个去除了空洞的乡愁形象的全新而独特的新加坡特性，这种特性将赢得那些创新性人才的注意，而这些人才正是城市所致力吸引的，即使这一举措仅仅是吸引他们自己的外籍人士的回归。”[256] 只有通过接受不断的纠纷和争论，经历许多困难的局势，竞技场才得以产生，有助于塑造和增加建筑与城市景观的复杂性的意义。

现在面临的挑战是，新加坡的建筑与城市规划以及艺术，在新千年是否能够超越以西方为中心的现代主义的狭隘范畴而得到重新定义。白板式发展的现实必须被承认，同时也要超越因认识到这一点而产生的焦虑感，目的是为了确保在新的、复杂的和不断变化的特性和有活力的文化多元主义的背景下，一种充满活力的和创造性的地方文化得以绽放。

William Lim Associates | William Lim

Marine Parade Community Club（2000）

Gallery Hotel（2001）- William Lim and Tang Guan Bee, William Lim Associates in association with TANGGUANBEE Architects

Chan Sau Yan Associates | Sonny Chan Sau Yan

No.32 Coronation Road West（2004）

Kerry Hill Architects | Kerry Hill

Singapore Cricket Association Pavilion（2003）

TANGGUANBEE Architects | Tang Guan Bee

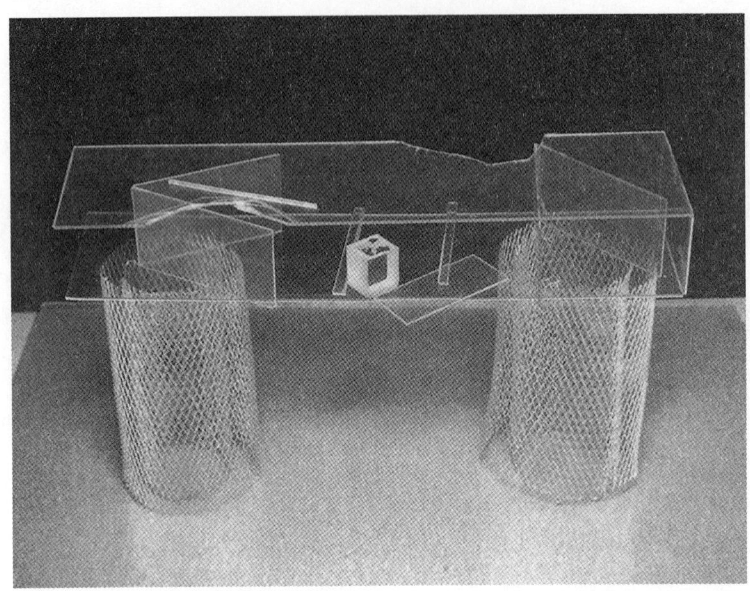

Urban Bridge Loft Housing（Submission）

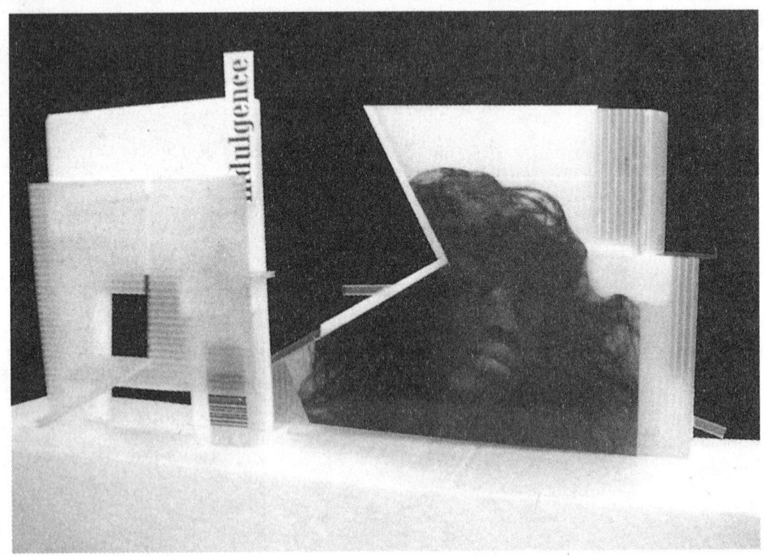

Mixed Commercial Complex, Hong Kong（Proposal at Planning Stage）

Zaha Hadid Ltd

Zaha Hadid
Iraq

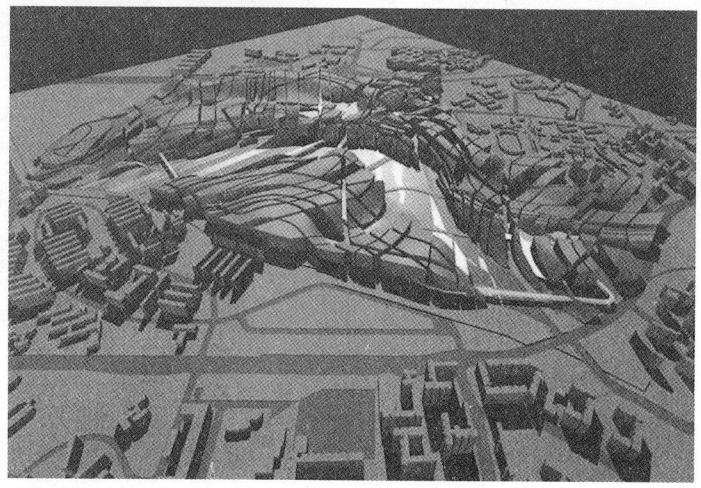

Masterplan for one-north at Buona Vista, Singapore

Will Alsop Architects

Will Alsop
United Kingdom

Refurbishment and Partial Redevelopment of Clarke Quay Phase 1 (2005) Phase 2 (2006) Will Alsop Architects in association with RSP Architects, Planners and Engineers Pte Ltd

Maki and Associates | Fumihiko Maki Japan

Republic Polytechnic（2006）Maki and Associates in collaboration with DP Architects Pte Ltd

Aamer Taher Design Studio | Aamer Taher

House at Merryn Road（2001）

House at kheam Hock Road（2002）

Bedmar & Shi | Ernesto Bedmar

Namly Road House（2002）

SCDA Architects | Chan Soo Khian

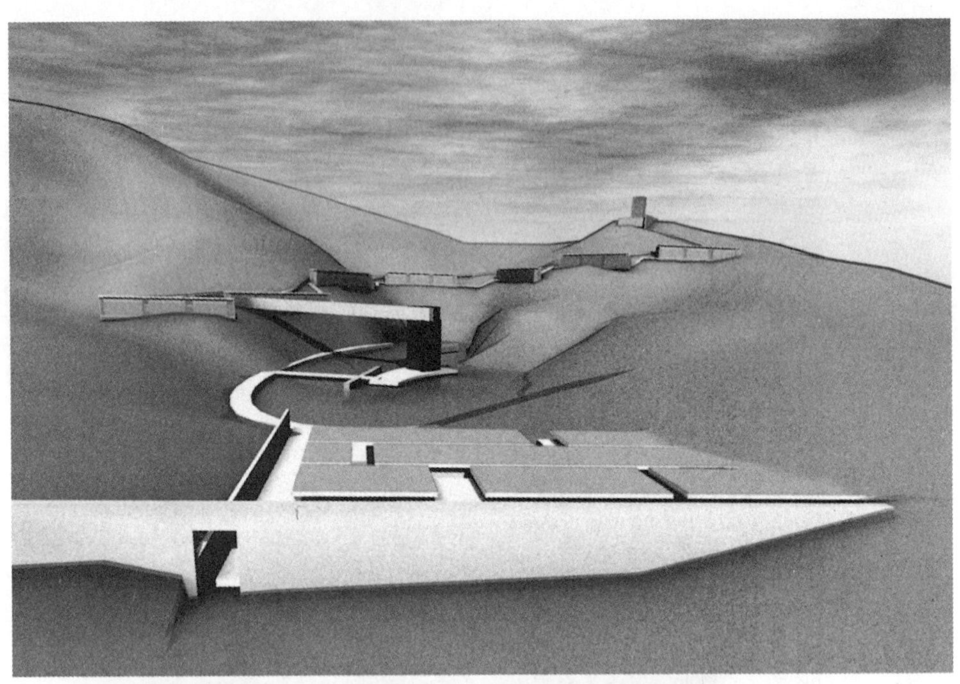

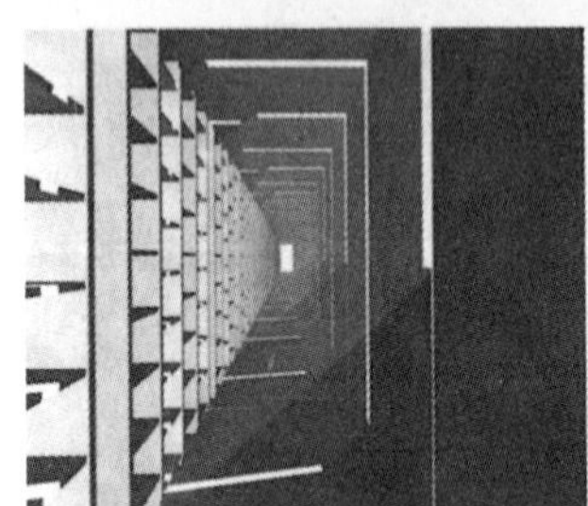

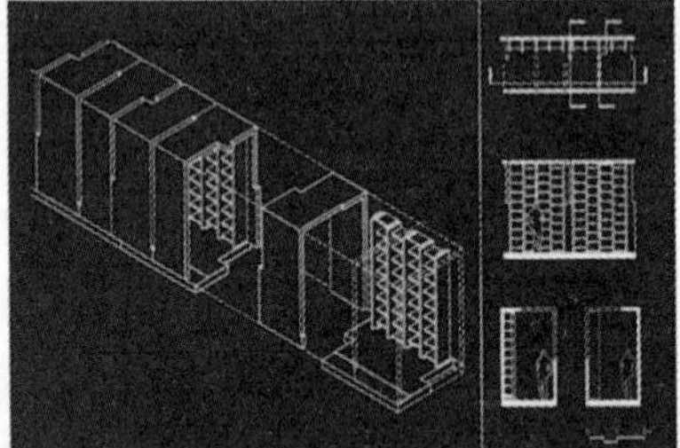

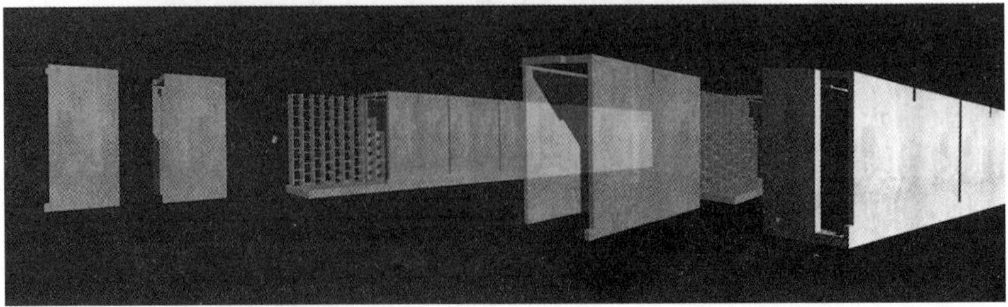

Columbarium, Guangzhou, China（2002）

WOHA Architects

Richard Hassell
Wong Mun Summ

Church of St Mary of the Angels (2003)
Photo © Tim Griffith

Look Architects | Look Boon Gee

Bishan Community Library (2007)

Alexandra Link (2007)

W Architects | Mok Wei Wei

The Arris Condominium（2004）

The Loft（2002）

MAPS Design Studio | Tan Hock Beng

Bungalow at 11 Wiltshire Road（2004）

United Medicare Centre（2003）

KAYNGEETAN Architects

Tan Kay Ngee

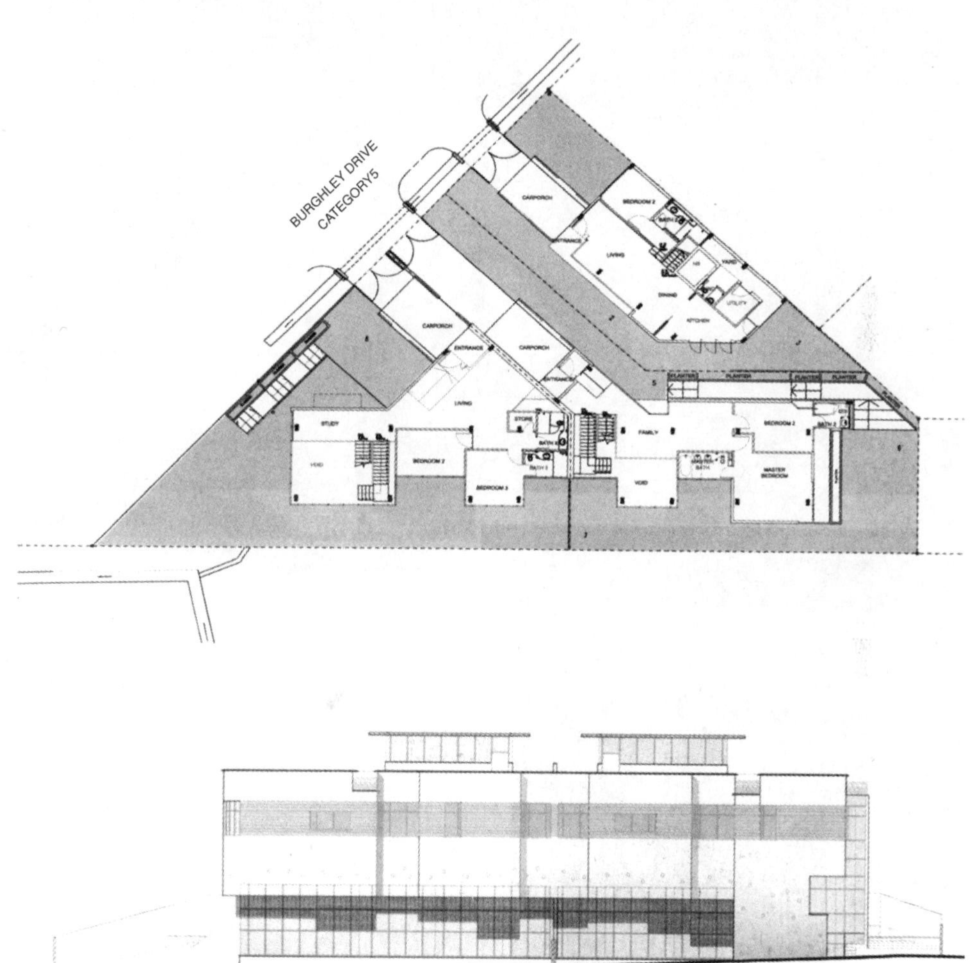

Burghley Drive - Three Houses（2004）

Forum Architects | Tan Kok Hiang

The Assyafah Mosque（2004）

TEHJOOHENG Architects

Teh Joo Heng

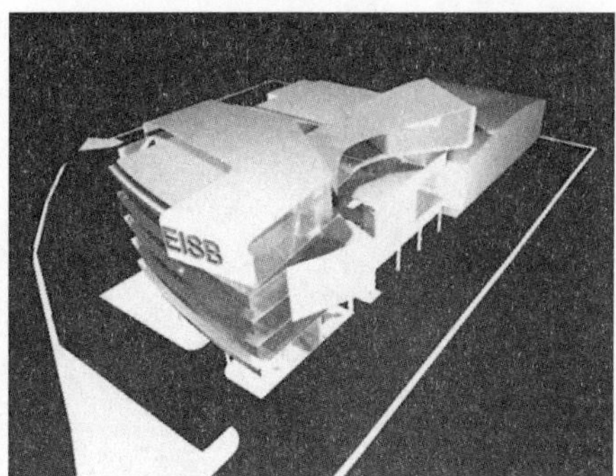

EISB Corporate HQ in KL Malaysia (2005)

63 Emerald Hill (2004)

Christopher Chew

Edison School, New York, USA
-3rd Year Studio at Columbia University,
Graduate School of Architecture, Planning and Preservation（2001）

Kevin Lim Sui Kuan

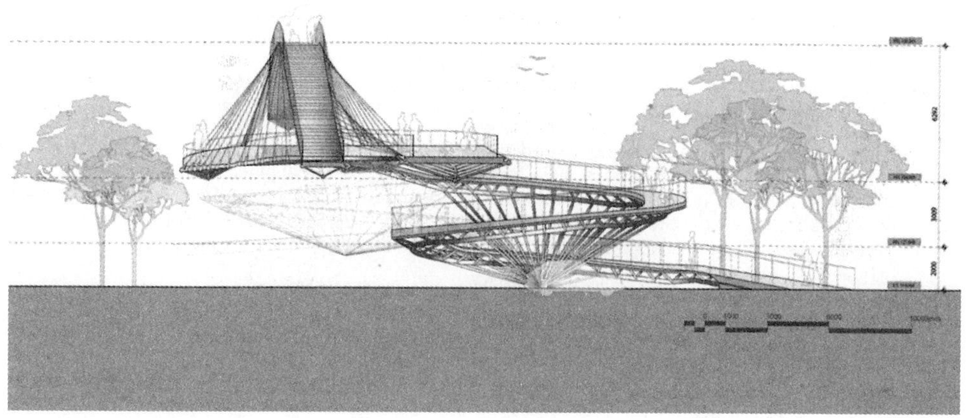

Entry for URA Southern Ridges Competition, Singapore - Kevin Lim and Raymond Lau in association with Ong and Ong Architects Pte Ltd (Singapore) and Adams Kara Taylor Structural Engineers (UK) (2004)

注释

1 Yeo Wei Wei, "City as Theatre: Singapore, State of Distraction" in *Postcolonial Urbanism: Southeast Asian Cities and Global Processes*, eds., Ryan Bishop, John Phillips and Yeo Wei Wei (New York: Routledge, 2003), 250.

2 See Rem Koolhaas, "Singapore Songlines: Portrait of a Potemkin Metropolis ... or Thirty Years of Tabula Rasa" in *S, M, L, XL*, Office for Metropolitan Architecture, Rem Koolhaas and Bruce Mau (Rotterdam: 010 Publishers, 1995), 1008–1089.

3 See Yeo, "City as Theatre: Singapore, State of Distraction", 245–265.

4 Peter Schoppert, "Displacing Singapore" in *Singapore: Views on the Urban Landscape*, Lucas Jodogne (Belgium: Pandora, 1998), 98.

5 Lai Ah Eng, "Introduction: Beyond Rituals and Riots" in *Beyond Rituals and Riots: Ethnic Pluralism and Social Cohesion in Singapore*, ed., Lai Ah Eng (Singapore: Eastern Universities Press, 2004), 1.

6 Presently, exhumation works are being carried out in Bidadari Cemetery along Upper Serangoon Road. Opened for burials in 1907 and closed in 1972, the cemetery is the burial place of many of Singapore's important historical figures. It is also a sanctuary for joggers and a nature-lover's haunt. See Alexa Olesen, "Singapore Clears Grave for Apartments" in *AP Report* (12 May 2002). See also Kevin Y L Tan, ed., *Spaces for the Dead: A Case from the Living* (Singapore: Singapore Heritage Society, forthcoming).

7 Lau Siew Mei, *Playing Madame Mao* (New South Wales: Brandl and Schlesinger Pty Ltd, 2000), 197.

8 Jane Beamish and Jane Ferguson, *A History of Singapore Architecture: The Making of a City* (Singapore: Graham Brash Pte Ltd, 1985). See pages 27, 64, 82, 92.

9 Arthur Yap, "There is No Future for Nostalgia" in *The Space for City Trees: Selected Poems* (London: Skoob Books Ltd, 2000), 59.

10 Raymond Flower, *Raffles: The Story of Singapore* (Kuala Lumpur: Eastern University Press Sdn Bhd, 1984), 5–6.

11 Neil Leach, "Belonging" in *AA Files* 49 (2003):76.

12 Sanjay Krishnan, "What Makes Art Possible: Remembering Forum Theatre," in *Ask Not: The Necessary Stage in Singapore Theatre* (Singapore: Times Editions, 2004), 103–104.

13 Alfian Sa'at, email correspondence with author, 24 April 2004.

14 William Lim, "Ethical Urbanism", article to be published in *32: New York/Beijing* 4 (Summer 2004).

15 Edward W Soja, "Writing the City Spatially" in *City: Analysis of Urban Trends, Culture, Theory, Policy, Action* 7.3 (November 2003): 271.

16 Ibid., 272.

17 Ibid., 275.

18 John N Miksic and Cheryl-Ann Low Mei Gek, eds., *Early Singapore 1300–1819* (Singapore: Singapore History Museum, 2004).

19 See Constance M Turnbull, *A History of Singapore: 1819–1975* (Kuala Lumpur: Oxford University Press, 1977), 4–5.

20 See Emma Reisz, "City as Garden: Shared Space in the Urban Botanic Gardens of Singapore and Malaysia, 1786–2000" in *Postcolonial Urbanism: Southeast Asian Cities and Global Processes*, eds., Ryan Bishop, John Phillips and Yeo Wei Wei (New York: Routledge, 2003), 123–150.

21 See Beamish and Ferguson, *A History of Singapore Architecture*, 47–65.

22 See Robert Powell, *Singapore Architecture: A Short History* (Hong Kong: Periplus Editions (HK) Ltd, 2004), 19.

23 Ibid., 22–23.

24 Ibid., 24.

25 Ibid., 26.

26 Ibid., 33.

27 Ibid., 34.

28 Ibid., 48.

29 Brenda S A Yeoh, *Contesting Space: Power Relations and the Urban Built Environment in Colonial Singapore* (Kuala Lumpur: Oxford University Press, 1996), 16.

30 Ibid., 67.

31 See Gretchen Liu, *Pastel Portraits: Singapore's Architectural Heritage* (Singapore: Singapore Coordinating Committee, 1984), 99–105.

32 Ibid., 39–46.

33 Ibid., 26–33.

34 See Powell, *Singapore Architecture*, 74–75.

35 See Beamish and Ferguson, *A History of Singapore Architecture*, 143.

36 One of the most traumatic event was the *Sook Ching* where numerous young Chinese men were indiscriminately shot as an exercise of intimidation and terror. Till today, this remains for many an unforgettable and for some an unforgivable event. "The estimate [by the locals] is that some 50,000 people were purged in this exercise alone." See Lee Geok Boi, *Syonan Singapore Under the Japanese, 1942–1945* (Singapore: Singapore Heritage Society, 1992), 52.

37 Powell, *Singapore Architecture*, 85.

38 Ibid., 86.

39 Singapore Improvement Trust, *Master Plan: Report of Survey* (Singapore: Government Printing Office, 1955). The 1958 Master Plan was actually completed and published in 1955 but it is referred to as the 1958 Master Plan in accordance with the year of its official adoption.

40 Charles Abrams, Susumi Kobe and Otto Koenigberger, "Growth and Urban Renewal in Singapore, Report prepared for the Government of Singapore", Report of the expert mission appointed under the United Nations Programme of Technical Assistance, Department of Economic and Social Affairs, 1963.

41 See Turnbull, *A History of Singapore*, 247–248.

42 Ibid., 248–250.

43 Ibid., 250.

44 Ibid., 259.

45 Wong Ting Hong, *Hegemonies Compared: State Formation and Chinese School Politics in Postwar Singapore and Hong Kong* (New York: Routledge Falmer, 2002), 191.

46 Ibid., 191.

47 Singapore Malays felt increasing disappointment that the merger failed to bring about the same privileges accorded to Malays in the peninsula. One manifestation of communalist violence at that time was the Prophet Mohammed Birthday Riots of 1964. See Turnbull, *A History of Singapore*, 291.

48 Singapore Department of Statistics, *Economic and Social Statistics Singapore 1960–1982* (Singapore: Department of Statistics, 1983), 7.

49 Ibid., 4.

50 Singapore Department of Statistics, *Key Statistics: Latest Indicators* (Singapore: Singapore Department of Statistics, 2003), <http://www.singstat.gov.sg/keystats/annual/indicators.html>.

51 Singapore Department of Statistics, *Singapore 1965–1995 Statistical Highlights, A Review of 30 Years of Development* (Singapore: Department of Statistics, 1996), 3.

52 Chan Heng Chee, *Singapore: The Politics of Survival 1965–67* (Singapore: Oxford University Press, 1971), 48.

53 Kevin Tan, Introduction in *Lee's Lieutenants: Singapore's Old Guard*, eds., Lam Peng Er and Kevin Y L Tan (New South Wales: Allen and Unwin, 1999), xiii.

54 See James Minchin, *No Man is an Island: A Portrait of Singapore's Lee Kuan Yew* (New South Wales: Allen and Unwin, 1986).

55 Extract from S Rajaratnam, *National Pledge of Singapore* (Singapore, 1966).

56 See Eugene Tan, "'We the Citizens of Singapore ...': Multiethnicity, its Evolution and its Aberrations" in *Beyond Rituals and Riots: Ethnic Pluralism and Social Cohesion in Singapore*, ed, Lai Ah Eng (Singapore: Eastern Universities Press, 2004), 65–97.

57 See Wong, *Hegemonies Compared*, 187–195.

58 See Turnbull, *A History of Singapore*, 322.

59 In 1978 the Nanyang University Council announced that it had accepted the Prime Minister Lee Kuan Yew's suggestion to merge the University of Singapore with Nanyang University to form the National University of Singapore. See Choi Kwai Keong and Kee Poo Kong, *A Pictorial History of Nantah* (Singapore: Chinese Heritage Centre, 2000), 33.

60 The study of Chinese language (Mandarin) and Chinese culture in elite schools and universities would later on be redeemed and promoted within the framework of the government's cultural-political agenda.

61 Seet Khiam Keong, "The Write Stuff: The Development of Singapore Literature in English" in *Laporan Negara*, article archive, 2001, <http://dbp.gov.my/pat/ppat2001/laporan% 20negara/ldrseet.htm>.

62 Ibid. Edwin Thumboo's poetry volumes include *Gods Can Die* (Singapore: Heinemann Educational Books (Asia), 1977), *Ulysses by the Merlion* (Singapore: Heinemann Educational Books, 1979) and *A Third Map: New and Selected Poems* (Singapore: UniPress, 1993).

63 See Robert Yeo, "Dots and a Line: Continuities and Discontinuities in Singaporean Theatre" in *Singapore Book World* 23 (1993/1994): 35–38.

64Goh Poh Seng, Editorial, *Tumasek* 1 (January 1964):5.

65 Yeo, "Dots and a Line", 35.

66 Ibid., 36-37.

67 See Huang Meng Wen and Xu Nai Xiang, *Xin Jia Po Hua Wen Wen Xue Shi Chu Gao* (Xin Jia Po: Xin Jia Po Guo Li Da Xue Zhong Wen Xi, Ba Fang Wen Hua Qi Ye Gong Si, 2002).

68 See Yang Bi Shan, "Xin Jia Po Xi Ju Shi Lun" (Masters thesis, National University of Singapore, 1992).

69 Sanjay Krishnan, "Between Two Worlds: An Interview with Kuo Pao Kun" in *Nine Lives: Ten Years of Singapore Theatre, 1987–1997*, ed., Krishnan Sanjay (Singapore: The Necessary Stage, 1997), 132.

70 See William S W Lim, "A Tale of the Unexpected—The Singapore Housing Experience" in *Cities for People: Reflections of a Southeast Asian Architect* (Singapore: Select Books Pte Ltd, 1990), 190–202.

71 The National Theatre was completed in 1963 to provide for multi-cultural performances as well as ballet and orchestral music. For twenty years until it was demolished in 1986, the theatre was the largest in Singapore with 3490 seats under the cantilevered roof, and provision for seating on the sloping lawn for an

additional 10,000. Reports in the media pointed to structural problems whereas the building had to make way for the constructon of two underground tunnels. In 1983, private engineering consultants Ove Arup's report to the National Theatre Trust pointed to no major problems as regards to the steel structure itself, but recommended regular checks and maintenance. See also Bay Joo Hwa Phillip, Ang Choon Kiat and Peter Chen, eds., *Contemporary Singapore Architecture* (Singapore: Singapore Institute of Architects, 1998), 38.

72 Robert Powell, *Innovative Architecture of Singapore* (Singapore: Select Books Pte Ltd, 1989), 20.

73 Powell, *Innovative Architecture*, 21.

74 Powell, *Singapore Architecture*, 90–91.

75 Ibid., 96.

76 Bay, Ang and Chen, eds., *Contemporary Singapore Architecture*, 64.

77 Ibid., 59.

78 Ibid., 39.

79 Ibid., 42.

80 Ibid., 43.

81 Ibid., 94.

82 Ibid., 63.

83 Udo Kultermann, *Achitekten der Dritten Welt: Bauen zwischen Tradition und Neubeggin* (Köln: DuMont Buchverlag, 1980), 149–156. See also Udo Kultermann, *30 Years After: The Future of the Past* (Budapest: Építészet és Mûvészet Kévés Stúdió Galéria, 2002), 106–111.

84 See Robert Powell, *Innovative Architecture,* 21, 23.

85 See *Singapore Planning and Research Group, SPUR 65–67* (1969):1–3.

86 See William Lim, "A Case for a Mass Rapid Transit System in Singapore," *Equity and Urban Environment in the Third World* (DP Consultant Service Pte Ltd, 1975), 107–117. This article was published in the *Singapore Herald* (24 December 1970).

87 See *Singapore Planning and Research Group SPUR 68–71* (1971):11–12.

88 Robert Powell, "Inciting Rebellion" in *No Limits: Articulating William Lim* (Singapore: Select Publishing Pte Ltd, 2002), 27.

89 People's Action Party, *The Tasks Ahead: PAP'S Five Year Plans, 1959–1964* (Singapore: People's Action Party, 1959).

90 See Kwa Chong Guan, "Relating to the World: Images, Metaphors, and Analogies" in *Singapore in the New Millennium: Challenges Facing the City State*, ed., Derek Cunha (Singapore: Institute of Southeast Asian Studies, 2002), 108–132.

91 Park Keuho, "The Vietnam War and the 'Miracle of East Asia'" in *Inter-Asia Cultural Studies* 4.3 (December 2003): 372–397.

92 Singapore Department of Statistics, *Singapore 1965–1995 Statistical Highlights*, A Review of 30 Years of Development, 3.

93 Ibid.

94 Lily Kong, Martin Perry and Brenda Yeoh, *Singapore: A Developmental City State* (New York: Wiley, 1997), 6.

95 Frederic C Deyo, "The Emergence of Bureaucratic Authoritarian Corporatism in Labour Relations" in *Understanding Singapore Society*, eds., Ong Jin Hui, Tong Chee Kiong and Tan Ern Ser (Singapore: Times Academic Press, 1997), 353–362.

96 Chan, *Singapore: The Politics of Survival*, 306.

97 Francis Seow, *The Media Enthralled: Singapore Revisited* (Colorado: Lynne Rienner Publishers, Inc, 1998), 112–113.

98 Quah Sy Ren, "Form as Ideology: Representing the Multicultural in Singapore Theatre" in *Ask Not: The Necessary Stage in Singapore Theatre* (Singapore: Times Editions, 2004), 34. For an account of the events of 1976, see also William Peterson, *Theatre and the Politics of Culture in Contemporary Singapore* (Connecticut: Wesleyan University Press, 2001), 34–39.

99 Manuel Castells, *The Rise of the Network Society*, vol. 1 of *The Information Age: Economy, Society and Culture* (Oxford and Malden: Blackwell Publishers, 1996), 182.

100 Kong, Perry and Yeoh, *Singapore: A Developmental City State*, 7.

101 Manuel Castells, *End of Millennium*, vol. 3 of *The Information Age: Economy, Society and Culture* (Oxford and Malden: Blackwell Publishers, 1998), 249.

102 Lai, "Introduction: Beyond Rituals and Riots", 7.

103 See Sharon Siddique, "Singaporean Identity" in *Management of Success: The Moulding of Modern Singapore*, eds., Kernial Singh Sandhu and Paul Wheatley (Singapore: Institute of Southeast Asian Studies, 1989), 563–577.

104 In an interview with *Foreign Affairs,* Lee Kuan Yew identified such Asian cultural characteristics as group orientation, family ties, emphasis on consensus, education and saving as having underscored political safety and economic development. Confucianism was also characterised as the underlay to these values. See Zakaria Fareed, "Culture is Destiny: A Conversation with Lee Kuan Yew" in *Foreign Affairs* 73.2 (1994):109–126.

105 The five Shared Values are: "Nation before community and society above self, family as the basic unit of society, regard and community support for the individual, consensus instead of contention and racial and religious harmony". See Singapore Parliament, *White Paper on Shared Values* (Singapore: Government of Singapore, 1991), 10.

106 See Kuo Pao Kun, "Contemplating an Open Culture: Transcending Multiracialism" in *Singapore: Re-engineering Success*, eds., Arun Mahizhnan and Lee Tsao Yuan (Singapore: Institute of Policy Studies/ Oxford University Press, 1998), 50–61.

107 Arnold Toynbee, *Cities on the Move* (London: Oxford University Press, 1970), 55.

108 See Sinnathamby Rajaratnam, "Singapore: Global City", address to the Singapore Press Club, 1972, in *The Prophetic and the Political: Selected Speeches and Writings of S Rajaratnam* (Singapore: Graham Brash, 1987).

109 See Kwa, "Relating to the World".

110 See Robert E Gamer, *The Politics of Urban Development in Singapore* (London: Cornell University Press, 1972).

111 These ethics were based on the *Athens Charter* that stemmed from the 4th Congress of the *Congrès Internationaux d'Architecture Moderne* (CIAM) in 1933. The charter, only published later in 1943, dealt with what was considered the four primary functions of the city: dwelling, recreation, work and transportation.

112 Chua Beng Huat, *Communitarian Ideology and Democracy in Singapore* (London and New York: Routledge, 1995), 319.

113 William S W Lim, "Modernity of the Other" in *Alternatives in Transition* (Singapore: Select Publishing Pte Ltd, 2001), 34–49.

114 See Chua Beng Huat, *Communitarian Ideology and Democracy in Singapore* (London: Routledge, 1995), 7, 31–35, 184–202.

115 Powell, *Singapore Architecture*, 93.

116 Tay Kheng Soon, "Architecture and National Identity" in *Line Edge and Shade: the Search for a Design Language in Tropical Asia* (Singapore: Page One Publishing Pte Ltd, 1997), 145–146.

117 Lee Kip Lin, *Telok Ayer Market: A Historical Account of the Market from the Founding of the Settlement of Singapore to the Present Time* (Singapore: Archives & Oral History Department, 1983).

118 Lee Kip Lin, *Emerald Hill—The Story of a Street in Words and Pictures* (Singapore: National Museum, 1984).

119 Lee Kip Lin, *The Singapore House 1819–1942* (Singapore: Times Editions, 1988).

120 Sharon Siddique and Nirmala Purushotam, *Singapore's Little India: Past, Present and Future* (Singapore: Institute of Southeast Asian Studies, 1982).

121 See William Lim, "Contemporary Culture + Heritage = Localism" in *Asian New Urbanism* (Singapore: Select Books Pte Ltd, 1998), 82–91, and "Urban Conservation", 120–127, in the same publication.

122 Much support was received from individuals including the late Peter Keys, an Australian architect staying in Singapore and Pamelia Lee, an officer from the Singapore Tourism Board.

123 Carl G Larson, "Adaptive Reuse: Singapore River" in *MIMAR Architecture in Development* 12 (1984).

124 William Lim, "Conservation: An Instrument of Commodification or an Urban Instrument to preserve Memories" in *Alternatives in Transition* (Singapore: Select Publishing Pte Ltd, 2001), 94.

125 Larson, "Adaptive Reuse: Singapore River".

126 The international seminar on *Adaptive Reuse of Old Buildings* was jointly organised by the Singapore Coordinating Committee and held in Singapore from 28 April 28 to 2 May 1984.

127 Liu Thai Ker was the Chief Executive Officer of Housing Development Board (HDB) between 1979 and 1989.

128 Sinnathamby Rajaratnam, "Foreword" in *Pastel Portraits: Singapore's Architectural Heritage*, Gretchen Liu (Singapore: Singapore Coordinating Committee, 1984), 4.

129 Robert Powell, *Living Legacy: Singapore's Architectural Heritage Renewed* (Singapore: Singapore Heritage Society, 1994).

130 See Robert Powell, "Emerald Hill" in *Living Legacy*, 30–47, and "Boat Quay", 48–63 in the same publication.

131 See Singapore Preservation of Monuments Board, *Objectives, Principles and Standards for Preservation and Conservation* (Singapore: Singapore Urban Redevelopment Authority and Preservation of Monuments Board, 1993).

132 See Singapore Urban Redevelopment Authority, "Our Built Heritage", <http://www.ura.gov.sg/ gallery/ heritage.html>.

133 Lim, "Urban Conservation", 127.

134 See Alvin Tan Peng Hong, "Two Imaginings: The Past in Present Singapore" in *Our Place in Time: Exploring Heritage and Memory in Singapore*, eds., Kwok Kian Woon *et al.* (Singapore: Singapore Heritage Society, 1999), 111–128.

135 *MIMAR Architecture in Development* 1 (1981).

136 Kenneth Frampton, "Towards a Critical Regionalism: Six Points for an Architecture of Resistance" in *The Anti-Aesthetic: Essays on Postmodern Culture*, ed., Hal Foster (Port Townsend, Washington: Bay Press, 1983), 16–28.

137 Alan Colquhoun, "The Concept of Regionalism," in *Postcolonial Space(s)*, eds. Gülsüm Baydar Nalbantoðlu and Wong Chong Thai (New York: Princeton Architectural Press, 1997), 22.

138 See William Lim, "Contemporary Vernacular" in *Alternative (Post)modernity: An Asian Perspective* (Singapore: Select Publishing Pte Ltd, 2003), 127–135.

139 Heinz Paetzold, "Post-Functionalist Urbanism, the Postmodern and Singapore" in *Beyond Description: Singapore Space Historicity*, eds., Ryan Bishop, John Phillips and Yeo Wei Wei (London: Routledge, 2004), 160.

140 See William Lim and Tan Hock Beng, *Contemporary Vernacular: Evoking Traditions in Asian Architecture* (Singapore: Select Books Pte Ltd, 1998).

141 The workshop: "Contemporary Vernacular: Modernising Architectural Traditions" was jointly organised by AA Asia and the School of Architecture, Tsinghua University, Beijing, and was held from 27 to 30 September 1997.

142 Christopher Chew Chee Wai, ed., *Contemporary Vernacular: Conceptions and Perceptions, AA Asia Monograph One* (Singapore: AA Asia, 1998).

143 Tay Kheng Soon, "The Architectural Aesthetics of Tropicality" in *Line Edge and Shade: the Search for a Design Language in Tropical Asia*, Robert Powell and Akitek Tenggara (Singapore: Page One Publishing Pte Ltd, 1997), 45.

144 Powell and Akitek Tenggara, *Line Edge and Shade*, 62.

145 Ibid., 70.

146 See Tay Kheng Soon, "Neo-Tropicality or Neo Colonialism" in *Singapore Architect* 211 (2001):23. See also Chan Soo Khian and Tay Kheng Soon, "Who is Afraid of the Neo-Tropical? Asks Chan Soo Khian, Tay Kheng Soon Replies" in *Singapore Architect* 212 (2001):23–25.

147 Abidin Kusno, "Spectre of Comparisons" in *Behind the Postcolonial: Architecture, Urban Space and Political Cultures in Indonesia* (London: Routledge, 2000), 201.

148 *Process: Architecture* 20 (November 1980), Special Issue, Contemporary Asian Architecture: Works of APAC Members.

149 Ibid., 26–27.

150 Powell, *Innovative Architecture of Singapore*, 84–87.

151 Ibid., 36–39.

152 Robert Powell, *Architecture of a Global City* (Singapore: Archipelago Press, 2000), 72–73.

153 Ibid., 198–199.

154 Gülsüm Baydar Nalbantoðlu and Wong Chong Thai, "Introduction" in *Postcolonial Space(s)*, eds., Gülsüm Baydar Nalbantoðlu and Wong Chong Thai (New York: Princeton Architectural Press, 1997), 12.

155 The Theatre Practice, Singapore's first bilingual theatre company was founded by Kuo Pao Kun in 1986. The company focuses on multicultural exploration and bilingual interpretations of classics. Its works express the intense struggle between tradition and modernity and continually assert local identity while providing ready access to influences of global culture. Kuo's seminal plays include *Mama Looking for Her Cat*, *The Coffin is Too Big for the Hole* and *Descendants of the Eunuch Admiral*. See <http://www.ttp.org.sg/english/en_home. html>.

156 The Necessary Stage was formed in 1987, and has since been under the artistic direction of Alvin Tan and Haresh Sharma. The company has consistently lived up to its mission of creating challenging indigenous

and innovative theatre that touches the heart and mind, with plays like *Lanterns Never Go Out*, and its Theatre for Youth and Community programs, as well as its annual M1 Youth Connection Theatre Festival. It is also committed to developing new works, platforming new artists and reaching out to new audiences, while maintaining high standards of production. See <http://www.necessary.org/Home_main.htm>. See also Tisa Ng and Tan Chong Kee, eds., *Ask Not: The Necessary Stage in Singapore Theatre* (Singapore: Times Editions, 2004).

157 TheatreWorks, established in 1985, is an international performance company based in Singapore. Its works reflect a concern with cultural negotiation and artistic exchanges with artists, through a network of traditional and contemporary artists from different disciplines. Recent projects include *The Continuum Asia Project* (2003) and *The Global Soul* (2003). It also initiated Arts Network Asia in September 1999, comprising a group of independent artists and arts activists primarily from Southeast Asia, that encourages and supports regional artistic collaboration as well as develops managerial and administrative skills in the creative arts of Asia. See: <http://www.theatreworks.org.sg/cover/home.asp>.

158 The Third Stage was an English language social and political theatre group, which had put up such politically critical plays as *Corabella* and *Esperanza*. In 1987, members of The Third Stage were arrested and detained under the Internal Security Act for an alleged Marxist conspiracy. Upon their release, the group tried to continue staging productions but later disbanded under the pressure and stigma of state detention. See Terence Chong, "Mediating the Liberalisation of Singapore Theatre: Towards a Bourdieusian Analysis" in *Ask Not: The Necessary Stage in Singapore Theatre*, eds., Tisa Ng and Tan Chong Kee (Singapore: Times Editions, 2004).

159 Performance artist Tang Da Wu is a Fukuoka cultural prize recipient known for his installation piece *Tiger's Whip*. A highly influential artist, he has mentored many generations of visual and performance artists. In 1987 Tang led a group of younger artists to establish The Artists' Village in one of the then few remaining rural areas in Singapore. "TAV was a dynamo in fostering alterity in Singapore as the artists lived, worked and exhibited together in a close community." See Kwok Kian Chow, "Tang Da Wu, The Artists' Village" in *Channels and Confluences: A History of Singapore Art* (Singapore: Singapore Art Museum, 1996), 141–150. See also The Artists' Village website <http://www.tav.org.sg>.

160 The Substation was founded in 1990 by Kuo Pao Kun. It is a non-profit arts centre with the mission to nurture and challenge Singapore artists, provide an open space for artistic experimentation, promote interaction between diverse artists and audiences, facilitate critical dialogue in the arts, and foster regional and international arts networks. See < http://www.substation.org >.

161 See Brother Vincent Corkery, *Brother Joseph McNally fsc: A Brief Sketch* (Ipoh: La Salle Centre, St Michael's Institution, nd.).

162 Koolhaas, "Singapore Songlines", 1011.

163 41 buildings are listed on the List of Monuments under the Preservation of Monuments Act as at 19 March 1999. See: <http://edanet.ura.gov.sg/edaForm/help/User_Guide /MonumentsList.html>.

164 Chan Yew Lih, "Change and Continuity of Historic Districts: Lessons from the Conservation of Shophouses in Singapore". Paper delivered at International Conference on Sustainable and Humane Cities, Manila, 2000.

165 William S W Lim, "Spaces of Indeterminacy" in *Alternative (Post)modernity: An Asian Perspective* (Singapore: Select Publishing Pte Ltd, 2003), 11–18.

166 Michael Hardt and Kathi Weeks, eds., *The Jameson Reader* (Oxford: Blackwell Publishers, 2000), 10–11.

167 Leonie Sandercock, *Towards Cosmopolis: Planning for Multicultural Cities* (West Sussex: John Wiley and Sons, 1998), 207–214.

168 See Edward W Soja, *Postmetropolis: Critical Studies of Cities and Regions* (Oxford: Blackwell Publishers, 2000), 407–415.

169 See Lee Kuan Yew, *The Singapore Story: Memoirs of Lee Kuan Yew* (Singapore: Singapore Press Holdings and Times Editions, 1998) and Lee Kuan Yew, *From Third World to the First, The Singapore Story: 1965–2000* (Singapore: Times Media Pte Ltd, 2000).

170 Lee, *From Third World to the First*, 763.

171 Glenn Jordan and Chris Weedon, *Cultural Politics: Class, Gender, Race and the Postmodern World* (Oxford: Blackwell, 1995), 545.

172 Castells, *End of Millennium*, 266.

173 Ibid.

174 See Chantal Mouffe, "Hegemony and Ideology in Gramsci" in *Gramsci and Marxist Theory*, ed., Chantal Mouffe (London: Routledge and Kegan Paul, 1979), 179–181.

175 Ross Worthington, *Governance in Singapore* (London: Routledge and Curzon, 2003), 247–249.

176 Simon Tay, "The Future of Civil Society: What Next?" in *Singapore in the New Millennium: Challenges Facing the City State*, ed., Derek Cunha (Singapore: Institute of Southeast Asian Studies, 2002), 80.

177 Singapore 21 Committee, *Singapore 21: Together We Make the Difference* (Singapore: Singapore 21 Committee, 1999), 13. The Singapore 21 Committee chaired by Rear-Admiral Teo Chee Hean was set up in 1997.

178 Ibid.

179 "SM: We'll Meet Competition on SIA and Changi Head-on" in *The Straits Times* (6 April 2004), 1.

180 See Singapore Tourism Board, *Annual Report on Tourism Statistics* (Singapore: Singapore Tourism Board, 2001). The report's analysis on visitor profiles showed a growing Southeast Asian and Chinese market. See pages 2–3 of report. The average age of visitors from the Asian region was between 35 and 36. The bulk of their expenditure (ranging between 37%–67%) was spent on shopping. See page 39 of report.

181 Singapore Economic Review Committee, *New Challenges, Fresh Goals: Towards a Dynamic Global City* (Singapore: Economic Review Committee, 2003). The Economic Review Committee chaired by Lee Hsien Loong was set up in 2001.

182 Singapore Remaking Singapore Committee, *Changing Mindsets, Deepening Relationships* (Singapore: Remaking Singapore Committee, 2003). The Remaking Singapore Committee chaired by Vivian Balakrishnan was set up in 2002.

183 *New Challenges, Fresh Goals*, 4.

184 Stuart Hall, "Who Needs 'Identity'?" in *Identity: A Reader*, eds., Paul du Gay, Jessica Evans and Peter Redman (London: Sage, 2000), 17.

185 Saskia Sassen, "Epilogue" in *Global City: New York, London, Tokyo*, 2nd edition (Princeton, NJ: Princeton University Press, 2001), 345–363.

186 Sassen, "Epilogue", 345.

187 Ibid., 347.

188 Ibid., 353, 362.

189 Wee Wan Ling, "Creating High Culture in the Globalised 'Cultural Desert' of Singapore" in *The Drama Review (TDR)* 47.4 (Winter 2003):88.

190 *15* or *Shi Wu* (2003) written and directed by Royston Tan has been selected for various film festivals around the world including the prestigious Venice Film Festival. See Bryan Walsh, "Street Survivors" in *Time Asia* 162 (September 2003), <http://www.time.com/time/asia/magazine/0,13674,501030901,00.html>.

191 *Talaq*, meaning divorce in Malay, was a play put up by the Tamil theatre company Agni Kootthu (Theatre of Fire) on marital rape and violence suffered by Indian Muslim women. After a successful Tamil debut in 1998, its application for a performance licence was denied when its producers decided to stage it in Malay and English in 1999. See Liew Khai Khiun, "Between Sensationalism and Information: *Talaq* and the Media" in *FOCAS: Forum on Contemporary Art and Society* 1.1 (January 2001).

192 The article at the centre of the controversy was: Lucy Davis, "State of Censorship: Singapore Post-CRC 3" in *FOCAS: Forum on Contemporary Art and Society* 5 (2004):295–319.

193 Ruth Berenson, "Renaissance or Regurgitation? Arts Policy in Singapore 1957–2003" in *Asia Pacific Journal of Arts and Cultural Management* 1.1 (December 2003):1–14.

194 Ong Keng Sen is the Artistic Director of TheatreWorks, see note 124.

195 Lee Hsien Loong, "Financial Centres Today and Tomorrow: A Singapore Perspective", luncheon address at International Monetary Conference, 4 June 2001, National Archives of Singapore, Speech-Text Archival and Retrieval System, <http://stars.nhb.gov.sg/public/ index.html>.

196 *12 Storeys* (Director: Eric Khoo, 1997).

197 See note 190.

198 Wee Wan Ling, "Beyond the 'Potemkin Metropolis': Creating and Filming the Homogenised Singapore Urban Environment" in *Bulletin of the Royal Institute for Inter-Faith Studies* 3.2 (Autumn/Winter 2001):210.

199 Daren Shiau, *Heartland* (Singapore: SNP Editions Ltd, 1999). In 1999 Shiau's debut novel *Heartland* won the Singapore Literature Prize Commendation and was voted one of the best fiction reads of the year by *The Straits Times* in 1999. In 2000 Shiau won the Tangerine Award for short fiction, and also published a collection of poems, *Peninsula*.

200 Alfian Sa'at, "Singapore, You Are Not My Country" in *One Fierce Hour* (Singapore: Landmark Books, 1998), 37–41. Alfian Sa'at is a bilingual writer who has won multiple awards. He has published two collections of poetry and a collection of short stories. Several of his plays have been staged locally.

201 W!ld Rice is a professional theatre company founded by Ivan Heng in 2000. The company takes its inspiration from the multicultural societies that make up modern Asia, celebrating their diverse cultures and performance styles and bringing them together in creative collaborations that inspire, challenge and entertain. Notable performances include *Animal Farm* (2002, 2003, 2004) and *Landmarks: Asian Boys Volume 2* (2004). See <http://www.wildrice.com.sg>.

202 Drama Box, helmed by artistic director Kok Heng Leun was established in 1990 as a non-profit company. Since then, it has gained a respectable reputation for its acute sensitivity and perception in heightening social awareness and civil responsibility. The Mandarin production of *The Vaginalogues* or *Yin Dao Du Bai*, conceived, written and performed by Li Xie, was staged in 2000 and restaged in 2003. See < http://www.dramabox.org >.

203 Zai Kuning is a multidisciplinary artist, and an active member of The Artists Village. His recent projects and exhibitions include *Noalibi* (2001) and *A Tree in a Room* (2004). See Chow Kim Nam, "Placing Zai: Seeing Kuning Through the Eyes of Chow Kim Nam" in *Postmodern Singapore*, ed., William S W Lim (Singapore: Select Publishing, 2002), 118–131.

204 Khairuddin Hori is a theatre director, performer, installation artist and painter, and Associate Artist of The Substation since 2002. His projects include *Die Faustus Die!* (2001) and *45 Armenian* (2004), a solo exhibition evolved from *Play Boy* (2003), a six-month collaborative art project that he initiated and conceptualised with two Indonesian artists in Yogyakarta, Indonesia. See the artist's website <http://subgrow.tripod.com/current. html>.

205 Eddie Tay, "Writing Out of Place", Ethos Books, Writing Resources: Articles on Singapore Literature, <http://www.ethosbooks.com.sg/store/store/writing_resources/articles/article_spore.html>.

206 See Wee, "Beyond the 'Potemkin Metropolis': Creating and Filming the Homogenised Singapore Urban Environment", 211.

207 Tan Chong Kee, "Introduction" in *Ask Not: The Necessary Stage in Singapore Theatre*, eds., Tan Chong Kee and Tisa Ng (Singapore: Times Editions, 2004), xv.

208 Krishnan, "Between Two Worlds", 132–133.

209 Guy Debord, *The Society of the Spectacle*, 5th printing, trans., Donald Nicholson-Smith (New York: Zone Books, 1994), 15.

210 Powell, *Singapore Architecture*, 131.

211 Powell, *Singapore Architecture*, 129.

212 Leonie Sandercock, "Commendations" in *Alternative (Post)Modernity: An Asian Perspective* (Singapore: Select Publishing Pte Ltd, 2003), vi.

213 Robert Powell email correspondence with Tay Kheng Soon, quoted in "Three Singapore Master Architects 1959–2004" in *Dialogue: Architecture + Design + Culture Magazine* 78 (March 2004):102–111.

214 See Robert Powell, *Architecture Australia* (May/June 2000):49–51.

215 Powell, "Three Singapore Master Architects 1959–2004", 102–111.

216 See Robert Powell, ed., *AA Asia Monographs: Fragments of a Journey* (No. 3) (Singapore: AA Asia, 2001), 77–84. Eric Lye's comments were made after a slide presentation by Singapore architects on 7 March 2000, during a group trip of AA Asia to Yatra, India.

217 See Singapore Urban Redevelopment Authority Public Relations Section, *Your Plans: URA Annual Report 2002/2003* (Singapore: Public Relations Section, Urban Redevelopment Authority, 2003).

218 The Identity Plan was written with the recognition that there needed to be greater emphasis on identity in the planning of Singapore. Four Clusters were identified: Rustic Coast, Urban Villages, Southern Ridges and Hillside Villages, and Old World Charm. Studies were done and strategies were drawn up with the aim of retaining and enhancing local identity and heritage in these areas. See Singapore Urban Redevelopment Authority, *The Identity Plan*, 2002, <http://www.ura.gov.sg/pwbid/>.

219 The Concept Plan was first mooted in 1971. It is the long-term plan for Singapore's physical development for the next 40 to 50 years. The Concept Plan 2001 attempted to incorporate consultation with and feedback from the public. Its vision is to build a thriving world class city in the 21st century. See Singapore Urban Redevelopment Authority, *The Concept Plan 2001*, <http://www.ura.gov.sg/conceptplan2001/ index.html>.

220 The Master Plan is the statutory land use plan that guides Singapore's development in the medium term, over the next 10 to 15 years. It is reviewed once every five years, and translates the broad long-term strategies as set out in the *Concept Plan* into detailed implementable plans for Singapore. See Singapore Urban Redevelopment Authority, *Master Plan 2003*, <http://www.ura.gov.sg/ppd/gazettedmp2003/index.htm>.

221 See Singapore Housing Development Board, *Facts on Public Housing in Singapore* (Singapore: Housing Development Board, 1997), 2.

222 See "Masterplan", <http://www.onenorth.com/pages/onenorth/onenorth_masterplan.asp>. See also *Space: Architecture + Design + Living* 3 (2004): 76–79. Zaha Hadid has been chosen as the 2004 Laureate of the Pritzker Architecture Prize marking the first time a woman has been named for this prestigious 26 year-old architectural award.

223 For more information about this project, contact Alsop Architects at 3C River Valley Road #02-23, The Cannery, Singapore 179022.

224 See "The New National Library Building, Singapore", T R Hamzah and Yeang International, <http:/

/www. trhamzahyeang.com/project/large-buildings/nlb01.html>.

225 See "Republic Polytechnic—New Campus at Woodlands Avenue 9" in *Dialogue: Architecture + Design + Culture Magazine* 078 (March 2004):94–101.

226 See Loh Chwee Lye *et al.*, eds., *20 Under 45: A Selection of Works by Under-45 Singapore-Registered Architects* (Singapore: Urban Redevelopment Authority, 2004), 106–107.

227 Ibid., 100–105.

228 *Singapore Homes and Apartments Trends* 19.5 (2003).

229 Powell, "SCDA Architects Singapore", 62.

230 See *Space: Architecture + Design + Living* 3 (2004): 70–74.

231 See Loh *et al.*, eds., *20 Under 45*, 85–87.

232 Powell, *Singapore Architecture*, 138.

233 See Esther Yee, "This Nursing Home Rocks" in *The Straits Times Life!* (Saturday, 5 April 2003), 10–11. See also Jason Hahn, "Nursing Home to the Core" in *D + A Design and Architecture (Asia)* 016 (2003):58–61.

234 See Loh *et al.*, eds., *20 Under 45*, 122–123.

235 See *Dialogue: Architecture+Design+Culture* 074 (October 2003):30–31.

236 See Loh *et al.*, eds., *20 Under 45*, 124–127.

237 For more information about these two projects, contact Teh Joo Heng Architects at 140 Robinson Road #05-09 Chow House, Singapore 068907, Tel: 63721110.

238 Bobby Wong Chong Thai, "Architecture in Singapore: A Sketch" in *Contemporary Singapore Architecture*, eds., Bay Joo Hwa Phillip, Ang Choon Kiat and Peter Chen (Singapore: Singapore Institute of Architects, 1998), 258.

239 Tay Kheng Soon, email correspondence with author, 31 March 2004. Reproduced in this publication.

240 Ibid.

241 See note 241.

242 See note 237.

243 Bobby Wong, email correspondence with author, 31 March 2004. Reproduced in this publication.

244 Kuo Pao Kun, "Knowledge, Structure and Play: A Side View of Civil Society in Singapore" in *State-Society Relations in Singapore*, eds., Gillian Koh and Ooi Giok Ling (Singapore: Oxford University Press, 2000), 211–212.

245 Koolhaas, "Singapore Songlines", 1013.

246 Rem Koolhaas and Harvard Design School Project On the City, "Pearl River Delta" in Rem Koolhaas *et al.*, *Mutations* (ACTAR and Arc En Rêve Centre d'Architecture, n.d.), 280–337.

247 See William Lim, "The Dynamics of East Asian New Urbanism" in *Back From Utopia: The Challenge of the Modern Movement*, eds, Hubert-Jan Henket and Hilde Heynan (Rotterdam: 101 Publishers, 2002), 198–205.

248 Koolhaas, "Singapore Songlines", 1013.

249 See Wee, "Beyond the 'Potemkin Metropolis': Creating and Filming the Homogenised Singapore Urban Environment", 200.

250 Brenda Yeoh, "Unravelling History in Place" in *Contemporary Singapore Architecture*, eds., Bay Joo Hwa Phillip, Ang Choon Kiat and Peter Chen (Singapore: Singapore Institute of Architects, 1998), 261.

251 Neil Leach, "Belonging" in *AA Files* 49 (2003): 80.

252 Ibid., 78.

253 Tay Kheng Soon, email correspondence with author.

254 Richard Hassell and Wong Mun Summ, email correspondence with author, 14 April 2004. Reproduced in this publication.

255 I agree with Eunice Seng's critical comments that, "rather than expanding the singular fissure and promoting only the exceptional, we should keep working at the other cracks. We do this by generating enthusiasm through constant discourse at every level. Only then can we allow the everyday, the last bastion of heterogeneity, to sensitise us and show through our artistic endeavours" (correspondence with author, 12 May 2004). However, a greater degree of openness is required in Singapore to increase effective citizenship participation.

256 Leon van Schaik, email correspondence with author, 1 April 2004. Reproduced in this publication. These ideas are further expanded in *Mastering Architecture: Becoming an Innovative Practitioner* (London: Wiley Academy, 2005).

引用文献

Aasen, Clarence. *Architecture of Siam: A Cultural History Interpretation*. Bangkok:Chalermnit Press, 1988.

Abidin Kusno. "Spectre of Comparisons." In *Behind the Postcolonial: Architecture,Urban Space and Political Cultures in Indonesia*. London: Routledge, 2000. 190–205.

Abidin Kusno, "The Violence of Categories: Urban Space and the Making of the National Subject." In *Behind the Postcolonial: Architecture, Urban Space and Political Cultures in Indonesia*. London: Routlege, 2000. 97–119.

Abrams, Charles, Susumi Kobe and Otto Koenigberger. "Growth and Urban Renewal in Singapore, Report Prepared for the Government of Singapore." Report of the expert mission appointed under the United Nations Programme of Technical Assistance, Department of Economic and Social Affairs, 1963.

Alfian Sa'at. "Singapore, You Are Not My Country." In *One Fierce Hour*. Singapore: Landmark Books, 1998. 37–41.

Alternative Task Force of the International Forum on Globalisation, drafting committee,

John Cavenagh *et al*. *Alternatives to Economics Globalisation— A Better World is Possible*. San Franciso: Berrett-Koehler Publishers Inc, 2002.

Ames, Roger T and David L Hall. *Thinking Through Confucius*. New York: State University of New York Press, 1987.

Ames, Roger T and David L Hall. *Anticipating China: Thinking Through the Narratives of Chinese and Western Culture*. New York: State University of New York Press, 1995.

Ames, Roger T and David L Hall. *Thinking from the Han: Self, Truth, and Transcendence in Chinese and Western Culture*. Albany: State University of New York Press, 1995.

Appadurai, Arjun. "Global Ethnoscapes: Notes and Queries for a Transnational Anthropology." In *Modernity at Large: Cultural Dimensions of Globalisation*. London: University of Minnesota Press, 1996.

Appadurai, Arjun. "Grassroots Globalisation and the Research Imagination." In *Public Culture* 12.1 (Winter 2000): 1–19.

Azmi Aziz and Shamsul A B. "The Religious, the Plural, the Secular and the Modern." In *Inter-Asia Cultural Studies* 4.3 (December 2004): 341–356.

Balfour, Alan and Zheng Shiling, eds. *World Cities: Shanghai*. Great Britain: Wiley Academy, 2002.

Baviskar, Amita. "The Politics of the City." In *Shades of Green: A Symposium on the Changing Contours of Indian Environmentalism* 512 (August 2002),<http://www.indiaseminar.com/2002/516/516%20amita% 20baviskar.htm>.

Bay, Joo Hwa, Phillip, Ang Choon Kiat and Peter Chen, eds. *Contemporary Singapore Architecture*. Singapore: Singapore Institute of Architects, 1998.

Beamish, Jane and Jane Ferguson. *A History of Singapore Architecture: The Making of a City*. Singapore: Graham Brash Pte Ltd, 1985.

Berenson, Ruth. “Renaissance or Regurgitation? Arts Policy in Singapore 1957–2003.” In *Asia Pacific Journal of Arts and Cultural Management* 1.1 (December 2003): 1–14.

Bishop, Ryan, John Philips and Wei Wei Yeo, eds. *Postcolonial Urbanism: Southeast Asian Cities and Global Processes*. New York: Routledge, 2003.

Borton, Lady. “Declaration of Independence.” In *Ho Chi Minh: A Portrait*. Hanoi: Youth Publishing House, 2003. 78.

Bracken, G Byrne. *A Walking Tour: Hong Kong — Sketches of the Country's Architectural Treasures*. Singapore: Times Media Pte Ltd, 2003.

Bullivant, Lucy. “No More Tabula Rasa: Progressive Architectural Practice in England.” In *Harvard Design Magazine* 21 (Fall/Winter 2004): 35–41.

Carriere, Jean-Claude, Jean Delumeau, Umberto Eco and Stephen Jay Gould, “Signs of the Times.” In *Conversations About The End of Time*. London: Penguin, 1999. 171–215.

Castells, Manuel. “The Rise of the Network Society.” Vol. 1 of *The Information Age: Economy, Society and Culture*. Oxford and Malden: Blackwell Publishers, 1996.

Castells, Manuel. “The Power of Identity.” Vol. 2 of *The Information Age: Economy, Society and Culture*. Oxford and Malden: Blackwell Publishers, 1997.

Castells, Manuel. “End of Millennium.” Vol. 3 of *The Information Age: Economy, Society and Culture*. Oxford and Malden: Blackwell Publishers, 1998.

Chambers, Iain. “Architecture, Amnesia and the Emergent Archaic.” In *Culture after Humanism: History, Culture, Subjectivity*. London: Routledge, 2001. 129–160.

Chan, Heng Chee. *Singapore: The Politics of Survival 1965–67*. Singapore: Oxford University Press, 1971.

Chan, Soo Khian and Tay Kheng Soon. “Who is Afraid of the Neo-Tropical? Asks Chan Soo Khian, Tay Kheng Soon Replies.” In *Singapore Architect* 212 (2001):23–25.

Chan, Yew Lih. “Change and Continuity of Historic Districts: Lessons from the Conservation of Shophouses in Singapore.” Paper delivered at the InternationalConference on Sustainable and Humane Cities, Manila, 2000.

Chang, Hsiao-Hung. “Taiwan Queer Valentines.” In *Trajectories: Inter-Asia Cultural Studies*, edited by Chen Kuan-Hsing *et al*. London: Routledge, 1998. 283–298.

Chew, Chee Wai, Christopher, ed. *Contemporary Vernacular: Conceptions and Perceptions, AA Asia Monograph One*. Singapore: AA Asia, 1998.

Choi, Kwai Keong, and Kee Poo Kong. *A Pictorial History of Nantah*. Singapore: Chinese Heritage Centre, 2000.

Chong, Terence. “Mediating the Liberalisation of Singapore Theatre: Towards a Bourdieusian Analysis.” In *Ask Not: The Necessary Stage in Singapore Theatre*, edited by Tisa Ng and Tan Chong Kee. Singapore: Times Editions, 2004. 223-247.

Chow, Kim Nam. “Placing Zai: Seeing Kuning through the Eyes of Chow Kim Nam.” In *Postmodern Singapore*, edited by William S W Lim. Singapore: Select Publishing, 2002. 118-131.

Chua, Beng Huat. *Communitarian Ideology and Democracy in Singapore*. London and New York: Routledge, 1995.

Ciccolella, Pablo and Lliana Mignaqui. “Buenos Aires: Sociospatial Impacts of the Development of Global City.” In *Global Network Linked Cities*, edited by Saskia Sassen. New York: Routledge, 2002. 309–326.

Clammer, John. *Diaspora and Identity: The Sociology of Culture in Southeast Asia*. Selangor Darul Ehsan: Pelanduk Publications, 2002.

Brother Vincent Corkery. *Brother Joseph McNally fsc: A Brief Sketch*. Ipoh: La Salle Centre, St Michael's Institution, n.d.

Colquhoun, Alan. "The Concept of Regionalism." In *Postcolonial Space(s)*, edited by Gülsüm Baydar Nalbantoðlu and Wong Chong Thai. New York: Princeton Architectural Press, 1997. 13–23.

Dasho Bap Kesang. "Gross National Happiness." Presentation at the Institute of Policy Studies, Singapore, 7 September 2004.

Davis, Lucy. "State of Censorship: Singapore Post CRC 3." In *FOCAS: Forum on Contemporary Art and Society* 5 (2004): 295–319.

Dear, Michael and Steven Flusty. "How to Map a Radical Break." In *The Spaces of Postmodernity: Readings in Human Geography*, edited by Michael J Dear and Steven Flusty. Oxford: Blackwell Publishers Ltd, 2002. 1–12.

Debord, Guy. *The Society of the Spectacle*, 5th printing. Translated by Donald Nicholson Smith. New York: Zone Books, 1994.

Deng, Xiaoping. "Excerpts from talks given in Wuchang, Shenzhen, Zhuhai and Shanghai, January 18–February 21, 1992." In *Selected Works of Deng Xiaoping 1982–1992*. Vol. 3. *People's Daily Online*, <http://www.dangjian.gov.cn/html/2003-727/2003727170648.htm>.

Deng, Xiaoping. "Restore Agricultural Production." 7th July 1962. In *Selected Works of Deng Xiaoping, 1938–1965*. Vol. 1. *People's Daily Online*, <http://english. peopledaily.com.cn/dengxp/vol1/text/a1400.html>.

Deyo, Frederic C. "The Emergence of Bureaucratic Authoritarian Corporatism in Labour Relations." In *Understanding Singapore Society*, edited by Ong Jin Hui, Tong Chee Kiong and Tan Ern Ser. Singapore: Times Academic Press, 1997. 353–362.

Dovey, Kim and Leonie Sandercock. "Hype and Hope." In *City: Analysis of Urban Trends, Culture, Theory, Action* 6.1 (April 2002): 83–101.

Eliot, Julia and Elizabeth Knowles, eds. *The Oxford Dictionary of New Words*. Oxford: Oxford University Press, 1997. 134.

Enright, Michael J *et al*, *Hong Kong and the Pearl River Delta: The Economic Integration*. 20 February 2003. The 2022 Foundation, <http://www.2022foundation.com/reports/000001.pdf>.

Farrer, James. *Opening Up: Youth Sex Culture and Market Reform in Shanghai*. Chicago: University of Chicago Press, 2002.

Five Architects: Eisenman Graves, Gwathmey, Hedjuk, Meier. New York: Oxford University Press, 1975.

Flower, Raymond. *Raffles: The Story of Singapore*. Kuala Lumpur: Eastern University Press Sdn Bhd, 1984.

Foster, Janet. *Docklands: Cultures in Conflict, Worlds in Collision*. London: UCL Press, 1999. Frampton, Kenneth. "Towards a Critical Regionalism: Six Points for an Architecture of Resistance." In *The Anti-Aesthetic: Essays on Postmodern Culture*, edited by Hal Foster. Port Townsend, Washington: Bay Press, 1983. 16–30.

Gamer, Robert E. *The Politics of Urban Development in Singapore*. London: Cornell University Press, 1972.

Goh, Poh Seng. Editorial in *Tumasek* 1 (January 1964): 3–5.

Graham, Stephen. "Postmortem City: Towards an Urban Geopolitics." In *City: Analysis of Urban Trends, Culture, Theory, Policy, Action* 8.2 (July 2004): 165–198.

Gray, John. "Postscript." In *False Dawn: The Delusions of Global Capitalism*. London: Granta Books, 1998. 209–235.

Gregory, Derek. *The Colonial Present: Afghanistan Palestine Iraq*. Malden and Oxford: Blackwell Publishing, 2004.

Halliday, Fred. "Utopian Realism: The Challenge for 'Revolution' in Our Times." In *The Future of Revolutions: Rethinking Radical Change in the Age of Globalisation*, edited by John Foran. London and New York: Zed Books, 2003. 300–309.

Hall, Stuart. "Who Needs 'Identity'?" In *Identity: A Reader*, edited by Paul du Gay, Jessica Evans and Peter Redman. London: Sage, 2000. 15–30.

Han, Han. *San Chong Men*. Shanghai: Zuo jia chu ban she, 2000.

Harvey, David. *Justice, Nature and the Geography of Difference*. Malden and Oxford: Blackwell Publishers, 1996.

Harvey, David. *Spaces of Hope*. Edinburgh: Edinburgh University Press, 2000. 61-67.

Harvey, David. "The Condition of Postmodernity." In *The Spaces of Postmodernity: Readings in Human Geography*, edited by Michael J Dear and Steven Flusty. Oxford: Blackwell Publishers Ltd, 2002. 169–176.

Hardt, Michael, and Kathi Weeks, eds. *The Jameson Reader*. Oxford: Blackwell Publishers, 2000.

Holston, J. *The Modernist City: An Anthropological Critique of Brasilia*. Chicago: University of Chicago, 1989.

Hou, Hanru. "Shanghai Spirit: A Special Modernity." *Prince Klaus Trust Fund Journal* 6 (December 2001): 60–65.

Hou, Hanru. *On the Mid-Ground*. Hong Kong: Timezone 8 Ltd, 2002.

Hou, Hanru. "Globalised, Chaotic, Empty, Dystopian ... Artists' Positions in China's Current Urban Explosion." *ShanghART*. Texts on Chinese art,<http://www.shanghart.com/aboutcart. htm>.

Hou, Hanru. "Post-Planning." In *32 New York/Beijing* 2 (2003): 14–15.

Hsieh, Pei-chuan. "The Spatial Performance of Sexualities." Presented at the "Mapping the Desire Conference." Department of Foreign Languages and Literatures, National Taiwan University, 20 April, 1996.

Huang, Meng Wen, and Xu Nai Xiang. *Xin Jia Po Hua Wen Wen Xue Shi Chu Gao*. Xin Jia Po: Xin Jia Po Guo Li Da Xue Zhong Wen Xi, Ba Fang Wen Hua Qi Ye Gong Si,2002.

Ingersoll, Richard. "Twentieth-Century North American Architecture: Technocratic Prowess, Historical Legitimating, and Ecological Resistance." In *World Architecture: A Critical Mosaic 1900-2000*. Vol 1. Canada and United States: Springer-Verlag/Wien, China Architecture & Building Press, 2000. xvii–liv.

Inglehart, Ronald and Hans-Dieter Klingemannh. "Genes, Culture, Democracy, and Happiness." In *Culture and Subjective Well-Being*, edited by E Diener and E Suh. Cambridge, MA: The MIT Press, 2000.

Jameson, Fredric. *Postmodernism, or, The Cultural Logic of Late Capitalism*. Durham, NC: Duke University Press, 1991.

Jameson, Fredric. "Postmodernism, or, the Cultural Logic of Late Capitalism." In *The Spaces of Postmodernity: Readings in Human Geography*, edited by Michael J Dear and Steven Flusty. Oxford: Blackwell Publishers Ltd, 2002. 142–149.

Kenny, Anthony. "Beyond a Warm Feeling." In *The Discovery of Happiness*, edited by Stuart Mccready. London: MQ Publications Limited, 2001. 223–237.

Kim, David Haekwon. "Empire's Entrails and the Imperial Geography of 'Amerasia'." In *City* 8.1 (April 2004): 58–85.

King, Anthony D and Abidin Kusno. "On Be(ij)ing in the World: 'Postmodernism', 'Globalisation' and the Making of Transnational Space in China." In *Postmodernism and China*, edited by Arif Dirlik and Zhang Xudong. Durham: Duke University Press, 2000. 41–67.

King, Anthony D. "Actually Existing Postcolonialism: Colonial Urbanism and Architecture After the Postcolonial Turn." In *Postcolonial Urbanism: Southeast Asian Cities And Global Processes*, edited by Ryan Bishop, John Philips and Wei Wei Yeo. New York: Routledge, 2003. 167–186.

Jordan, Glenn, and Chris Weedon. *Cultural Politics: Class, Gender, Race and the Postmodern World*. Oxford: Blackwell, 1995.

Kong, Lily, Martin Perry and Brenda Yeoh. *Singapore: A Developmental City State*. New York: Wiley, 1997.

Koolhaas, Rem. "Singapore Songlines: Portrait of a Potemkin Metropolis ... or Thirty Years of Tabula Rasa." In *S,M,L,XL* by Office for Metropolitan Architecture, Rem Koolhaas and Bruce Mau. Rotterdam: 010 Publishers, 1995. 1008–1089.

Koolhaas, Rem and Harvard Design School Project on the City. "Pearl River Delta." In *Mutations* by Rem Koolhaas *et al*. ACTAR and Arc En Rêve Centre d'Architecture, n.d.. 280–337.

Koolhaas, Rem. "Junkspace." In *Bridge the Gap?* Kitakyushu: Center for Contemporary Art and Köln: Verlag de Buchhandlung Walter Konig, 2002. 71–84.

Krishnan, Sanjay. "Between Two Worlds: An Interview with Kuo Pao Kun." In *Nine Lives: Ten Years of Singapore Theatre, 1987–1997*, edited by Krishnan Sanjay. Singapore: The Necessary Stage, 1997. 126–142.

Krishnan, Sanjay. "What Makes Art Possible: Remembering Forum Theatre." In *Ask Not: The Necessary Stage in Singapore Theatre*, edited by Tisa Ng and Tan Chong Kee. Singapore: Times Editions: 2004. 97–106.

Kultermann, Udo. *Achitekten der Dritten Welt: Bauen zwischen Tradition und Neubeggin*. Köln: DuMont Buchverlag, 1980.

Kultermann, Udo. *30 Years After: The Future of the Past*. Budapest: Építészet és Mûvészet Kévés Stúdió Galéria, 2002.

Kuo, Pao Kun. "Contemplating an Open Culture: Transcending Multiracialism." In *Singapore: Re-engineering Success*, edited by Arun Mahizhnan and Lee Tsao Yuan. Singapore: Institute of Policy Studies/Oxford University Press, 1998. 50–61.

Kuo, Pao Kun. "Knowledge, Structure and Play: A Side View of Civil Society in Singapore." In *State-Society Relations in Singapore*, edited by Gillian Koh and Ooi Giok Ling. Singapore: Oxford University Press, 2000. 211–212.

Kwa, Chong Guan. "Relating to the World: Images, Metaphors, and Analogies." In *Singapore in the New Millennium: Challenges Facing the City State*, edited by Derek Cunha. Singapore: Institute of Southeast Asian Studies, 2002. 108–132.

Kwok, Kian Chow. *Channels and Confluences: A History of Singapore Art*. Singapore: Singapore Art Museum, 1996.

Lai, Ah Eng. "Introduction: Beyond Rituals and Riots." In *Beyond Rituals and Riots: Ethnic Pluralism and Social Cohesion in Singapore*, edited by Lai Ah Eng. Singapore: Eastern Universities Press, 2004. 1–40.

Larson, Carl G. "Adaptive Reuse: Singapore River." In *MIMAR Architecture in Development* 12 (1984).

Lau, Siew Mei. *Playing Madame Mao*. New South Wales: Brandl and Schlesinger Pte Ltd, 2000.

Leach, Neil. "Belonging." In *AA Files* 49 (2003): 76–82.

Lee, Chin-Chuan, ed. *Chinese Media Global Contexts*. London: Routledge Curzon, 2003.

Lee, Geok Boi. *Syonan Singapore Under the Japanese, 1942–1945*. Singapore:Singapore Heritage Society, 1992.

Lee, Hsien Loong. "Financial Centres Today and Tomorrow: A Singapore Perspective." Luncheon Address at International Monetary Conference, 4 June 2001. National Archives of Singapore, Speech-Text Archival and Retrieval System, <http://stars.nhb.gov.sg /public/index.html>.

Lee, Kip Lin. *Telok Ayer Market: A Historical Account of the Market from the Founding of the Settlement of Singapore to the Present Time*. Singapore: Archives & Oral History Department, 1983.

Lee, Kip Lin. *Emerald Hill—The Story of a Street in Words and Pictures*. Singapore: National Museum, 1984.

Lee, Kip Lin. *The Singapore House: 1819–1942*. Singapore: Times Editions, 1988.

Liew, Khai Khiun. "Between Sensationalism and Information: *Talaq* and the Media." In *FOCAS: Forum on Contemporary Art and Society* 1.1 (January 2001).

Lee, Ou-fan, Leo. *Shanghai Modern: The Flowering of a New Urban Culture in China, 1930–1945*. USA: Harvard University Press, 2001.

Leys, Simon, trans. *The Analects of Confucius*. New York: W W Norton & Company, Inc., 1997.

Lee, Kuan Yew. *The Singapore Story: Memoirs of Lee Kuan Yew*. Singapore: Singapore Press Holdings, Times Editions, 1998.

Lee, Kuan Yew. *From Third World to the First, The Singapore Story: 1965–2000*. Singapore: Times Media Pte Ltd, 2000.

Lim, William S W. "A Case for a Mass Rapid Transit System in Singapore." In *Equity and Urban Environment in the Third World*. DP Consultant Service Pte Ltd, 1975.107–128.

Lim, William S W. "Asian New Urbanism." In *Asian New Urbanism and Other Papers*. Singapore: Select Books Pte Ltd, 1990. 35–48.

Lim, William S W. "A Tale of the Unexpected—The Singapore Housing Experience." In *Cities for People: Reflections of a Southeast Asian Architect*. Singapore: Select Books Pte Ltd, 1990.190–202.

Lim, William S W. *Asian New Urbanism*. Singapore: Select Books Pte Ltd, 1998.

Lim, William S W. "Contemporary Culture + Heritage = Localism." In *Asian New Urbanism*. Singapore: Select Books Pte Ltd, 1998. 82–91.

Lim, William S W. "Urban Conservation." In *Asian New Urbanism*. Singapore: Select Books Pte Ltd, 1998. 120–127.

Lim, William S W, and Tan Hock Beng. *Contemporary Vernacular: Evoking Traditions in Asian Architecture*. Singapore: Select Books Pte Ltd, 1998.

Lim, William S W. "Southeast Asia: Nowhere to Somewhere and Beyond." In *World Architecture: A Critical Mosaic 1900–2000*. Vol 10, Southeast Asia and Oceania, edited by Kenneth Frampton *et al*. New York: Springer-Verlag Wien, China Architecture & Building Press, 1999. xvii–xxix.

Lim, William S W. "Conservation: An Instrument of Commodification or an Urban Instrument to Preserve Memories." In *Alternatives in Transition*. Singapore: Select Publishing Pte Ltd, 2001. 86–97.

Lim, William S W. "Vision of a Great Street: Orchard Road, Singapore." In *Alternatives in Transition: The Postmodern, Glocality and Social Justice*. Singapore: Select Publishing Pte Ltd, 2001. 97– 103.

Lim, William S W. "Modernity of the Other." In *Alternatives in Transition*. Singapore: Select Publishing Pte Ltd, 2001. 34–49.

Lim, William S W. *Alternatives in Transition: The Postmodern, Glocality and Social Justice*. Singapore: Select Publishing, 2001.

Lim, William S W. "The Dynamics of East Asian New Urbanism." In *Back From Utopia: The Challenge of the Modern Movement*, edited by Hubert-Jan Henket and Hilde Heynan. Rotterdam: 101 Publishers, 2002. 198–205.

Lim, William S W. *Alternative (Post)modernity*. Singapore: Select Publishing, 2003.

Lim, William S W. "Contemporary Vernacular." In *Alternative (Post)modernity: An Asian Perspective*. Singapore: Select Publishing Pte Ltd, 2003. 127–135.

Lim, William S W Lim. "Spaces of Indeterminacy." In *Alternative (Post)Modernity: An Asian Perspective*. Singapore: Select Publishing, 2003. 11–18.

Lim, William S W. "Contemporary Vernacular." In *Alternative (Post)Modernity: An Asian Perspective*. Singapore: Select Publishing Pte Ltd, 2003. 127–135.

Lim, William S W. "Spaces of Indeterminacy." In *Alternative (Post)modernity: An Asian Perspective*. Singapore: Select Publishing Pte Ltd, 2003. 11–18.

Liu, Gretchen. *Pastel Portraits: Singapore's Architectural Heritage*. Singapore: Singapore Coordinating Committee, 1984.

Li, Zhaoxing. "*Si kao le de shu hai zhu lin*." In *Shang hai 101: Xun zhao shang hai de 101 ge li you*, edited by Li Zhaoxing, Tang Zhenzhao and Huang Zhihui. Hong Kong:Huan yu chu ban she, 2002. 101–102.

Logan, William. Draft Project Description: "Planning for the Protection of the Old Sector of Hanoi City, Vietnam." Paris: UNESCO, 1990.

Logan, William. *Hanoi: Biography of a City*. Sydney: University of New South Wales Press Ltd, 2000.

Luo, Xiaowei. "Shanghai Longtang, Shanghai People and Shanghai Culture." In *Shanghai Longtang*. Shanghai: Shanghai People's Fine Arts Publishing House, 1997. 2–7.

McCarthy, Thomas. "On Reconciling Cosmopolitan Unity and National Diversity." In *Alternative Modernities*, edited by Dilip Parameshwar Gaonkar. Durham: Duke University Press, 2001. 197–235.

Mehrotra, Rahul. "The Architecture of Pluralism; A Century of Building in South Asia." *World Architecture: A Critical Mosaic 1900–2000*. Vol.8. South Asia, edited by Rahul Mehrotra. China: China Architecture and Building Press & New York: Springer-Verlag/Wien, 2000. xvii–xxx.

Mehrota, Rahul. "Bazaar City: A Metaphor for South Asian Urbanism." In *Aktuelle Positionen Indischer Kunst/Capital and Karma: Recent Positions in Indian Art,* edited by Angelika Fitz *et al*. Vienna: Hatje Cantz Publisher, 2002.

Miksic, John N and Cheryl-Ann Low Mei Gek, eds. *Early Singapore 1300–1819*. Singapore: Singapore History Museum, 2004.

Minchin, James. *No Man is an Island: A Portrait of Singapore's Lee Kuan Yew*. New South Wales: Allen and Unwin, 1986.

Mouffe, Chantal. "Hegemony and Ideology in Gramsci." In *Gramsci and Marxist Theory*, edited by Chantal Mouffe. London: Routledge and Kegan Paul, 1979. 179–181.

Nalbantoðlu, Gülsüm Baydar, and Wong Chong Thai. Introduction in *Postcolonial Space(s)*, edited by Gülsüm Baydar Nalbantoðlu and Wong Chong Thai. New York: Princeton Architectural Press, 1997.

Nalbantoglu, Gulsum Baydar. "(Post) Colonial Architectural Encounters." In *Asian Architects*. Vol 2. Singapore: Select Books, 2001. 18–27.

Nezar AlSayyad. "Hybrid Culture/Hybrid Urbanism: Pandora's Box of the 'Third Place'." In *Hybrid Urbanism: On the Identity Discourse and the Built Environment*, edited by Nezar AlSayyad. Westport: Praeger Publishers, 2001. 1–20.

Ng, Tisa, and Tan Chong Kee, eds., *Ask Not: The Necessary Stage in Singapore Theatre*. Singapore: Times Editions, 2004.

Ng, Yew-Kwang. *Welfare Economics: Towards a More Complete Analysis*. New York: Palgrave Macmillan, 2004.

Paetzold, Heinz. "Post-Functionalist Urbanism, the Postmodern and Singapore." In *Beyond Description: Singapore Space Historicity*, edited by Ryan Bishop, John Phillips and Yeo Wei Wei. London: Routledge, 2004. 146–164.

Park, Keuho. "The Vietnam War and the 'Miracle of East Asia'." In *Inter-Asia Cultural Studies* 4.3 (December 2003): 372–397.

Parnreiter, Christof. "Mexico: The Making of a Global City." In *Global Network Linked Cities*, edited by Saskia Sassen. New York: Routledge, 2002. 145–182.

People's Action Party. *The Tasks Ahead: PAP'S Five Year Plans, 1959-1964*. Singapore: People's Action Party, 1959.

Peterson, William. *Theatre and the Politics of Culture in Contemporary Singapore*. Connecticut: Wesleyan University Press, 2001.

Phillips, John. "William Lim: The Evolution of An Alternative." In William S W Lim, *Alternative (Post)Modernity: An Asian Perspective*. Singapore: Select Publishing, 2003. 1–10.

Powell, Robert. *Innovative Architecture of Singapore*. Singapore: Select Books Pte Ltd, 1989.

Powell, Robert, Tay Kheng Soon and Akitek Tenggara. *Line Edge and Shade: The Search for a Design Language in Tropical Asia*. Singapore: Page One Publishing Pte Ltd, 1997.

Powell, Robert. *Architecture of a Global City*. Singapore: Archipelago Press, 2000.

Powell, Robert. *Singapore Architecture: A Short History*. Hong Kong: Periplus Editions (HK) Ltd, 2004.

Powell, Robert. "Inciting Rebellion." In *No Limits: Articulating William Lim*. Singapore: Select Publishing Pte Ltd, 2002. 14–46.

Powell, Robert. *Living Legacy: Singapore's Architectural Heritage Renewed*. Singapore: Singapore Heritage Society, 1994.

Powell, Robert. Email correspondence with Tay Kheng Soon, quoted in "Three Singapore Master Architects 1959–2004." In *Dialogue* 78 (March 2004): 102–111.

Quah, Sy Ren. "Form as Ideology: Representing the Multicultural in SingaporeTheatre." In *Ask Not: The Necessary Stage in Singapore Theatre*, edited by Tisa Ng and Tan Chong Kee. Singapore: Times Editions: 2004. 27–42.

Rajaratnam, Sinnathamby. *National Pledge of Singapore*. Singapore, 1966.

Rajaratnam, Sinnathamby. "Foreword." In Gretchen Liu, *Pastel Portraits: Singapore's Architectural Heritage*. Singapore: Singapore Coordinating Committee, 1984.

Rajaratnam, Sinnathamby. "Singapore: Global City." In *The Prophetic and the Political: Selected Speeches and Writings of S Rajaratnam*. Singapore: Graham Brash, 1987.

Reisz, Emma. "City as Garden: Shared Space in the Urban Botanic Gardens of Singapore and Malaysia, 1786–2000." In *Postcolonial Urbanism: Southeast Asian Cities and Global Processes*, edited by Ryan Bishop, John Phillips and Yeo Wei Wei. New York: Routledge, 2003. 123–150.

Robbins, Bruce and Elsa Stamatopulou. "Reflections on Culture and Cultural Rights." In *And Justice for All? The Claims of Human Rights South Altalantic Quarterly* 103.2/3 (Spring/ Summer 2004): 419–434.

Said, Edward. *Orientalism*. New York: Pantheon Books, 1978.

Salter, Mark B. *Barbarians & Civilisation in International Relations*. London: Pluto Press, 2002.

Sandercock, Leonie. *Towards Cosmopolis: Planning for Multicultural Cities*. West Sussex: John Wiley and Sons, 1998.

Sandercock, Leonie. *Cosmopolis II: Mongrel Cities in the 21st Century*. London and New York: Continuum, 2003.

Sandercock, Leonie. Commendations in William S W Lim, *Alternative (Post)modernity: An Asian Perspective*. Singapore: Select Publishing Pte Ltd, 2003. vi.

Sassen, Saskia. *Globalisation and Its Discontents*. New York: The New Press, 1998.

Sassen, Saskia. *The Global City: New York, London, Tokyo*. 2nd edition. Princeton: Princeton University Press, 2001.

Sassen, Saskia. "Locating Cities on Global Circuits." In *Global Network Linked Cities*, edited by Saskia Sassen. New York: Routledge, 2002. 1–38.

Shiau, Daren. *Heartland*. Singapore: SNP Editions Ltd, 1999.

Schoppert, Peter. "Displacing Singapore." In Lucas Jodogne, *Singapore: Views on the Urban Landscape*. Belgium: Pandora, 1998. 82–96.

Seet, Khiam Keong. "The Write Stuff: The Development of Singapore Literature in English." *Laporan Negara*, article archive, 2001,<http://dbp.gov.my/pat/ppat2001/laporan%20negara/ldrseet.htm>.

Seow, Francis. *The Media Enthralled: Singapore Revisited*. Colorado: Lynne Rienner Publishers, Inc, 1998. Shanghai Municipal Statistical Bureau, People's Republic of China. *Shang hai gai lan*, <http://www.stats-sh.gov.cn /shtj/shgl/shgl.htm>.

Siddique, Sharon and Nirmala Purushotam. *Singapore's Little India: Past, Present and Future*. Singapore: Institute of Southeast Asian Studies, 1982.

Siddique, Sharon. "Singaporean Identity." In *Management of Success: The Moulding of Modern Singapore*, edited by Kernial Singh Sandhu and Paul Wheatley. Singapore: Institute of Southeast Asian Studies, 1989. 563–577.

Singapore Department of Statistics. *Economic and Social Statistics, Singapore 1960–1982*. Singapore: Department of Statistics, 1983.

Singapore Department of Statistics. *Singapore 1965–1995 Statistical Highlights, A Review of 30 Years' Development*. Singapore: Department of Statistics, 1996.

Singapore Department of Statistics. *Key Statistics: Latest Indicators*. Singapore: Singapore Department of Statistics, 2003, <http://www.singstat.gov.sg/keystats/annual/indicators. html>.

Singapore Economic Review Committee. *New Challenges, Fresh Goals: Towards a Dynamic Global City*. Singapore: Economic Review Committee, 2003.

Singapore Housing Development Board. *Facts on Public Housing in Singapore*. Singapore: Housing Development Board, 1997.

Singapore Improvement Trust. *Master Plan: Report of Survey*. Singapore: Government Printing Office, 1955.

Singapore Parliament. *White Paper on Shared Values*. Singapore: Government of Singapore, 1991.

Singapore Planning and Research Group. Editorial in *SPUR 65–67* (1969): 1–3.

Singapore Planning and Research Group. "Locate Airport at Changi." In *SPUR 68–71* (1971): 11–12.

Singapore Preservation of Monuments Board. *Objectives, Principles and Standards for Preservation and Conservation*. Singapore: Singapore Urban Redevelopment Authority for Preservation of Monuments Board, 1993.

Singapore Remaking Singapore Committee. *Changing Mindsets, Deepening Relationships*. Singapore: Remaking Singapore Committee, 2003.

Singapore Urban Redevelopment Authority. "Our Built Heritage", <http://www.ura.gov.sg/gallery/heritage.html>.

Singapore Urban Redevelopment Authority. *The Concept Plan 2001*, <http://www.ura.gov.sg/conceptplan2001/index. html>.

Singapore Urban Redevelopment Authority. *The Identity Plan*, 2002, <http://www.ura.gov.sg/pw bid>.

Singapore Urban Redevelopment Authority. *Master Plan 2003*, <http://www.ura.gov.sg/ppd / gazettedmp2003/index.htm>.

Singapore Urban Redevelopment Authority Public Relations Section. *Your Plans: URA Annual Report 2002/2003*. Singapore: Urban Redevelopment Authority, Public Relations Section, 2003.

Singapore Tourism Board. *Annual Report on Tourism Statistics*. Singapore: Singapore Tourism Board, 2001.

Singapore 21 Committee. *Singapore 21: Together We Make the Difference*. Singapore: Singapore 21 Committee, 1999.

Soja, Edward W. *Postmetropolis: Critical Studies of Cities and Regions*. Oxford: Blackwell Publishers, 2000.

Soja, Edward W and Barbara Hooper. "The Space that Difference Makes: Some Notes on the Geographical Margins of the New Cultural Politics." In *The Spaces of Postmodernity: Readings in Human Geography*, edited by Michael J Dear and Steven Flusty. Oxford: Blackwell Publishers, 2002. 378–389.

Soja, Edward W. "Writing the City Spatially." In *City: Analysis of Urban Trends, Culture, Theory, Policy, Action* 7.3 (November 2003): 269–280.

Sulak Sivaraksa. "Inner Peace for Social Action." In *Seeds of Peace* 20.3 (2004): 30–37.

Sumet Jumsai. *Naga: Cultural Origins in Siam and the West Pacific*. Singapore: Oxford University Press, 1988.

Tan, Chong Kee. Introduction in *Ask Not: The Necessary Stage in Singapore Theatre*, edited by Tisa Ng and Tan Chong Kee. Singapore: Times Editions, 2004. ix–xvi.

Tan, Eugene. "'We the Citizens of Singapore ...': Multiethnicity, its Evolution and its Aberrations." In *Beyond Rituals and Riots: Ethnic Pluralism and Social Cohesion in Singapore*, edited by Lai Ah Eng. Singapore: Eastern Universities Press, 2004. 65–97.

Tan, Kevin. Introduction in *Lee's Lieutenants: Singapore's Old Guard*, edited by Lam Peng Er and Kevin Y L Tan. New South Wales: Allen & Unwin, 1999. ix–xxi.

Tan, Kevin Y L, ed. *Spaces for the Dead: A Case from the Living*. Singapore: Singapore Heritage Society, forthcoming.

Tan, Peng Hong Alvin. "Two Imaginings: The Past in Present Singapore." In *Our Place in Time: Exploring Heritage and Memory in Singapore*, edited by Kwok Kian Woon *et al*. Singapore: Singapore Heritage Society, 1999. 111–131.

Tay, Eddie. "Writing Out Of Place." Ethos Books, Writing Resources: Articles on Singapore Literature, <http://www.ethosbooks.com.sg/store/store/writing _resources /articles/article_spore.html>.

Tay, Kheng Soon. "Architecture and National Identity." In Robert Powell and Akitek Tenggara, *Line Edge and Shade: The Search for a Design Language in Tropical Asia*. Singapore: Page One Publishing Pte Ltd, 1997. 145–146.

Tay, Kheng Soon. "The Architectural Aesthetics of Tropicality." In Robert Powell and Akitek Tenggara, *Line Edge and Shade: The Search for a Design Language in Tropical Asia*. Singapore: Page One Publishing Pte Ltd, 1997. 40–47.

Tay, Kheng Soon. "Neo-Tropicality or Neo-Colonialism." In *Singapore Architect* 211 (2001): 23.

Taylor, Charles. "Two Theories of Modernity." In *Alternative Modernities*, edited by Dilip Parameshwar Gaonkar. Durham: Duke University Press, 2001. 172–198.

Tay, Simon. "The Future of Civil Society: What Next?" In *Singapore in the New Millennium: Challenges Facing the City State*, edited by Derek Cunha. Singapore: Institute of Southeast Asian Studies, 2002. 69–107.

Toynbee, Arnold. *Cities on the Move*. London: Oxford University Press, 1970.

Turnbull, Constance M. *A History of Singapore: 1819–1975*. Kuala Lumpur: Oxford University Press, 1977.

Turner, Bryan. "Edward W Said: Overcoming Orientalism." In *Theory, Culture and Society* 21.1 (February 2004): 173–177.

United Nations Department of Economic and Social Affairs, Population Division. *World Urbanisation Prospects: The 2003 Revision*. New York: United Nations, 2004, <http://www.un.org/esa/population/publications/wup2003/2003WUPHighlight .pdf>.

United Nations Development Programme. "Overcoming Structural Barriers to Growth: To Achieve the Goals." *Human Development Report 2003*. New York: Oxford University Press, 2003, <www.undp.org/hdr2003>.

United Nations Development Programme. *Human Development Report 2004: Cultural Liberty in Today's Diverse World*. New York: United Nations Development Program, 2004.

van Schaik, Leon. "Architecture in Asia: Province and Metropolis." In *Asian Architects*. Vol 1. Singapore: Select Books, 2000. 15–30.

Vatikiotis, Michael. "Voice of Reason." In *Far Eastern Economic Review* (September 23, 2004): 14–15.

van Schaik, Leon. *Mastering Architecture: Becoming an Innovative Practitioner*. London: Wiley Acaemy, 2005.

Vatikiotis, Michael. "Voice of Reason." In *Far Eastern Economic Review* (September 23, 2004): 14–15.

Wang, Ban. "Love at Last Sight: Nostalgia, Commodity, and Temporality in Wang Anyi's Song of Unending Sorrow." In *Positions: East Asia Cultures Critique* 10. 3 (2002): 669-694.

Wee, Wan Ling C J. "Beyond the 'Potemkin Metropolis': Creating and Filming the Homogenised Singapore Urban Environment." In *Bulletin of the Royal Institute for Inter-Faith Studies* 3.2 (Autumn/Winter 2001): 197–213.

Wee, Wan Ling. "Creating High Culture in the Globalised 'Cultural Desert' of Singapore." In *The Drama Review (TDR)* 47.4 (Winter 2003): 84–97.

Wei Hui. *Shanghai Baobei*. Liaoning: Chun feng wen yi chu ban she, 1999.

Wong, Chong Thai, Bobby. "Architecture in Singapore: A Sketch." In *Contemporary Singapore Architecture*, edited by Bay, Joo Hwa Phillip, Ang Choon Kiat and Peter Chen. Singapore: Singapore Institute of Architects, 1998. 255–258.

Wong, Ting Hong. *Hegemonies Compared: State Formation and Chinese School Politics in Postwar Singapore and Hong Kong*. New York: Routledge Falmer, 2002.

Worthington, Ross. *Governance in Singapore*. London: Routledge Curzon, 2003.

Yang, Bi Shan. "Xin Jia Po Xi Ju Shi Lun." Masters thesis, National University of Singapore, 1992.

Yap, Arthur. "There is No Future for Nostalgia." In *The Space for City Trees: Selected Poems*. London: Skoob Books Ltd, 2000. 59.

Yeang, Ken. *The Skyscraper Bioclimatically Considered*. London: Academy Editions, 1996.

Yeoh, Brenda S A. *Contesting Space: Power Relations and the Urban Built Environment in Colonial Singapore*. Kuala Lumpur: Oxford University Press, 1996.

Yeoh, Brenda S A. "Unravelling History in Place." In *Contemporary SingaporeArchitecture*, edited by Bay Joo Hwa Phillip, Ang Choon Kiat and Peter Chen. Singapore: Singapore Institute of Architects, 1998. 259–268.

Yeo, Robert. "Dots and a Line: Continuities and Discontinuities in Singaporean Theatre." In *Singapore Book World* 23 (1993/1994): 35–38.

Yeo, Wei Wei. "City as Theatre: Singapore, State of Distraction." In *Postcolonial Urbanism: Southeast Asian Cities and Global Processes*, edited by Ryan Bishop, John Phillips and Yeo Wei Wei. New York: Routledge, 2003. 245–265.

Zakaria Fareed. "Culture is Destiny: A Conversation with Lee Kuan Yew." In *Foreign Affairs* 73.2 (1994): 109-126.

Zhang, Xudong. "Postmodernism and Postsocialist Society—Historicising the Present." In *Postmodernism and China*, edited by Arif Dirlik and Zhang Xudong. 399–442.

Zhou, Denong. "20th Century Architecture of China I: Mainland." Subsection in Introductory Essay: East Asian Architecture of the 20th Century". Preface in *World Architecture: A Critical Mosaic 1900–2000, East Asia*, Vol. 9, edited by Guan Zhaoye. China: ChinaArchitecture and Building Press, 2000. xxiii–xxix.

Zhu, Jianfei. *Chinese Spatial Strategies: Imperial Beijing 1420–1911*. London and New York: RouteledgeCurzon, 2004.

引用图片

Bangkok

Kevin Lim Sui Kuan p 34

Hong Kong

Koh Wan Ching p 34

Shanghai

Chow Kim Nam p 34

Al Razek Villa

Courtesy of Aga Khan Trust for Culture p 65

Casaroni House

Courtesy of Aga Khan Trust for Culture p 65

Gandhi Smarak Sangrahalaya

Courtesy of Charles Correa p 66

Vidhan Bhavan

Courtesy of Aga Khan Trust for Culture p 66

Ena de Silva House

David Greensett Robson p 67

Kandalama Hotel

David Greensett Robson p 67

Federation Square

Peter Clarke p 75 (Courtesy of Lab Architecture Studio)

House at Lake Connewarre

Patrick Bingham-Hall p 77 (Courtesy of Kerstin Thompson Architects)

Drum House

Trevor Mein p 77 (Courtesy of Kerstin Thompson Architects)

Hebei Education Publishing House Building

Courtesy of Atelier FCJZ p 78

Luyeyuan Stone Sculpture Art Museum

Courtesy of Jiakun Architect p 79

Suitcase House, Commune by the Great Wall, Beijing, China

Courtesy of Edge Design Institute Ltd p 80

Barge House

Courtesy of Ravi Gadre and Associates Architects and Interior Design p 81

Springtecture B

Yoshiharu Matsumura p 82 (Courtesy of Shuhei Endo Architect Institute)

Springtecture B

Toshiharu Kitajima p 82(Courtesy of Shuhei Endo Architect Institute)

Tierra House

Courtesy of Architron Design p 83

Taipei West Side Rhapsody Masterplan

Courtesy of Architron Design p 83

Gilstead Brooks

Photo © Tim Griffith p 84 (Courtesy of WOHA Architects)

ibidem

Courtesy of Studio Asylum p 85

Mamdoljib (Spiral House)

Courtesy of Minn Sohn Joo p 86

921 Earthquake Educational Park and Musem

Courtesy of Jay Chiu p 86

The Ancient Quarter

Tan Kah Heng p 93, p 99

Pic 1

Dennis Hangchi p 105

Pic 2

Lu Hongbing p 107

Pic 3

Lu Hongbing p 122

Pic 4

Luo Xiaowei p 123

Pic 5

Luo Xiaowei p 123

Pic 6

Dennis Hangchi 125

Armenian Church

Ng Kian Huan, Edmund p 138

Thian Hock Keng Temple

Ng Kian Huan, Edmund p 138

Hajjah Fatimah Mosque

Ng Kian Huan, Edmund p 138

At Andrew's Cathedral

Ng Kian Huan, Edmund p 138

St Joseph's Institution

Ng Kian Huan, Edmund p 138

Telok Ayer Market

Ng Kian Huan, Edmund p 138

Kallang Airport

Ng Kian Huan, Edmund p 140

Cathay Building

Courtesy of Cathay Organisation Holdings Ltd p 140

Tiong Bahru Housing Estate

Albert Lim K S p 140

Reprinted, by permission, from Powell, *Living Legacy*, 209

Asia Insurance Building

Ng Kian Huan, Edmund p 140

National Theatre

Courtesy of Alfred Wong Partnership p 148

National Trades Union Congress

Courtesy of Lim Chong Keat p 148

Singapore Telephone Exchange Board

Courtesy of William S W Lim p 148

Jurong Town Hall

Courtesy of Kok Siew Hoong p 149

Public Utilities Board (PUB) Headquarters Building

Courtesy of Ong Chin Bee p 149

Subordinate Law Courts

Courtesy of Kumpulan Architects p 149

Singapore Science Centre

Courtesy of Raymond Woo and Associates Architects p 149

Church of St Henry Batu Pahat

Courtesy of Alfred Wong Partnership p 150

Hotel Malaysia

Courtesy of Alfred Wong Partnership p 150

Singapore Airlines (SIA) Building

Courtesy of Kok Siew Hoong p 150

People's Park Complex

Courtesy of Robert Powell p 150

Futura

Courtesy of Timothy Seow and Partners p 150

Golden Mile Complex

Courtesy of Robert Powell p 150

OCBC Centre

Albert Lim K S p 157

Reprinted, by permission, from Powell, *Innovative Architecture of Singapore, 13*

Bu Ye Tian: Singapore River

Courtesy of William Lim Associates p 159

Parkway Builders Centre

Albert Lim K S p 161

Reprinted, by permission, from Powell, *Line Edge Shade,60*

Kampong Bugis Development Guide Plan

Albert Lim K S p 161

Yeo Hiap Seng Factory

Courtesy of William Lim p 163

Unit 8 Apartments

Albert Lim K S p 163 (Courtesy of William Lim Associates)

Tampines North CC

Albert Lim K S p 163 (Courtesy of William Lim Associates)

Abelia at Ardmore Park

Albert Lim K S p 163 (Courtesy of TANGGUANBEE Architects)

The Market Place

Albert Lim K S p 163 (Courtesy of TANGGUANBEE Architects)

Marine Parade Community Club

Albert Lim K S p 183 (Courtesy of William Lm Associates)

The Gallery Hotel

Albert Lim K S p 183 (Courtesy of William Lim Associates)

32 Coronation Road West

Courtesy of Chan Sau Yan Associates p 184

Singapore Cricket Association Pavilion

Albert Lim K S p 185 (Courtesy of Kerry Hill Architects)

Mixed Commercial Complex, Hong Kong

Courtesy of TANGGUANBEE Architects p 186

Urban Bridge Loft Housing

Courtesy of TANGGUANBEE Architects p 186

Masterplan for one-north

Courtesy of Zaha Hadid Ltd and JTC Corporation p 187

Refurbishment and Partial Redevelopment of Clarke Quay

Courtesy of Will Alsop Archtitects p 188

Republic Polytechnic

Courtesy of Maki and Associates p 189

House at Merryn Road

Albert Lim K S p 190 (Courtesy of Aamer Taher Design Studio)

House at Kheam Hock Road

Aamer Taher and Alan Tay p 190 (Courtesy of Aamer Taher Design Studio)

Namly Road House

Courtesy of Bedmar and Shi Pte Ltd p 191

Columbarium

Courtesy of SCDA Architects p 192

Church of St Mary of the Angels

Tim Griffith p 193 (Courtesy of WOHA Architects)

Bishan Community Library

Courtesy of Look Architects p 194

Alexandra Link

Courtesy of Look Architects p 194

The Loft

Albert Lim K S p 195 (Courtesy of W Architects)

The Arris Condominium

Albert Lim K S p 195 (Courtesy of W Architects)

Bungalow at 11 Wiltshire Road

C I & A Photography p 196 (Courtesy of Maps Design Studio)

United Medicare Centre

C I & A Photography p 196 (Courtesy of Maps Design Studio)

Burghley Drive—Three Houses

Courtesy of KAYNGEETAN Architects p 197

The Assyafah Mosque

Albert Lim K S p 198 (Courtesy of Forum Architects)

EISB Corporate HQ, Kuala Lumpur

Courtesy of TEHJOOHENG Architects p 199

63 Emerald Hill

Courtesy of TEHJOOHENG Architects p 199

Edison School

Courtesy of Christopher Chew p 200

Artificial Terrain

Courtesy of Kevin Lim Sui Kuan 201